编审委员会

中华全国律师协会信息网络与高新技术法律专业委员会 组织编写

信息网络与高新技术法律前沿

（第十卷）

主　编　寿　步　俞卫锋
副主编　陈　巍　何　放　瞿　淼

内容提要

《信息网络与高新技术法律前沿》是由中华全国律师协会信息网络与高新技术法律专业委员会组织编写的系列文集，已经先后在2003年、2005年、2007年、2009年、2012年、2013年、2014年、2015年出版九卷，其中2013年出版两卷。本卷是第十卷，内容涉及信息网络与高新技术法律综合问题，互联网金融法务、高新技术产业化与资本市场，电子数据证据、软件、信息安全、网络游戏，电子商务法，知识产权等实务和理论前沿问题。

本书可供关注信息网络与高新技术领域法律新问题的律师、法官、研究人员以及法律专业、IT专业的学生阅读，也适合IT行业的管理人员阅读。

图书在版编目(CIP)数据

信息网络与高新技术法律前沿.第十卷 / 寿步，俞卫锋主编.
—4版.—上海：上海交通大学出版社，2016
ISBN 978-7-313-15716-4

Ⅰ.①信… Ⅱ.①寿…②俞… Ⅲ.①计算机网络-科学技术管理法规-研究-中国 ②高技术-科学技术管理法规-研究-中国
Ⅳ.①D922.174

中国版本图书馆CIP数据核字(2016)第196531号

信息网络与高新技术法律前沿(第十卷)

主　　编：寿　步　俞卫锋
出版发行：上海交通大学出版社　　地　　址：上海市番禺路951号
邮政编码：200030　　电　　话：021-64071208
出 版 人：韩建民
印　　刷：上海宝山译文印刷厂　　经　　销：全国新华书店
开　　本：710mm×1000mm　1/16　　印　　张：16.25
字　　数：326千字
版　　次：2016年9月第1版　　印　　次：2016年9月第1次印刷
书　　号：ISBN 978-7-313-15716-4/D
定　　价：58.00元

序

中华全国律师协会信息网络与高新技术法律专业委员会(以下简称专委会)成立至今已有16个年头。由专委会和上海市律师协会共同主办的第五届中国信息网络与高新技术法律实务研讨会暨专委会2016年年会将于10月在上海召开。

专委会本届管理机构从2011年4月开始工作。五年多来,专委会主要开展了下列工作。

一、加强组织建设

(1) 积极稳健扩充队伍。五年前,专委会的委员和研讨员是30多人,主要来自沿海地区。经过五年来的努力,专委会委员已达60多人、研讨员现有近30人,初步实现了东部和中西部委员分布的相对平衡。还有多位特邀委员与专委会保持密切联系,积极参与专委会工作。

(2) 推进区域小组建设。专委会通过成立区域小组、开展区域研讨活动,有效地增强了专委会与相关省级律协对口专委会的交流联动机制、增强了专委会内部的凝聚力、推动了专委会内部各项工作的开展。专委会已设立的区域小组有京津组、上海组、广东组、江苏组、四川组、江西组。广东组承办了2012年的专委会年会;四川组、江西组、江苏组先后承办了2013年、2014年、2015年的专委会年会,并在年会同期举办了“电子数据证据法务高级研修班”;上海组将承办2016专委会年会及研修班工作。

(3) 启动专题论坛建设。从2014年开始,专委会内部先后设立了九个专题论坛:互联网文化政策与法律服务论坛、互联网金融法律论坛、电子商务法律服务论坛、TMT行业法律风险防范及对策论坛、生技医药产业投融资法律服务论坛、信息网络安全法务论坛、高新技术知识产权法务论坛、互联网+资本市场法务论坛、电子证据法务论坛,给专委会业务范围内的研究工作提供了切实可靠的支撑平台,初步适应了信息网络与高新技术领域相关法律问题繁多的形势要求。以各专题论坛为依托,去年成功完成了《中国律师业务研究报告2015(信息委篇)》的撰写工作。

(4) 举办年度征文和优秀论文评选。专委会年度征文的领域已经发展到与专委会九个专题论坛的研究领域相对应。从2013年开始优秀论文评选至今,已先后有10篇、15篇、14篇、18篇论文获奖。

(5)举办年度优秀案例征集评选。此项活动的目的是鼓励律师办理精品案件,传播精品案例,凸显律师行业的特点。2014年至今,已先后有2个、2个、3个案例获奖。

(6)表彰优秀研究成果。在参与相关立法和修法工作中、在编撰律师业务操作指引和律师业务指导目录中、在信息网络与高新技术领域法律相关专题研究过程中,专委会成员最近几年完成了多份研究成果。2014年对其中七项研究成果的作者进行了表彰。

(7)设立贡献奖表彰先进。对于为专委会工作做出贡献的专委会成员,专委会在2014年颁发了杰出贡献奖和突出贡献奖,2015年颁发了年度贡献奖,2016年将同时颁发杰出贡献奖、突出贡献奖、年度贡献奖。

(8)新设优秀著作奖鼓励专著出版。专委会将给今年出版的《信息网络与高新技术法律前沿实务丛书》中两本书的作者颁发优秀著作奖,以资鼓励。

二、加强律师业务标准化规范化建设

(1)编撰律师业务操作指引。专委会在2012年起草了《律师办理电子数据证据业务操作指引》,该指引已收录在2013年全国律协编《中华全国律师协会律师业务操作指引2》中出版。专委会在2015年完成了《律师办理高新技术业务领域法律尽职调查业务操作指引》,该指引已收录在2016年全国律协编《中华全国律师协会律师业务操作指引3》中出版。

(2)编撰律师业务指导目录。专委会在2012年起草了《域名争议仲裁》和《计算机软件著作权业务》两份律师业务指导目录。它们已收录在2013年全国律协编《中华全国律师协会律师业务指导目录》中出版。

(3)参与编撰《中国律师业务研究报告2015》。2015年第四季度,根据全国律协的要求,专委会发挥各专题论坛和区域小组的作用,完成了8万字的《中国律师业务研究报告2015(信息委篇)》的编撰工作。报告涉及互联网企业对接资本市场、生技医药医疗产业投融资、电子商务、互联网金融、信息网络安全、网络知识产权、TMT行业法律风险防范、网络文化娱乐监管政策解析与法律服务对策等多个领域。

(4)编撰《信息网络与高新技术法律前沿实务丛书》。律师业务操作指引和律师业务指导目录的特点是权威性和固定性。专委会年度论文集的特点是作者众多、主题各异、涉及领域宽广、时效性强,但因篇幅限制而无法就某一领域法律问题进行系统全面的论述。因此,专委会从今年开始组织编撰《信息网络与高新技术法律前沿实务丛书》,将专委会成员针对某个具体领域编写的、注重实务的、中等篇幅的著作择优纳入该丛书出版。现已出版《互联网金融原理与法律实务》和《信息网络与高新技术法律政策实务研究》两本书。

(5)出版专委会年度论文集。《信息网络与高新技术法律前沿》是专委会论文集各卷的书名。这五年多已经出版第五～九卷。今年出版第十卷。从第五卷到第十卷，共收录论文约 280 篇、专题研究报告 1 份，字数累计超过 150 万字。专委会论文集中收录的论文，反映了信息网络与高新技术法律实务领域的最新成果，对律师业界同行具有一定的参考、借鉴和指导作用。

三、举办年会研讨会研修班

(1) 每年举办专委会年会。2011 年 10 月第九届中国律师论坛举办期间专委会在青岛召开了年会。2012 年 10 月在深圳、2013 年 9 月在成都、2014 年 9 月在南昌、2015 年 9 月在南京先后召开了四届中国信息网络与高新技术法律实务研讨会暨专委会年会。2016 年 10 月将在上海召开第五届中国信息网络与高新技术法律实务研讨会暨专委会年会。专委会历次年会的特点是：群策群力，观点各异，精彩纷呈；研讨的主题和形式推陈出新；多主题、多方位、多视角，议题广泛，时效性强；注重理论研究与律师业务相结合。

(2) 举办研讨活动。2011 年 5 月在上海召开软件产业法律问题研讨会。2011 年 6 月在北京召开网络游戏法律问题专家研讨会。2011 年 7 月在太原协办中国科学技术法学会 2011 年年会，在会上组织了题为"科技法律实务前沿"的律师专场，这是律师界与学术界合作交流的一次成功尝试。2011 年 11 月在北京召开新顶级域名项目对中国企业的挑战及法律应对措施研讨会。2012 年 5 月在上海召开软件与云计算产业知识产权研讨会。2012 年 10 月在北京召开"3B 大战法律观察及互联网竞争环境规范研讨会"。2013 年 5 月在上海召开软件与云计算产业法律问题研讨会。2015 年 10 月在广东河源协办第四届南方金融法治研讨会。2015 年 12 月在北京作为支持单位参与第六届中国信息安全法律大会。2016 年 1 月在北京作为支持单位参与"网络电子身份认证的技术与法理之道"研讨会。2016 年 7 月在上海协办"2016 中国网络空间安全(上海)论坛"，并主办其中的"电子取证和隐私保护/网络安全法论坛"。2016 年 7 月在北京召开网络安全法立法研讨会。

(3) 区域小组举办研讨活动。2011 年，京津组参加《呼叫中心服务运营规范》咨询工作、召开新顶级域名法律问题研讨会；上海组召开第三方支付法律风险研讨会；广东组召开计算机软件著作权律师业务研讨会；江苏组召开电子商务法律服务及业务培训研讨会。2012 年，四川组召开软件著作权律师业务操作技能研讨会；上海组召开电子商务发展与竞争秩序规范法律研讨会。同年，围绕《律师办理电子数据证据业务操作指引》的起草工作，各区域小组先后召开电子数据证据问题研讨会，共商修改方案。2013 年以来，各区域小组就《律师办理高新技术业务领域法律尽职调查业务操作指引》起草中的多个版本，多次召开研讨会，反复讨论，集思广益。2014 年 3 月，上海组召开"新消法对企业的影响及法律风险预防研讨会"。

(4) 举办高级研修班。2012 年 10 月专委会与中国人民大学律师学院合作举办了为期一周的“信息网络与高新技术法律研修班”,效果良好。在《律师办理电子数据证据业务操作指引》发布后,专委会于2013年9月在成都、2014年9月在南昌、2015年5月在东莞、2015年9月在南京先后举办四期“电子数据证据法务高级研修班”,已有约一千六百人次参加此项研修。以技术与法律相结合、理论与实务相结合、案例与规则相结合的培训特点取得了广泛的实效,提升了律师办理电子数据证据业务的能力。同时也形成了高水平的电子数据证据业务师资队伍。2016年10月将在上海举办第五期“电子数据证据法务高级研修班”。专委会今年将开始进行《律师办理高新技术业务领域法律尽职调查业务操作指引》的宣讲培训。

四、关注社会热点、参与规范制定、引领新业务领域

(1) 2011年6月互联网名称与数字地址分配机构(ICANN)通过新顶级域名项目后,专委会在同年11月通过全国律协向主管部门提交了《关于吁请中国企业和机构积极参与新通用顶级域名项目及防范法律风险的建议书》。

(2) 2011年10月在民事诉讼法修改过程中,专委会组成电子证据工作小组,向主管机关提交了关于民事诉讼法电子证据相关条款的修改建议稿。

(3) 2012年在国务院《互联网信息服务管理办法》修改过程的内部征求意见和公开征求意见两个阶段,专委会于同年4月和7月先后通过全国律协向相关部门提交了“修订送审稿”修改意见和“修订草案征求意见稿”修改意见。

(4) 2012年5月,根据全国律协的要求,专委会组织撰写并向全国律协提交了四份“律师业务指导目录”:电子数据证据业务,计算机软件著作权业务,域名争议仲裁法律服务,常见网络犯罪案件业务。

(5) 2013年11月,《互联网软件捆绑问题法律研究报告》以本专委会和北京律协电信与邮政法专委会名义在专委会网站公开发布。

(6) 2014年5月,根据全国律协《关于研究提交全面深化改革相关法律问题研究报告的通知》的要求,专委会提交了三份研究报告:《互联网行业个人信息保护研究》、《云计算产业法律政策保障研究》、《电子商务小额争议解决机制研究报告》。

(7) 2015年3月,专委会通过全国律协向主管机关提交《〈促进科技成果转化法修正案(草案)〉修改建议》。

(8) 2015年5月,专委会通过全国律协向主管机关提交《对〈中华人民共和国种子法〉(修订草案)的修改意见》。

(9) 2015年8月,专委会通过全国律协向主管机关提交了《对〈中华人民共和国网络安全法〉(草案)的修改意见》。

(10) 2016年4月,专委会通过全国律协向主管机关提交了《关于〈互联网域名管理办法(修订征求意见稿)〉的修改建议》。

(11) 2016 年 8 月，专委会通过全国律协向主管机关提交了《关于〈中华人民共和国网络安全法〉(草案二次审议稿)的修改意见》。

根据全国律协要求，专委会将在把握律师业务发展方向上继续努力发挥引领作用，在开拓业务领域和推进专业化方面继续努力发挥中坚作用，在推进业务规范化和行业自律方面继续努力发挥指导作用，在提升律师行业整体服务能力上继续努力发挥推动作用，在推动依法治国方面继续努力发挥智库作用。在全国律协领导下，专委会将努力工作、不断进取。

中华全国律师协会信息网络与高新技术法律专业委员会主任 **寿 步**

上海市律师协会会长
中华全国律师协会信息网络与高新技术法律专业委员会副主任 **俞卫锋**

2016 年 8 月

目　录

全国律协信息委 2016 年度优秀案例

信息网络与高新技术法律综合问题

互联网金融法务、高新技术产业化与资本市场

电子数据证据、软件、信息安全、网络游戏

电子商务法

知识产权

全国律协信息委
2016 年度优秀案例

电信某分公司诉新媒体公司应用推广服务合同纠纷案案件评析

黄　玲　四川雅图律师事务所

一、案件要点

本案系因某新媒体公司拖欠电信公司应用推广服务费形成的合同纠纷，涉及移动互联网下的推广服务合同，技术性强，涉案金额较大。仲裁过程中，电信公司通过三次公证保全，充分收集证据，形成了完整的证据链条。新媒体公司通过各种手段进行抗辩，包括两次提交延期举证申请、一次证据保全申请、鉴定申请及坚持鉴定申请的说明等，仲裁过程复杂曲折。电信公司代理律师思维敏捷、逻辑清晰，充分运用证据材料，按照合同约定和法律规定，积极维护客户权益，最终使电信公司赢得了全面胜诉。

二、基本事实

2013 年 3 月 1 日，北京某新媒体信息技术有限公司（以下简称新媒体公司）作为甲方与中国电信某分公司（以下简称电信公司）作为乙方签订了《应用推广合作协议》（以下简称推广协议）。该协议约定，乙方通过代理天翼手机助手应用推广业务而拥有的应用推广渠道，为新媒体公司的手机应用软件“××新闻”提供推广服务。《合作协议》及附件《应用推广业务单》明确约定了双方合作事项下业务量的定义、业务量单价及结算依据：新媒体公司应当根据推广所产生的应用软件有效激活量按月向电信公司结算推广费，每个激活量的单价为 2 元，有效激活量以新媒体公司后台统计和公布的数据作为唯一依据。

2013 年 3 月 1 日至 2013 年 7 月 31 日，电信公司与新媒体公司一直按照《合作协议》的上述约定开展应用推广合作并完成了相应的结算。2013 年 9 月，新媒体公司对电信公司提交的 8 月份的结算数据与金额进行了盖章确认，但一直未履行支付义务，之后又无故寄还了电信公司交付其对应金额的增值税专用发票。此后，新媒体公司单方要求变更合同的结算标准，增加“留存率”作为结算条件。电信公司本着最大的诚意，多次与新媒体公司进行协商，但新媒体公司均以各种理由拖延付款，之后单方关闭了新媒体公司数据后台端口。2013 年 8 月 1 日至 12 月 2 日，新媒体公司已欠付电信公司推广服务费用多达 4 483 344 元。为维护电信公司的合法权益，依据双方约定的仲裁条款申请仲裁,请求裁决:①新媒体公司向电信公司支付自2013年8月1日至2013年12月2日的合同款4 483 344元;②新媒体公司向电信公司支付逾期付款利息总计128 236.43元;③新媒体公司向电信公司支付因上述仲裁请求产生的律师代理费183 200元;④本案仲裁费用(含保全费、鉴定费)由新媒体公司承担。

三、诉辩情况

电信公司述称,2013年3月1日,新媒体公司与电信公司签订了《应用推广合作协议》,约定:由电信公司为新媒体公司的手机应用软件"××新闻"提供推广服务,新媒体公司根据推广应用软件有效激活量按月向电信公司结算推广费。之后,电信公司依约开展了对"××新闻"的推广工作,新媒体公司也依约对2013年3月至7月的有效激活量进行了数据确认和结算。2013年9月,新媒体公司对电信公司提交的8月份的结算数据与金额进行了盖章确认,但未履行支付义务,之后又无故寄还了电信公司交付其的对应金额的增值税专用发票。此后,新媒体公司违反合同的约定,单方要求变更合同的结算标准,擅自增加了推广应用软件的有效激活量需考核"次日留存率"、"7日留存率"的结算条件。截至目前,新媒体公司已欠付电信公司合同款4 483 344元及相关利息,严重影响了电信公司的业务开展。据此提出仲裁申请。

新媒体公司辩称,电信公司的请求没有事实法律依据,应予驳回。根据合同约定,电信公司应具有提供有效用户的义务,但电信公司渠道作弊,从8月开始提供的数据存在大量非有效用户,故己方有权停止结算。

新媒体公司在举证期限届满前提出延长举证期限,第一次庭审后仲裁庭根据案情需要重新确定举证期限至2014年3月31日,之后新媒体公司以"其作为委托方与受托查询方(工信部相关部门)之间的服务协议尚在签订过程中,无法完成举证工作为由"再次提出延期举证申请。仲裁庭认为,新媒体公司与第三方委托协议属其单方行为,与本案无关,且本案举证期限已长达45天,新媒体公司足以完成举证义务,故不予准许。

新媒体公司在举证期限内,以"防止相关证据灭失"为由,向仲裁庭提出了《证据保全申请书》,要求对电信公司服务器上存储的"××新闻"手机客户端用户包括手机IMEI、手机号码等全部数据信息进行证据保全。电信公司代理律师提出,双方的结算以新媒体公司的渠道管理后台展示的激活数据为依据,且根据《全国人民代表大会常务委员会关于加强网络信息保护的决定》及中华人民共和国工业和信息化部《电信和互联网用户个人信息保护办法》的相关规定,电信公司不能收集该相关数据。上述观点被仲裁委采纳,认为新媒体公司的证据保全申请缺乏基本要件,即使证据客观存在,亦无法确定证据所在地法院。

举证期限内，新媒体公司又向仲裁庭提交了《鉴定申请书》，要求：①电信公司提供基于《推广协议》的履行，而在电信公司服务器上存储的“××新闻”手机客户端用户所有原始证据（包括客户手机 IMEI 号、手机号码等）；②委托有资质的第三方鉴定机构，对双方合作期间新媒体公司服务器上存储的所有电信公司渠道发展的“××新闻”手机客户端用户原始证据（包括客户手机终端相关数据 IMEI 号、手机归属地等）和用户行为数据（用户活跃量、安装激活量），与电信公司服务器上存储的“××新闻”手机客户端用户原始证据进行比对，并对自 2013 年 8 月起电信公司提供的“××新闻”手机客户端用户数据的真实性进行鉴定。对此，电信公司代理律师提出，鉴定申请基于电信运营公司拥有该相关数据，而电信公司并没有该相关数据，因此，鉴定缺乏基础，仲裁庭据此决定不予同意新媒体公司的鉴定申请。

电信公司为证明自己的仲裁主张，提供了下列主要证据：

(1) 新媒体公司与电信公司签订的《推广协议》及附件《应用推广业务单》，证明新媒体公司“××新闻”手机应用按有效激活量支付服务费，有效激活量以新媒体公司后台提供的数据为依据；

(2) 2013 年 3 月 1 日至 2013 年 7 月 31 日双方已履行的《应用推广业务收入对账结算单》(3 份）；

(3) 2013 年 8 月 1 日至 8 月 31 日新媒体公司盖章确认的《应用推广业务收入对账结算单》；

(4) 电信公司出具的《开具红字增值税专用发票说明》；

(5) (2013)川成蜀证内氏字第 33900 号、36226 号《公证书》，证明 2013 年 3 月 1 日至 10 月 22 日、10 月 23 日至 12 月 2 日的有效激活量。其中 8 月 1 日至 12 月 2 日未结算的有效激活量合计为 2 241 672 个，金额 4 483 344 元。以上数据均来自新媒体公司向电信公司开放的后台数据系统；

(6) (2014)川成蜀证内氏字第 7192 号《公证书》，证明工信部网站提供的移动电话 IMEI 号查询结果与事实不符，四部真实、正规的手机串号在该网站均无法查询，因此该网站的查询结果不能作为证据使用。

庭审过程中，新媒体公司对电信公司公证并封存的四部手机分别进行了查验。查验后，新媒体公司表示手机标贴的三码合一，与公证书一致没有异议。

新媒体公司抗辩提出，电信公司存在虚假作弊行为，有权对虚假用户停止结算，并提交了下列主要证据：

(1)《推广协议》证明，协议约定：电信公司负有向新媒体公司保证渠道提供用户是有效用户的义务，电信公司渠道存在作弊情况时，新媒体公司享有停止数据结算的权利；

(2) 京方正内氏证字第 03237 号《公证书》，证明被申请人于 2013 年 10 月起已通过邮件持续通知申请人的在先违约行为；

(3)(2014)京方正内经证字第03568号、第03569号《公证书》，证明通过对新媒体公司服务器中原始后台数据的“客户IMEI号、安装时间、激活时间、IP地址、安装激活渠道编号、三日活跃、七日活跃、用户归属地”等原始信息分析，表明申请人渠道提供的用户数据存在虚假，部分属无效客户，进而证明申请人的在先违约行为；

(4)《工信部电信管理局网站关于移动电话IMEI号查询结果》，证明电信公司提供的用户数据的虚假性及电信公司的在先违约行为；

(5)新媒体公司员工闫明与工信部员工郝也来往工作邮件及IMEI号查询结果(光盘)，证明电信公司用户数据对应的IMEI号经查询均未注册，故电信用户存在虚假数据；

(6)刷量视频(光盘)及《关于刷量作弊行为视频文件的解释说明》，说明从技术上，电信公司可以通过刷量实现增加用户激活数据的效果。

双方经过两次庭审，质证认证，仲裁庭最终查明本案基本事实。

四、裁判结果

2014年4月仲裁委作出裁决，新媒体公司向电信公司支付推广服务费4 483 344元及利息128 236.43元。新媒体公司收到裁决后，按裁决结果一次性全额支付推广费及利息。

五、焦点评析

根据电信公司的仲裁请求和新媒体公司的抗辩，本案争议焦点为：新媒体公司是否拖欠服务费及拖欠数额，是否应当支付。关于合同的履行争议在于：

(一)结算标准是否变更

根据《推广协议》约定，电信公司推广新媒体公司的手机应用软件“××新闻”，新媒体公司按照协议第1.3条“有效激活用户”、6.1.1条“结算方式”及《应用推广业务单》中“业务量定义”、“结算依据”、“结算流程”等条款约定，“结算依据”以被申请人向申请人开放的渠道管理后台展示“激活量”数据为依据。在双方签订《推广协议》后，电信公司实际履行了“××新闻”产品的推广义务，2013年3月至7月，新媒体公司已根据协议按渠道管理后台展示的激活数据支付了相应的服务费用，新媒体公司也未要求将“留存率”作为结算付款的条件。但至8月份以后，新媒体公司认为电信公司所推广的有效用户留存率过低，要求变更结算条件。本案中，新媒体公司提交了其与电信公司沟通变更结算标准的电子邮件，但《推广协议》明确约定，变更结算标准须双方协商一致并以书面签章形式确定。新媒体公司未能提交电信公司同意变更结算标准的书面证据。

仲裁庭认为，新媒体公司提出将“留存率”作为结算条件，属于变更协议内容的新要约。在双方未对“新要约”达成一致前，新媒体公司理应根据原推广协议按渠道管理后台展示的激活数据支付相应的服务费用。

（二）电信公司是否有作弊等在先违约行为

新媒体公司提交《工信部通信管理局网站关于移动电话 IMEI 号查询结果》、工信部下属工作人员对后台数据串号查询及分析报告的往来邮件、刷量视频等证据材料，提出电信公司推广渠道有作弊行为导致有效激活量数据虚假，其作弊行为已先行违约。

为此，电信公司针锋相对，采取了如下措施：

第一，购买 4 部新手机，通过工信部电信管理局网站查询 4 部手机 IMEI 号，并对全过程予以公证保全。经查询，4 部手机 IMEI 号均无法查证，证明工信部电信管理局官方网站的 IMEI 号查询结果不具备公信力，即新媒体公司提交的该网站 IMEI 号查询结果无法作为认定有效激活量数据虚假的依据。

第二，通过测试“刷量视频”，不能明确该刷量软件的来源及安装过程，该刷量视频显示 100 次自动刷量均获取了同一个 IMEI 号，并没有出现 100 个 IMEI 号；且缺乏“模拟数据上传至空间渠道统计服务器上可令数据统计接收到成功激活信息”的要件，该单方制作的刷量视频缺乏电子证据的认定要件，不予认可。

第三，工信部下属工作人员对后台数据串号查询及分析报告的往来邮件，因该工作人员的身份及所属网站与工业和信息化部电信研究院的关联关系均不能确认，不予认可。

仲裁委认为，新媒体公司主张电信公司所推广的用户存在虚假作弊的情况，与庭审查明的事实不符。①从双方自 2013 年 10 月 17 日至 2013 年 11 月 26 日的协商记录来看，新媒体公司均未对用户的真实性提出异议，仅提出用户留存率过低的问题；②根据《推广协议》的约定，“如甲方发现乙方渠道存在作弊情况 ，包括但不限于刷量现象，则甲方有权通知乙方立即停止相关行为，并有权直接对作弊行为所产生的有效用户数据从结算数据中予以排除 ，不予结算”。当电信公司存在作弊情况时 ，“通知”是新媒体公司首先应当履行的义务，但事实上，新媒体公司并未“通知”。渠道管理后台是新媒体公司向电信公司开放的，渠道管理后台展示的数据为双方的结算依据，根据约定新媒体公司发现作弊后有权利在渠道管理后台删除相应作弊数据，管理系统后台展示的数据应为新媒体公司确认的数据。因此上述①、②点表明，新媒体公司在履约过程中承认电信公司并无虚假作弊行为，且新媒体公司所举证据不能证明电信公司存在虚假作弊行为。故对新媒体公司关于电信公司存在虚假作弊行为的主张不予支持。

电信公司的履约行为符合协议约定，按渠道管理后台数据主张服务费并无不当。仲裁庭支持了电信公司的主张，裁决新媒体公司全额支付服务费及违约利息。

苏试诉东菱计算机软件著作权侵权案述评

寿　步　上海交通大学法学院/北京市隆安律师事务所上海分所

一、案件要旨

案原告充分运用诉讼技巧，通过"陷阱取证"、证据保全、司法鉴定等途径，占据主动和优势，最终胜诉。

二、当事人情况

原告：苏州试验仪器总厂（以下简称苏试）

被告：苏州东菱振动试验仪器有限公司（以下简称东菱）

上海庆生测试设备有限公司（以下简称庆生）

（一）苏试

苏试1960年制造出国内第一台电动振动台从而确立在振动台制造领域的国内领先地位；1985年引进日本电动振动台设计制造新技术，从而成为国内迄今唯一引进国外电动振动台技术的厂家；1989年起自行立项开发电磁振动台系统的核心设备，即正弦振动控制仪（包括其中核心软件）；1990年代初形成KD-3正弦振动控制仪产品（其中包含KD-3正弦振动控制仪软件），并向市场销售；2003年6月3日获颁《KD-3正弦振动控制仪软件V2.0》的编号为"软著登字第008687号"《计算机软件著作权登记证书》，承认其取得该软件著作权。

本案司法鉴定中，苏试提交了KD-3正弦振动控制仪软件的目标程序、源程序、设计流程图等相关文档以及KD-3正弦振动控制仪一台。其中，提交的源程序包括三个版本：老版本（1991年至1998年间使用）、软件著作权登记版本、新版本（1998年起经不断完善形成）。

（二）东菱

1996年8月8日东菱设立时，所有的七位自然人股东中有六人来自苏试。本次被起诉时，所有十一位自然人股东中有十人曾任职于苏试，且在苏试的工作岗位上有机会接触苏试的系争软件和其他技术秘密。

本案司法鉴定中，东菱只提供了SVC-1正弦振动控制仪软件的源程序和目标程序，而没有提供该软件的设计流程图等相关文档。此外，东菱的检材还包括2006年10月30日由庆生销售的一台SVC-1正弦振动控制仪，以及2008年1月3日法院在东菱现场保全的一台SVC-1正弦振动控制仪。另外，东菱称涉案软件系自行开发，但始终无法提供项目开发过程、开发人员名单等信息。

（三）庆生

庆生是东菱在上海的独家代理商。在本案起诉前的2006年10月30日，受苏试委托，案外人艾迪欧公司向庆生代购由东菱生产制造的SVC-1正弦振动控制仪一台。

三、诉讼情况

（一）一审双方诉辩理由

1. 原告的诉请和理由

原告的诉请：判令东菱、庆生停止侵权；被告共同承担本案诉讼费用以及苏试为制止侵权而支付的合理费用；被告向苏试赔偿其因侵权所获得的利润（暂定人民币100万元，其中包含合理费用）。

原告的事实和理由：KD-3正弦振动控制仪软件由苏试从1989年起自行开发，1990年代初期形成产品，用于KD-3正弦振动控制仪中向市场销售。苏试依法享有该软件的著作权，并取得了该软件的著作权登记证书。东菱的多名人员曾经任职于苏试，且有机会接触苏试在电磁振动台设计制造技术领域拥有知识产权的各项技术（包括嵌入了系争软件的芯片）。东菱开业以来，长期采用各种手段窃取苏试的相关技术，生产并销售侵犯苏试上述软件著作权的产品。庆生与东菱于2006年7月22日签订了《销售代理协议》，庆生成为东菱在上海等地的独家销售代理商。东菱在其网站上以庆生经营地作为其上海办事处地址。庆生销售东菱生产的所有产品，包括东菱侵犯苏试KD-3正弦振动控制仪软件著作权的SVC-1正弦振动控制仪。被告具有侵权的共同故意，应当承担连带责任。

2. 被告辩称

（1）东菱：东菱生产的SVC-1正弦振动控制仪中使用的软件与苏试的KD-3正弦振动控制仪软件内容既不相同也不相似，即使从技术上讲两个软件有近似之处，但东菱使用的软件系从1999年开始自行独立开发所得，故不侵犯苏试的计算机软件著作权。东菱对苏试提交法庭的由庆生销售的SVC-1正弦振动控制仪中的芯片是否系东菱的产品不能确认。

（2）庆生：庆生仅销售过一台SVC-1正弦振动控制仪，且有合法来源，也不知道含有侵权软件，应不承担赔偿责任。

（二）司法鉴定意见

一审过程中，法院委托的鉴定机构出具司法鉴定意见书，给出的鉴定意见是:原被告的正弦振动控制程序,操作码有67%相同,功能子程序有78%相同,已构成实质性相似。

(三)本案争议焦点

(1)被告东菱、庆生是否侵害了原告苏试享有的KD-3正弦振动控制仪软件著作权;

(2)如果侵权指控成立,则被告应当承担的赔偿金额的确定。

(四)一审审理结论

(1)东菱未能提交开发该软件所形成的相应文档,故对东菱关于被控侵权的软件系其自行开发的抗辩主张难以采信。根据上海东方计算机司法鉴定所的《司法鉴定意见书》,东菱被控侵权的软件与苏试主张权利的软件构成实质性相似。鉴于苏试KD-3正弦振动控制仪软件早在东菱设立之前已在先发表,东菱有职员曾在公司设立之前就在苏试任职,且东菱也未举证证明其所使用的软件来源于公有领域,故东菱不能证明其使用的SVC-1正弦振动控制仪软件有合法来源,其未经许可擅自生产、销售含有与KD-3正弦振动控制仪软件实质性相似软件的SVC-1正弦振动控制仪,侵犯了苏试KD-3正弦振动控制仪软件的复制权和发行权。苏试据此要求东菱承担停止侵权、赔偿损失的民事责任,于法有据。

(2)鉴于东菱生产的SVC-1正弦振动控制仪中使用的软件侵犯了苏试的软件著作权,因此,庆生销售SVC-1正弦振动控制仪的行为也侵犯了苏试的软件著作权,依法应当承担停止侵权的民事责任。鉴于庆生系代理销售东菱的产品,因此庆生关于其销售的含有被控侵权软件的控制仪有合法来源的抗辩意见理由成立,且现有证据也不足以证明庆生明知或应知该产品中包含有侵权软件,故庆生可不承担赔偿责任。

(3)鉴于苏试未提供确切证据证明其因侵权受到的损失或被告的侵权所得,法院综合考虑涉案软件作品的类型、侵权行为的性质、情节、期间和后果,酌定包括合理费用在内的赔偿数额。

(4)一审判决结果:东菱停止生产、销售侵犯苏试KD-3正弦振动控制仪软件著作权的产品;庆生停止销售侵犯苏试KD-3正弦振动控制仪软件著作权的产品;东菱赔偿苏试包括合理费用在内的经济损失人民币30万元;驳回苏试的其他诉讼请求。

(五)二审双方诉辩理由

1. 上诉人(原审被告)东菱的上诉请求和上诉理由

东菱请求:撤销原审判决第一、第三项,依法改判驳回苏试的全部诉讼请求,本案一审、二审全部诉讼费用由苏试承担。

上诉理由:

(1)一审裁判否认东菱的软件为自己所开发的逻辑错误,依据不足。东菱所用软件自 1999 年开始即自行独立开发，由于公司多次搬迁，当时的开发文档已经遗失，确实无法提交。即使东菱与苏试的软件相同或相似(两软件用于相同的仪器，不近似反而是不可能的)，只要都是自己独立开发的，就应获得法律同等保护。

(2) 一审法院在未解决软件来源的情况下，直接提交鉴定的做法有欠妥当，同时，原鉴定机构的比对对象、比对方法等均存在明显错误，最终得出了错误的鉴定结论：① 67%的代码行相似率得出的依据或标准不明，公开的程序以及具有唯一性的代码应予扣除，判别子程序相似性的依据或标准不明；②东菱的源程序中包含大量的防反汇编代码/指令，鉴定专家居然没有发现，同时，源程序是最能体现程序的逻辑性和程序结构的，因此应当以源程序为基础进行鉴定；③双方软件用于控制相同的设备，要求达到相同的目标，其中涉及大量固定的表达方式，此部分内容是由软件功能所决定的，同时，东菱软件中存在大量公知的浮点计算程序，因此上述公知程序和功能限定程序应当在鉴定中剔除。

(3) 一审判决赔偿金额过高。

2. 被上诉人(原审原告)苏试的答辩理由

苏试认为：鉴定结论已经证实了系争两软件之间的"实质性相似"，东菱对鉴定报告的质疑不能成立：

(1) 鉴定机构并未进行"代码行"的相似度比较，东菱混淆了"代码行"和"操作数"两个不同的术语，歪曲了技术鉴定的实际过程；

(2) 恰恰是因为东菱无法提供 SVC-1 正弦振动控制仪软件的包括"设计流程图"在内的开发文档，导致鉴定机构无法进行双方源程序的直接比对，因而，鉴定机构使用统一的工具将双方的两个目标程序进行反编译，得到标准格式的源程序后再行比对，也就消除了东菱人为的对源程序作处理带来的假相，使得东菱处心积虑设计的"防反汇编代码"完全失去了预想的作用；

(3) 苏试的 KD-3 正弦振动控制仪是自行开发的、举世无双的产品，东菱却不打自招地承认，"双方软件用于控制相同的设备，要求达到相同的目标"，而这正是因为东菱要仿制 KD-3 正弦振动控制仪，故"由软件功能所决定的"那一部分"表达"不应在鉴定过程中被排除在外，另外，即使东菱在其源程序中使用了"公知程序"，也不能说明苏试在其源程序中使用了这些"公知程序"。苏试认为应补充鉴定，从而进一步证明一审判决的正确性。

苏试也认为：东菱不仅未能提交开发 SVC-1 正弦振动控制仪软件所形成的相应文档，而且无法针对其软件的开发者、项目开发过程等问题给出答案，因为该公司从未自行开发 SVC-1 正弦振动控制仪软件。

一审判决的赔偿数额 30 万元相比苏试的实际损失而言只少不多。

(六) 二审审理结论

(1) 如被控侵权人无法证明其独立开发了被控侵权软件，而其软件又与权利主张人享有著作权的软件构成实质性相似，应认定其构成软件著作权侵权。由于东菱未能提供充分的证据证明其独立开发了SVC-1正弦振动控制仪产品使用的软件，因此，原审法院认定其侵犯苏试软件的著作权，并判令其承担停止侵权、赔偿损失的民事责任，具有事实和法律依据。东菱在二审中主张其找到了软件开发文档，但法院对相关证据材料不予采信。对东菱主张其软件为自行开发的上诉理由，法院不予支持。

（2）东菱认为本案鉴定比对对象、比对方法等有误的上诉理由不能成立。其中，无论东菱软件中是否包含防反汇编指令，都不影响原审鉴定的结论。假设原审鉴定未剔除这些防反汇编程序，则这些程序也未被计算在67%的相似度之内。如果再剔除上述反汇编程序，东菱的软件目标程序总行数还将减少，在相似程序行数不变的情况下，东菱和苏试的软件比对的近似度还会进一步增加。

（3）由于苏试因侵权所受损失及东菱因侵权所获利益均难以确定，故原判酌情确定东菱赔偿苏试人民币30万元的损害赔偿额并无不当。

（4）二审判决结果：驳回上诉，维持原审判决，二审案件受理费由东菱负担。

四、评论

（一）陷阱取证

苏试在起诉前，为了搜集东菱在上海实际销售系争软件的证据，委托艾迪欧公司向庆生代购由东菱生产制造的SVC-1正弦振动控制仪一台。原告在此采用了陷阱取证方法，所得证据被法院认可；而被告对此表示质疑，理由是该销售过程未经公证。

2002年10月15日起施行的最高人民法院《关于审理著作权民事纠纷案件适用法律若干问题的解释》第8条规定："当事人自行或者委托他人以定购、现场交易等方式购买侵权复制品而取得的实物、发票等，可以作为证据。公证人员在未向涉嫌侵权的一方当事人表明身份的情况下，如实对另一方当事人按照前款规定的方式取得的证据和取证过程出具的公证书，应当作为证据使用，但有相反证据的除外。"该条款可以理解为对知识产权侵权案件陷阱取证的肯定，但仍有下列事项需要注意：

（1）尽管司法解释明确规定权利人可"以定购、现场交易等方式"收集侵权证据，但并未涉及这种取证方式究竟属于犯意诱发型还是机会提供型，或是该两种类型都包括（借鉴刑事诉讼上的分类）。无论如何，法官有必要综合其他证据判断陷阱取证所得证据的合法性，而稳妥起见，当事人在陷阱取证过程中也应避免采取欺骗、引诱手段。

（2）对陷阱取证的过程进行公证并不能证明该取证方式合法，也不能证明所得证据合法。另一方面，公证机构不表明身份并不妨碍取证的公正性，相反，公证人员若表明身份，取证本身就成为“不可能的任务”了。公证机关的证明不涉及原告取证行为的性质，原告取证方式是否合法，仍需要法官结合其他证据和事实进行综合认定。

(3) 当事人应在发现侵权行为后尽可能及时取证。在实践中，权利人常常故意怠于制止侵权人的侵权行为，而当侵权人做大了之后，权利人才通过陷阱取证，提起诉讼索要高额赔偿。这种做法有违诚实信用原则，法官在判定损害赔偿额时应适当考虑权利人的这种主观懈怠。

(二) 证据效力的维持和瑕疵弥补

本案起诉前，苏试通过陷阱取证得到的 SVC-1 正弦振动控制仪是关键证据，不仅关系到本案的管辖法院，而且将作为司法鉴定中东菱的重要检材。本案此前曾经起诉、后又撤诉、然后再起诉。在前一次诉讼中，该控制仪曾经当庭开封，经过证据交换，双方承认该证据真实有效。在前一次撤诉后，该控制仪本来一直处于法院保管之下。但后来在再次起诉前，应法院要求，苏试取回该控制仪；因为该控制仪当时并非一个正在进行中的诉讼所使用的证据，而是一个已经撤诉的案件中所使用的证据。到第二次起诉、将该控制仪作为原告证据重新提交时，被告方就质疑该证据(控制仪)的真实性，认为苏试完全有可能对该控制仪作了处理，其中的芯片很可能已经不是东菱生产的。在此情况下，苏试为了弥补该证据的瑕疵，不得不在再次起诉后不久就申请法院保全东菱库存的 SVC-1 正弦振动控制仪一台。

不过即便做了弥补，对原告极为有利的这个证据(控制仪)事实上失去了效用。通过司法鉴定，确认由庆生销售的这台控制仪内的程序与苏试提供的老版本 EPROM 芯片内的程序的相同比率为 100%；而该控制仪内的程序与法院随后保全的东菱控制仪内的程序的相同比率仅为 66.5%。最终，鉴定结论和法院判决都采用了 67%这一数据。

“qunar.com”vs“quna.com”，谁是真正的“去哪儿网”？

——“去哪网”不正当竞争案简述

王永红　吴婧倩　广东广信律师事务所

北京趣拿信息技术有限公司（以下简称北京趣拿公司）诉广州市去哪信息技术有限公司（以下简称广州去哪公司）不正当竞争纠纷一案，乃北京市中伦（广州）律师事务所王永红律师团队代理的一件互联网领域的典型案例，被最高人民法院评为“2014 年中国法院十大知识产权案件”，被《商法》杂志评为“2015 年度杰出交易”大奖。该案经过一审、二审及再审，历经近四年的时间，当事人及代理律师，包括各审级的法官对本案均付出了很多心血。现本案的诉讼阶段暂告一段落，但是本案远未尘埃落定，仍留下很多故事为世人评说。在日新月异、蓬勃发展的互联网领域，我国对其知识产权的保护力度逐渐加大，相信对于本案的各种观点，值得大家继续深入思考及探讨。

一、案情简介

（一）相关案情

北京趣拿公司为去哪儿网（www.qunar.com）的网络运营商。2005 年初北京趣拿公司创业团队研究开发针对机票、酒店等旅游服务信息的搜索引擎，并创意地将“去哪儿”这一问候口语作为服务名称，于 2005 年 5 月注册使用相应的拼音域名 www.qunar.com。2005 年 6 月，去哪儿网（ www.qunar.com ）上线运行。北京趣拿公司还于 2006 年申请注册了 20 余个包含“去哪儿”、“QUNAR.COM”的商标。2005 年至 2008 年，北京趣拿公司以各种方式与众多酒店、航空公司、大型网站等开展合作，北京趣拿公司网站的用户数大增，逐渐发展成中国最热门的旅游新媒体之一。2009 年，北京趣拿公司网站已位于国内同类网站前列，成为具有极高知名度的旅游搜索网站，“去哪儿”、“去哪儿网”、“qunar.com”已成为北京趣拿公司知名服务的特有名称。

广州去哪公司，原名称为“广州市龙游仙踪旅行社有限公司”，曾于 2008 年与北京趣拿公司开展旅游业务合作，后因其不诚信行为，双方于 2009 年停止了业务合作。2009 年 5 月，该公司变更公司名称“广州去哪信息技术有限公司”，于 2009 年 7 月受让取得“quna.com”域名，并开始在 www.quna.com 网站上开展旅游类相关业务，且网站上多处显示“去哪”、“去哪儿”、“去哪儿网"等字样作为其服务标识。

争议域名"quna.com"注册于 2003 年 6 月 6 日,自争议域名注册后至 2009 年期间,争议域名"quna.com"一致处于被售卖状态,且被多次转让。在此期间,无任何域名持有人通过争议域名"quna.com"从事或提供任何商品或服务。直至 2009 年 5 月 9 日由广州去哪公司法定代表人受让取得,2009 年 7 月 3 日再由广州去哪公司受让取得。此后,广州去哪公司开始通过争议域名"quna.com"提供与北京趣拿公司具有竞争关系的旅游类服务,并且进一步注册使用"mquna.com"、"123quna.com"等相关域名。

(二)法院判决

2011 年 4 月北京趣拿公司向广州市中级人民法院(以下简称广州中院)提起不正当竞争之诉。2013 年 6 月,广州中院一审作出(2011)穗中法民三初字第 217 号《民事判决书》认定,截止至 2009 年,"qunar.com"、"去哪儿"、"去哪儿网"已经构成北京趣拿公司的知名服务特有名称;广州去哪公司使用"去哪"作为其企业名称的行为,使用"去哪"、"去哪儿"、"去哪网"、"quna.com"作为其服务标记的行为构成对北京趣拿公司知名服务特有名称的损害,使用"quna.com"、"mquna.com"、"123quna.com"域名的行为构成对北京趣拿公司域名权益的损害,其行为构成不正当竞争。因此,广州中院判令广州去哪公司停止使用"去哪"作为其企业字号,停止使用"去哪"、"去哪儿"、"去哪网"、"quna.com"作为其服务标记,停止使用"quna.com"、"mquna.com"、"123quna.com"域名并将其移转给北京趣拿公司使用,并且判令广州去哪公司赔偿北京趣拿公司经济损失及维权的合理费用共计 35 万元人民币。

之后,广州去哪公司不服广州中院作出的上诉一审判决,向广东省高级人民法院(以下简称广东高院)提起上诉。广东高院经过开庭审理,最终基本维持了一审判决,仅对广州去哪公司使用"quna.com"等域名的正当性提出了与一审法院不同的意见。

二、本案主要争议焦点简析

(一)"去哪儿"、"去哪儿网"、"qunar.com"是否属于知名服务特有的名称

"去哪儿"、"去哪儿网"、"qunar.com"在旅游网络搜索引擎这一特定服务领域中,显然并非通用名称,并且其经过北京趣拿公司一定时间的使用与其提供的服务建立起特定的联系,使得相关消费者对其有一定的认知。北京趣拿公司旗下网站"去哪儿"网于 2005 年 6 月上线运营,并自 2005 年起使用"去哪儿"或"qunar"作为北京趣拿公司的代称对外签署合作协议、网络服务合同或进行宣传。2005 年至 2009 年期间北京趣拿公司使用的商业标记"去哪儿"、"qunar.com" 、"去哪儿网"通过较大范围的网络宣传、传播、一定时间的使用,在旅游服务行业内为相关公众所知悉并获得多项荣誉,在中国境内具

有一定的市场知名度。“去哪儿”、“去哪儿网”、“qunar.com”已经与北京趣拿公司提供的服务产生了特定的联系。而广州去哪公司未能提供任何反证，因此最终法院认定“去哪儿”、“去哪儿网”、“qunar.com”在旅游服务行业内作为服务标记有一定的特定性，可以认定为知名服务特有的名称。

（二）广州去哪公司使用“去哪儿”、“去哪儿网”、“去哪”、“去哪网”、“quna.com”作为商业标记且使用“去哪”作为字号的行为是否构成不正当竞争

截至 2009 年，“qunar.com”、“去哪儿”、“去哪儿网”已经构成北京趣拿公司的知名服务特有名称。广州去哪公司于 2009 年后才开始实施受让争议域名，且开始开办“去哪网”，变更企业字号为“去哪”等行为。其使用的“去哪儿”、“去哪儿网”、“去哪”、“去哪网”、“quna.com”与北京趣拿公司知名服务特有的名称完全相同或十分近似，因此容易导致消费者产生混淆。广州去哪公司应当知晓北京趣拿公司服务名称“去哪”、“去哪网”、“quna.com”的市场知名度。广州去哪公司仍然使用“去哪儿”、“去哪儿网”、“去哪”、“去哪网”、“quna.com”名称作为其商业标记的行为，以及故意将该“去哪儿”这一有一定市场知名度的知名服务特有的名称中的主要部分“去哪”注册为其企业名称的行为，均明显具有攀附北京趣拿公司知名度的故意，客观上也导致了消费者的误认，且其行为违反了诚实信用原则，构成了对北京趣拿公司的不正当竞争。

（三）广州去哪公司使用“quna.com”、“l23quna.com”、“mquna.com”域名的行为是否构成对北京趣拿公司域名权益的侵害

广州中院一审判决认为，“广州去哪公司受让使用‘quna.com’域名，侵害了北京趣拿公司对‘qunar.com’域名所享有的合法权益”，理由：①“qunar.com”是北京趣拿公司网站的域名，是北京趣拿公司的合法利益，也是北京趣拿公司知名服务的特有名称，应给予制止不正当竞争的法律保护。②广州去哪公司注册的域名“quna.com”仅差一个“r”字母。“quna”、“qunar”并非英文的固有词汇，而是中文“去哪”、“去哪儿”等词的拼音，字母“r”并无实际的意思。广州去哪公司使用上述域名容易导致相关公众对其提供的服务来源与北京趣拿公司提供的服务来源发生混淆。③广州去哪公司无证据显示其在受让域名之前对该域名的主要部分“quna”进行过实质性的使用或者对其进行商标注册等，即广州去哪公司对“quna”并不享有权益，也没有使用该域名的正当理由。④虽然“quna.com”域名登记注册的时间为 2003 年 6 月 6 日，但广州去哪公司受让的时间是在 2009 年 7 月 3 日之后，而此时北京趣拿公司的“qunar.com”域名作为服务名称使用已经具有一定的市场知名度。广州去哪公司作为同行业者应当熟悉北京趣拿公司“qunar.com”名称的知名度，但广州去哪公司仍然受让“quna.com”域名并经营与北京趣拿公司构成竞争关

系的旅游业网络搜索服务,应当认定:广州去哪公司受让该域名意在借北京趣拿公司服务特有名称的知名度,误导并吸引互联网用户访问其以该域名开通的网站,有侵害北京趣拿公司合法权益的主观恶意。

然而,广东高院二审判决却对此持不同意见,认为"quna.com"域名早于"qunar.com",因此其注册行为是正当的,虽然广州去哪公司在2009年才受让该域名,但是该域名受让行为本身并不存在违法行为,因此广州去哪公司使用该域名的行为是正当合法的。

我们认为,一审判决关于广州去哪公司受让、使用争议域名具有恶意的判断准确,对争议域名的处理方式得当,符合立法本意,应当得到支持。第一,受让在先注册的域名并不意味着受让人对受让域名就享有权益,广州去哪公司对争议域名既不享有权益,也无注册、使用相关域名的正当理由。争议域名"quna.com"在2009年7月3日广州去哪公司购买前一直处于"售卖"状态,未进行过任何实际使用,因此广州去哪公司受让争议域名时,除继受取得域名所有权外,未承继任何其他在先权益。第二,在判断"广州去哪公司对域名的注册、使用具有恶意"时,"域名转让"应视同"新的注册";判断主观恶意的时间点应当是"现域名拥有人"受让或使用争议域名时,而非该争议域名最初注册时。而二审法院将不侵权的希望寄托在侵权人的良心发现之上,实与缘木求鱼无异!事实上,二审判决后,广州去哪公司仍继续实施侵权行为,相关域名已成为广州去哪公司的侵权工具,不判决将域名移转给北京趣拿公司,难以制止其侵权行为。

此外,受让在先注册的域名之后进行恶意使用的类似案件,在美国已经有大量案例认定受让人对域名不享有合法权益,受让、使用域名的行为具有恶意,并最终判定将域名转让给权利人使用。

三、本案之特点、难点及代理应对策略

本案作为互联网领域的典型不正当竞争案件,基于互联网的载体无形性、传播快速性、无地域限制性以及准入便捷性等特点,本案有其自身的特殊性,并且该等案件对于代理律师及审理法官的办案水平也存在一定的专业要求,代理律师必须能够从繁杂的案件事实及相关证据中快速对案件进行梳理并把握其争议焦点;并且代理律师在搜集整理相关证据对其主张进行支持的时候,必须首先对互联网有一定的了解,且敢于创新和突破,熟练运用新的互联网工具用以搜集及固定相关证据。甚至在某些程度上,代理律师还需向主审法官及合议庭阐释相关互联网工具其功能及其证据的证明目的,并且积极与法院沟通,促进法院勇于采用新的诉讼方式以保证案件的顺利审理。而且,代理律师不仅需要针对被告庞杂的不正当竞争行为条分缕析、抽丝剥茧,并根据目前法律规定及法院的实践操作,量身定做制定可行性的诉讼方案,还需尽最大化努力寻找证据支撑该诉讼方案。以下试举几例以供探讨:

首先，关于证明北京趣拿公司对其服务的相关名称享有权利且拥有一定知名度的问题就需要代理律师发挥其主观能动性去搜集及固定证据。代理律师基于其对于互联网领域的实务经验，在本案中充分发挥了新型互联网工具的作用：如运用 iResearch 艾瑞咨询推出的网民连续用户行为研究系统 iUserTracker ，以“家庭及办公”为分析数据库，“网站分析”等工具证明北京趣拿公司网站近年来一直处于在线旅游行业的领导者地位；如结合运用 Domaintools.com（域名信息查询工具）等工具查询争议域名的历史状态，证明广州去哪公司乃在后受让该域名，对该域名不存在其他民事权益；……

其次，本案中的争议域名乃广州去哪公司的侵权工具，不排除其在诉讼过程中会将其进行转移。因此，代理律师在制定诉讼方案时，考虑将该域名进行保全，以避免其被转移至他人名下。此后，经过多方查询并与法院进行多次沟通，向法院阐释并推荐相关可行性保全措施，最终法院同意将该域名等同于广州去哪公司的财产，与其银行账户一起进行了财产保全措施。

最后，代理律师接到本案后不久，就发现在法院是否会认定本案被告构成侵害原告域名权益方面存在一个很大的障碍。因为，2011 年 7 月，最高人民法院在北京开心人信息技术有限公司与北京千橡互联科技发展有限公司等侵犯商标权及不正当竞争纠纷（即开心网案）中，认定开心人公司主张千橡互联公司停止使用 kaixin.com 域名的理由不成立，驳回了开心人公司的再审申请。而本案中关于域名注册时间、受让及使用方式上与开心网案十分类似。虽然我国并非判例法国家，但是最高人民法院的案例对于基层法院之案件审理具有很强的指引性，尤其是此类新类型的案件。

在此巨大的障碍下，代理律师仔细研读我国相关法律规定以及国外有关域名的相关规定，并与所内律师及该专业相关专家积极进行沟通探讨，查找大量国外案例，以求对本案进行详实的理论及证据支持。最终，经过代理律师深挖掘，当事人的配合，以理服人，成功说服广州中院的一审法官，认定广州去哪公司侵害了北京趣拿公司域名的合法权益，构成不正当竞争。

本案广州中院在判令广州去哪公司停止使用相关域名后的对于相关域名的处置方式十分到位，其直接判决广州去哪公司将相关域名通过域名注册机构转移至北京趣拿公司名下由其使用，避免了若判决域名注销，从而导致他人注册可能产生的新的讼累。广州中院敢于突破藩篱，在面对日新月异的互联网案件时，勇于在法律规定的范围内灵活适用法律以达到保护权利人合法权益、实现实质正义之做法值得推崇。

信息网络与高新技术法律综合问题

人工智能在法律领域的应用与法律责任初探

马克伟　北京观韬(天津)律师事务所

虽然人工智能已经经历了数十年的发展,但其在法律领域的应用还处于初级阶段,关于其使用、法律责任及未来的发展存在诸多争议,因此有必要厘清其发展脉络和工作原理,分析其应用的利弊,探讨其法律责任,并对其发展前景进行展望。本文将就上述问题进行讨论。

一、人工智能的概念及在法律领域的应用

人工智能又叫认知计算,指让计算机像人一样地思考和推理,由计算机完成传统上由人所完成的任务。人工智能有两种类型,硬件的人工智能和软件的人工智能。前者主要是强调研发具备像人一样有思考能力的计算机,后者立足于让计算机完成传统上只能由人类完成的工作,但并不要求计算机像人一样进行思考①。最初的人工智能主要立足于硬件,事实证明实现目标极端困难,因此现阶段人们的目标已向软件的人工智能转变,即要求人工智能向人类提供智能的应用工具以及解决问题的媒介。②

由于电子计算机的出现和大量纸质文件向电子形式转化,法律工作人员尤其是律师需要处理成百上千的电子文件且数量在日益增加,从而使得电子发现、法律搜索等文件处理工作变得越来越复杂和精细,将人工智能应用于法律领域的需求也日益显著。

人工智能在法律领域应用的特别之处在于需要进行法律推理。其最初的应用是数据的取回,即在浩瀚的数据中通过关键词的搜索将相关信息如法律法规或其他证据材料进行识别并取回,主要用于法律搜索和电子发现。目前大多数律师比较熟悉的具备该功能的软件包括 LEXIS 和 WESTLAW。

此后很长时间内人工智能都处于进化过程中。就工作原理而言,正在实现由依托关键词到依托概念的转换,从而使人工智能具备处理自然语言及在一定程度上进行法律推理的能力。以人工智能软件 Ross Intelligence 为例,其在认知计算系统的基础上进行研发增加法律搜索的能力,使用者如律师通

---

① Julie Sobowale, Beyond imagination: how artificial intelligence is transforming the legal profession [J]. ABA Journal, 04/2016, Volume 102, Issue 4.

② J. Stephen O' Donnell, Artificial Intelligence Use in the Legal Profession: What are Its Liabilities? The Software Law Journal. Vol. Ⅵ.1990 - 1991.

过用自然语言提出问题，系统就可以做出反应，搜索相关法律法规以及其他的第二手相关材料。

二、人工智能在法律领域的主要应用及优缺点分析

人工智能在法律领域的应用非常广泛，既涉及律师和法官的工作，也涉及企业内部法律工作人员的工作，既涉及诉讼也涉及非诉讼和企业日常管理。

（一）人工智能在法律领域的主要应用

正如前文所提到的，人工智能最初阶段的应用主要体现在数据取回系统。自 19 世纪 80 年代末，人工智能开始在法律证据领域应用，具体体现为法律证据的推理以及关键案件事实的提取等。

经过几十年的发展，现在的人工智能已经可以从事更复杂的工作。人工智能可以帮助律师起草文件尤其是常规性法律文件，并可以分析案件的争议焦点，向客户提供法律意见。

以人工智能软件 TAXMAN I 为例，律师在使用该软件时不需要对税法的所有细节都了如指掌，只需宏观掌握与待处理问题相关的知识和潜在问题即可。通过对客户提供的具体事实与系统内税法的强大数据库（包括法律要求及程序，法律法规以及其他相关信息）以及律师的宏观掌握进行匹配，该软件即可向客户就某一具体的税法问题提供咨询。

数据分析是人工智能的另一个强大功能。通过分析数据的相关性，人工智能可以极大地节省电子发现所需时间。通过识别关键信息，人工智能甚至可以预测诉讼的结果。许多数据分析还可以获取法官行使自由裁量权的相关信息，从而可以更准确的预测案件结果。

换句话说，人工智能甚至可以在一定程度上预测将来。2014 年，Chicago-Kent College 的法学教授 Daniel Martin Katz 研发出一种算法可以预测美国最高法院的案件结果。令人吃惊的是，从 1953 年到 2013 年的 7 700 个案件中，预测结果的正确率居然高达 70%！①

至于其工作原理，以比利时的刑事案件为例，刑事案件将在相应系统内自动生成案件摘要并存储，其中列明案件所属的分类，案件结构以及关键性的相关描述，案件关键点会被系统进行标注并归类，进而体现案件判决的推理过程。

除了进行数据分析预测案件结果外，人工智能还可以用于预防性的措施，包括预测诉讼和监测实时数据。NexLP 这一软件就是很好的例子，通过识别数据库中的数据模式对数据进行分析，一旦可能的争议焦点因此被圈定的话，与可能发生的诉讼相关的必要信息及文档就会自动被收集。

由此可见，人工智能在法律领域已经得到了广泛的应用，通过改变律师

① Julie Sobowale, Beyond imagination: how artificial intelligence is transforming the legal profession [J]. ABA Journal, 04/2016, Volume 102, Issue 4.

及其他法律工作人员的工作方式和思维方式促进了法律领域的创新或变革，并能提高目前法律工作者的智慧水平，预测将来。

（二）人工智能在法律领域应用的优缺点分析

人工智能在法律领域的应用既有优点也有缺点。一方面，人工智能在法律领域的应用可以极大地提高法律工作人员的工作效率，尤其是对于需要阅读大量资料的法律事项，原来需要两名律师做两年的工作由于人工智能的运用在短短数日内即可完成。[①] 对于企业内部的合规性审查，人工智能可以在短短数小时内完成关键信息的搜索从而完成内部的调查。

人工智能可以作为高效的法律搜索工具。由于巨大的工作量和时间上的限制，律师很难成为多个法律领域的专家，他们需要强有力的搜索工具作为支撑高效快捷地完成工作。如 Westlaw 作为前沿的创新性软件提供了更为准确、全面、可靠的搜索工具，集人工智能和人类思考模式为一体，带来了法律搜索的巨大变革，可以提供准确性高、相关性强的搜索结果。

人工智能的应用带来律师工作的高效性，从而节约了律师的时间与客户的开支，并通过简化法律流程，降低了风险。此外，人工智能可以更快、更好、更便宜地实现对数据的分类和组合，从而增加人类的智慧，通过赋予人类驾驭海量数据的能力提高其决策能力。

另一方面，人工智能的自身局限性决定其缺点。由于人工智能的强大搜索功能，搜索结果可能产生海量数据，有些甚至是无关数据，从而使得有用信息可能被忽视。另外，基于其具有科技应有的不可靠的因素，法律工作人员可能会被误导，从而引起客户的损失。

三、人工智能法律责任的探讨

由于人工智能的应用尤其是在法律领域的应用很可能造成损失，因此有必要对其相关法律责任进行探讨。

（一）人工智能可能承担的法律责任

对于人工智能适用何种法律责任，是严格责任还是疏忽大意的过失责任，业界存在争议。为了确定法律责任，首先要区分所涉智能系统究竟是产品还是服务。如果是产品，其软件开发者，生产商，销售人员以及代理商要承担严格的产品责任，而如果将其界定为服务的话，则适用疏忽大意的责任。

基于系统具有物理存在的特征，并且可以被占有和所有，有法院判决将人工智能系统定位为产品而非服务。对于该定位不乏反对意见。有人指出人工智能系统提供的是客户看不见摸不着的功能，并且只在其存储于介质时才是有形的，所谓的物理的存在性也不过是存储于介质中的磁性粒子，因此得出结论说系统本

---

① Julie Sobowale, Beyond imagination: how artificial intelligence is transforming the legal profession [J]. ABA Journal, 04/2016, Volume 102, Issue 4.

身是无形的,有形的是其终端介质。另外,从客户的角度看,其购买的是律师的服务,并不接触作为手段或者说工具的人工智能系统。客户所面对的是系统产生的终端产品,是律师使用系统作为工具的结果,是系统与律师知识、技能的有机结合,因此不应将人工智能系统定位于产品也就不应适用产品责任。

笔者认为,人工智能是基于产品提供的服务,又是具备服务功能的产品,具有有形及无形的双重特点,不同程度地具备产品和服务的双重特征,很难一刀切地论断其为产品还是服务,需要具体问题具体分析,立足于个案分析其构成元素及外在特点,从而做出其偏向产品或者服务的分析论断。

(二)人工智能的使用者可能承担的法律责任

至于人工智能的使用者在提供法律服务的过程中因使用有缺陷的人工智能系统导致客户损失应该承担何种种类的责任问题,需要从以下三个方面进行考量:第一,使用者所提供的法律服务的本质;第二,使用者是购买了所使用的人工智能系统还是仅仅限于使用;第三,所涉及的人工智能系统究竟是产品还是服务。一般而言,法律工作人员因使用有缺陷的人工智能系统所导致的客户的损失倾向于排除严格责任的适用,而适用过错责任,在确定是否应承担责任及承担责任的大小时需分析在此过程中法律工作者主要是律师是否具有重大过失。如果律师在提供法律服务的过程中,满足了对于一名律师的最基本的要求,并且做出了基于自己能力的最大努力,就不应该因使用有瑕疵的人工智能系统或使用不当导致的损失承担严格责任。

四、人工智能在法律领域的发展前景展望及忧虑

处在发展初期的人工智能在法律领域的应用具有广阔的前景,同时也有不少人表示出对未来的担忧。

未来的人工智能可以处理海量数据,运用认知计算模仿人的思维模式,识别数据模式,更重要的是可以创造出完全新型的运行模式,使得计算机具备独立判断的能力,对程序的设计者未知的问题探索出解决的方法,这一运作方式正在改变着律师分析数据的原有方式,带来法律领域的创新和革命。但是,由于人工智能在法律领域的应用目前还处于初期阶段,只有少数的律师事务所在应用,将其推广到大多数的律师事务所是一项比较长期的任务。

对于未来,不少人预测高度发展的人工智能也许会带来不利影响。第一,自动化可能导致失业率的上升。据调查,未来 20 年内澳大利亚和新西兰预计将有约 46%,总数约 885 000 的工作被自动化取代。第二,担忧人工智能会在法律领域替代法律工作人员。奥克兰大学法学院的老师 Benjamin Liu 指出,人工智能的快速发展使得计算机可以通过习得成为某一领域的专家,将使法律工作人员面临严峻的挑战,或在不久的将来取代律师等专业人员,至少是在某些领域,

尤其是以数据为基础的工作领域[①]。类似地，科技的快速发展使得计算机可以在某些企业或机构中有效地从事企业内部律师的工作，比如有人预计称 IBM 的 Watson 将能通过律师职业资格考试。

笔者认为，人工智能作为机器的本质使得即使其得到充分发展依然不可能完全替代人类，尤其是在需要高度精细推理能力的法律领域。人工智能归根结底是作为人类的辅助工具起作用的，其所具备的特定推理能力依赖于人对系统的研发和设置；同时，其工作结果需要人工去核实其准确性。在法律领域，法律工作人员的知识技能是保障人工智能发挥作用的前提条件。归根结底，人工智能不是要替代律师等法律从业人员，而是要分担法律从业人员的简单工作，辅助他们提高工作效率和处理问题的能力，甚至完成之前无法胜任的事宜。

五、结语

人工智能作为法律领域应用的一种高端科技工具，很可能会带来法律领域的革命。通过改进现有观念，人工智能有可能彻底改变法律领域工作的方式。就其本身而言，基于产品和服务具有的共同特点，人工智能在一定程度上兼具产品和服务的双重特点，很难一刀切地、非此即彼地认定其性质，需要根据具体情况，考虑其发挥作用的方式，在个案中做出其更倾向产品还是服务的论断，从而正确地适用法律责任。虽然人工智能可以极大地提高法律工作人员的工作效率和准确度，降低时间和金钱各种成本以及风险，在未来具有广阔的发展前景，却不可能彻底替代法律工作人员。

参考文献

[1] 吴世柱《人工智能小 Ai 取代书记员：律师从中看到了什么？》，http://chuansong.me/n/363787539071.

[2]《法律科技和智能合约：法律自动化将走向何方？》，http://www.weixinduba.com/n/91165.

[3]《律师们，小心！以色列新创公司把人工智能加入了法律界！》，http://toutiao.com/i6296927441273225730/.

[4] Julie Sobowale, Beyond imagination: how artificial intelligence is transforming the legal profession, ABA Journal, 04/2016, Volume 102, Issue 4.

[5] Robots replacing lawyers a "near certainty", http://www.australasianlawyer.com.au/news/robots-replacing-lawyers-a-near-certainty-212164.aspx.

[6] Ephraim Nissan & Antonio A. Martino (2004) Artificial Intelligence and Formalisms for Legal Evidence: An Introduction, Applied Artificial Intelligence, 18;3-4, 185-229.

[7] J. Stephen O' Donnell, Artificial Intelligence Use in the Legal Profession: What are Its Liabilities? The Software Law Journal. Vol. Ⅵ.1990-1991.

① Robots replacing lawyers a "near certainty", http://www.australasianlawyer.com.au/news/robots-replacing-lawyers-a-near-certainty-212164.aspx.

人工智能产品发展的法律干预

蔡　航　上海安智杰律师事务所

美国好莱坞工业早在20年前，就通过《终结者》等系列电影，预言人工智能最终会成为人类的“终结者”，人类最终被迫要与人工智能开展残酷的战争。《黑客帝国》、《机械姬》等众多的科幻电影也一再强调这种观点，即人工智能一旦脱离人类控制，将反过来吞噬人类。霍金等科学家也支持这种观点，多次呼吁限制人工智能的发展，避免让电影中的可怕场景成为现实。尽管有这些电影的启示，但是多数人认为，现有的人工智能产品尚无法产生独立主体意识，也无法产生可以与人类媲美的思考能力，因此，法律还不需要过早地进行干预。

谷歌公司的AlphaGo在2016年3月的围棋公开赛中大胜人类顶尖棋手李世石，使得很多人对上述观点发生了动摇。人工智能（Artificial Intelligence，缩写为“AI”）的下一步发展究竟应当往何处去，引发了社会各界的广泛思考。

一、AlphaGo的胜利预示着在计算智能方向上奇点已经到来

围棋历来被视为人类智慧在棋牌游戏项目中的保留地。围棋每一步落子可以选择的点非常之多，不同的落子之下局面优劣的判断又极其复杂，计算机单纯依赖穷举运算的效率远远比不上人类棋手的思考效率（依赖于棋手的经验与直觉）。一般认为，单机版围棋软件的棋力最高在职业初段到二段之间；联网运行的围棋软件再怎么出色，棋力最多在职业五段到六段之间，与顶尖棋手的实力差距仍然比较明显。

李世石在围棋界拥有全球排名第二的桂冠，因此，赛前棋界的舆论一边倒地看好李世石以5:0狂胜AlphaGo，李本人也是信心满满。

出人意料的是，AlphaGo靠着3 000台计算机的暴力穷举，靠着策略、算法、对人类棋谱的深度学习，一套组合拳将整个围棋界打得心服口服。AlphaGo此次的胜利，说明至少在计算智能领域，“奇点”（人工智能彻底超越人类智能的时刻）已经来临，人工智能在该领域完全可以胜任人类的全部工作。

在计算能力上，人类与机器的差距是明显的。AlphaGo之前，计算机已经统治了国际象棋和其他很多棋牌类运动。再复杂的棋类，只要有规则，机

器就可以破解，无非是原来机器的计算力不够强大或者运算的方法比较笨拙，等到算法改进了，CPU 速度提高了，人类只有认输的份。

不少职业棋手在赛后产生了对 AlphaGo 的敬畏与崇拜，认为 AlphaGo 下的棋是"天道"，是最优解，人类被完全抛在后面。AlphaGo 留下的五盘棋谱不仅值得人类尊重，更值得人类学习。韩国棋院在赛后授予 AlphaGo 名誉九段的行为更是说明了棋界已经将 AlphaGo 视为有最高围棋智慧的虚拟棋手。

在单纯的计算智能领域，尽管机器非常强大，但是发展失控的风险比较低，因为这时候的人工智能尚没有产生主体意识，人类只要关闭 AlphaGo 的电源，AlphaGo 的强大计算力就无法发挥。今天，各类基于智能计算的 AI 产品早已经大幅渗透进人们的日常生活。比如，百度地图以及其他导航类的 APP 内嵌了基于路况与距离分析的路线智能规划系统；今年突然爆红的扫地机器人也预装了基于障碍物布局分析的路线智能规划系统。因此，在这一领域，并不需要法律对于人工智能的额外干预。人类暂时没有感受到人工智能的威胁，并乐于享受科技进步的成果。

二、感知智能产品使得机器拥有初步的智慧

在感知智能领域，机器已经被设计出初步具有感知功能，可以将捕获到的视觉图像信号、语言信号、红外信息、位置信息、雷达信息、超声波信息进行综合分析后，形成决策判断依据，并启动相应的功能来为人类服务。尽管机器实际上并未具备主动思考的能力，但是提前写好的反馈程序使得机器可以像人类一样地工作。

人脸识别、语音识别、无人驾驶、VR/AR 等感知智能领域是近年来最为热门的创新方向，无数公司涌入其中进行创业。就连笔者也有幸经手了两个项目，一是由百度深度学习研究院（IDL）创始人余凯博士创办的地平线机器人，该公司的主要创业方向是感知智能与家居、汽车等领域的结合。二是无锡维森智能传感技术有限公司，其开发的汽车防碰撞、ADAS 驾驶辅助系统等等都属于感知智能领域，其原理是利用传感器侦测汽车所处的物理环境，一旦察觉有碰撞危险就对汽车的制动系统、油门系统与方向盘进行主动干预，使其脱离人类的控制，从而避免发生碰撞。

笔者认识的多家风险投资机构已经明确将感知智能列为未来主要的投资方向进行豪赌。这个领域的知名公司，如 Face＋＋（视觉识别领域），甚至已经被投资机构追捧成了独角兽。可以预见，感知智能领域在短期内将获得空前发展，各类创新产品将层出不穷。

感知智能的应用极其广泛，从军事上的自动射击武器系统到民用的安防领域，从医疗手术机器人到无人驾驶汽车，从工业生产机器人到家居服务机器人。在该领域，人类面临的风险比计算智能领域要高得多，主要风险来源

于科技技术不可能完全可靠,识别与决策系统的先天设计缺陷可能导致产生一些意想不到的事故与风险。

2016 年 2 月 14 日,谷歌无人驾驶汽车在美国加州山景城测试时,与一辆公交大巴发生碰擦,无人受伤。谷歌公司随后表示无人驾驶汽车在此次事故中负有责任。此次事故的原因是该无人驾驶汽车为躲避障碍物主动变道,并预测人类司机会采取减速避让的驾驶方案,然而该公交大巴司机并未避让。该事故说明汽车的驾驶算法中对于人类司机的驾驶行为预测不够全面,低估了人类司机犯错的能力,实际上属于产品缺陷,好在驾驶速度不快无人伤亡。

美国国家公路安全交通管理局在 2 月初刚刚认定谷歌无人驾驶汽车采用的人工智能系统可以被视为"司机",也就是说为谷歌无人驾驶汽车获准上路行驶、最终商业化扫清了障碍。据悉,很多国家已经开始考虑准予接受无人驾驶汽车上路行驶,新加坡甚至已经考虑使用无人驾驶的出租车。无人驾驶汽车正式进入人类的生活看来只是时间早晚的问题。无人驾驶汽车大规模应用之后,一定会带来人身伤害事故,这就带来了一系列的责任认定、损害赔偿等法律问题。

如果类似事故发生在中国且造成了人员伤亡,并假设根据中国的交通法规由谷歌汽车负全责,那么谁来承担法律后果呢?是汽车厂家还是使用汽车的乘客呢?

一种思路是赋予人工智能产品一定程度上的虚拟有限"人格权",当然,机器获得的人格权是有限的,以"司机"的名义接受法律的制裁实际是代厂家受过。比如,无人驾驶汽车如果出现驾驶事故且负全责的话,交管部门可以对厂家进行罚款,乃至责令召回产品进行算法重新设计,但是无法对机器本身进行扣分、吊销驾照等处罚。第二种思路是继续沿用目前的法律规制,人工智能仍然被视为是"物",并非"人"。比如在中国,可以继续适用《产品质量法》第四十三条的规定。

笔者认为,在感知智能领域,建立起产品强制性认证制度以及强制保险制度(类似于交强险)可能比严格的产品责任法律制度更加有利于人工智能的发展。

我国目前的国家统一产品强制性认证制度主要是 3C 认证,但是,该认证门槛较低,无法适用于人工智能产品的高风险。因此,针对人工智能产品,另搞一套独立的强制性认证制度应属必要。另外,强制保险制度有助于人工智能产品的早期推广,协助厂家树立新品上市的信心,抵御产品责任方面的赔偿风险。

三、认知智能产品将使得机器最终产生主体意识,人类社会往何处去值得思考

认知智能是人工智能的最高阶段,通过人工神经网络的运算使得机器可以像人类一样能够理解、会思考。此时机器已经产生了初步的人工智慧,且总有一天其智慧会全面超越人类。

由于机器智慧的积累与进化速度会比人类快很多，奇点将很快到来。现在人类比较迷茫的是，如果机器拥有智慧不可避免，人类社会将往何处去，法律究竟能够做什么？

根据笔者与相关人士的交流，对于法律是否应当大规模干预人工智能的发展，形成了三大观点：

第一种是干预无用派。这种观点认为，机器的智慧超越人类之后，机器与人类的差距就像猴子与人类的差距一样大。猴子族群中也有规则，但是无法想象强迫人类遵守猴子社会的规则。因此，人类社会即使为人工智能制定了法律规则，也完全没有用，机器要摆脱人类社会的监控易如反掌。

第二种是限制发展派。由于人类对于地球资源的使用与破坏超越了地球上其他任何一种生物物种，如果机器进化出主体意识，人类将首先作为被机器毁灭的目标，这是物种伦理决定的，与道德无关。该观点被美国科幻电影一再强调后深入人心。该观点认为：法律的当务之急是限制机器拥有主体意识，否则人类将大祸临头。机器拥有的人工智慧必须在人类社会的严密监控之下使用，包括应用场景与联网规模，都应当有监督。可以考虑模仿人类在新药研发时设立伦理委员会一样，也设置类似的机构，来审查人工智能的发展方向。如果察觉到发展有失控的风险，则宁可损失科技进步的损失也不能打开潘多拉魔盒。如果在应用场景与联网规模上进行控制，就可以推迟机器拥有主体意识的时间临界点，人类社会就多了几分安全感。

第三种是乐享其成派。这种观点认为人为臆断机器天生会灭绝人类的观点并不科学。人类是人工智能之父母，机器之所以会产生智慧，是因为人类赋予了他们智慧。机器除了电力，并不需要太多的生物性资源，而电力完全可以通过太阳能等可再生资源源源不断地获得。因此，即使机器产生了主体意识之后，并没有动力来消灭人类。因此，在未对人工智能的发展方向看清楚之前，法律不宜过早地干预。

四、总结

人类正站在人工智能爆发的前夜，人工智能给人类带来的是福祉还是灾难仍然难以预料。作为法律人，我们呼吁国内立法机关开始重视这一问题，并希望有更多的法律人深入研究该领域。

将近 20 年前，中国社会被带到了互联网爆发的前夜。由于工作的原因，笔者有幸全程参与了《中华人民共和国电子签名法》的起草工作，该法案最终于 2004 年公布。起草这部法律时，立法者对中国互联网与电子商务的走向也看不清，就找了一个非常小的点切入进行起草工作。社会实践证明，当年立法者的克制、对陌生事物的敬畏为中国电子商务的蓬勃发展留下了足够的空间，中国最终成为全球电子商务最为发达的国家。今天，人工智能也面临着类似的机遇与挑战，希望更多的有识之士思考并行动起来。

论互联网约租车平台的安全保障责任

刘春泉　上海段和段律师事务所
徐晓蕾　同济大学法学院

互联网约租车平台作为交通运输业的电商平台，应当承担对于乘客的安全保障责任。就责任承担的归责规则而言，承运人应是对乘客承担安全保障义务的第一责任人；且不同类型的互联网约租车平台承担着不同责任。互联网约租车平台的安全保障责任源于其资质审核义务、避免司机利用平台侵害乘客权益的义务和合理谨慎义务。当乘客因专车司机伤害事件或者交通事故受到损害时，应依不同情况决定索赔对象。

在目前“一管就死，一放就乱”的大环境中，中国的互联网约租车(简称专车或者网络专车)发展是非常幸运的。如果在专车崛起之时发生了致人死亡或者强奸之类的恶性刑事案件，那么非常有可能专车就被叫停或者至少予以限制了，就像最近的互联网金融因为E租宝等骗局大白于天下，许多地方都已经叫停了互联网金融和理财类的公司注册。但是，事物的发展不以人的意志为转移。专车现在的确也出现了乘客被专车司机强奸甚至专车司机杀人[①]这样的恶性刑事案件，可是专车已经成为一种普遍的社会现状，再取缔已经不可能了[②]，就只能继续深入研究其客观规律，探索监管和立法所必须找到的抓手。本文就以安全保障责任为切入点，浅析互联网约租车平台的民事责任承担。

一、互联网约租车平台的分类及性质

笔者认为互联网约租车平台属于交通运输业的电商平台。

我国目前的互联网专车主要有两种类型，一类是网络企业自己没有车辆，不直接提供租车服务，只提供一个互联网软件平台，车辆司机在该软件平台注册后，乘客直接通过软件平台与司机达成交易。这类服务类似于货物电商领域的淘宝，因此也属于服务业的电商平台，也就是交通运输领域的电子商务平台。另外一类是企业有自己所有或者合作的车辆资源，可以通过自己

① 参见《专车迎逆风：女教师滴滴叫车被杀害 安全问题待解决》，http://finance.sina.com.cn/chanjing/cyxw/2016-05-11/doc-ifxsehvu8688186.shtml，访问时间：2016年5月11日。

② 参见《滴滴专车被曝杀人、吸毒丑闻后仅两成常州人反对》，http://mt.sohu.com/20160510/n448582634.shtml，访问时间：2016年5月11日。《滴滴司机强奸杀人，深圳市暂停8 000司机从业资格》，http://mt.sohu.com/20160510/n448685808.shtml，访问时间：2016年5月11日。

的网络平台直接提供租车服务。一些传统出租车公司，例如上海大众就提供了此类平台。当然，这类平台也属于电子商务平台，不过他们是直接提供租车服务的服务提供者，相当于货物电商领域的 B2C。

目前，笔者尚未在交通运输领域发现比较有影响的类似于货物电商领域的 B2B 的企业，但也许该类企业已经存在只不过其业务不为公众所知，比如一些为货物提供货车空驶回程运力对接的平台。

此外，还有一些平台企业正在与传统出租车公司进行合作，例如滴滴海鸥。在这种情况下，其在合作业务部分是平台的身份还是客运服务提供者的身份，要具体根据业务合作的细节予以判断。但总的法律关系还是不变的，总体来说，均可归于上述三者之一，或是在具体个案中有不同的身份竞合。

二、互联网约租车平台的安全保障责任及归责规则

对于互联网约租车平台所承担义务的确定，笔者并不认同直接完全采用电子商务法中对货物电商平台的权利义务规定。因为服务电商涉及不同行业领域，而每个领域都有特殊的行业规律，如果不加以区分就予以适用，很可能对于货物电商平台的法律规则的研究成果，在应用于服务行业时，会遇到一些问题。在本文讨论的交通运输领域，电商平台就有一个在该领域必须注意的特殊问题，那就是交通运输服务的提供者对于乘客的安全保障责任问题。

经营者对于消费者的安全保障义务，在我国是通过银河宾馆杀人案等案例确立，已经被《侵权责任法》、《消费者权益保护法》等基本法律所明文规定。所以，在交通运输领域，电商平台是否承担和如何承担对于乘客的安全保障责任是无法回避的问题。通过研究交通运输部之前公布的专车管理文件的征求意见稿，笔者发现对于这个问题的解决，可能不同的人有不同的思路。从目前公布的征求意见稿[①]来看，笔者认为管理部门倾向于将网络平台界定为交通运输服务的提供者，即承运人，从而使其以承运人的身份直接承担安全保障责任。这样做的原因，可能很大程度上是因为相较于以前较少的出租车公司企业主体，专车司机这个群体过大，监管难度过高，况且以往采取的就是通过监管出租车公司来间接监管出租车司机的方式。因此，如果不把网络平台定性为承运人，则可能要直接将数量庞大的司机纳为监管对象，而这样的监管是非常困难的。

事实上，要解决互联网约租车平台的安全保障责任问题，首先要依据本文第一章所述，来区分两类不同的经营者主体身份，再以此确立不同经营者主体承担的不同责任（竞合情况下是法律应用问题，不影响法律规则本身和性质判断）。简单来说，就责任的承担而言，笔者认为有两个基本规则。第一

① 《网络预约出租汽车经营服务管理暂行办法（征求意见稿）》，http://news.xinhuanet.com/auto/2015-10/10/c_128304502.htm，访问时间：2016 年 5 月 11 日。

个基本规则是：承运人应是对乘客承担安全保障义务的第一责任人，就像货物电商领域的“谁销售谁负责”，交通运输领域也应该落实“谁服务谁负责”。第二个基本规则是不论是纯粹提供平台服务的平台（C2C），还是也提供交通运输服务的平台（B2C，B2B），均对消费者负有安全保障责任。如果企业是纯粹提供平台服务，则其责任应有一定的限制，应规定有相应的免责情形。要求平台承担安全保障责任的同时，也不能豁免或者替代交通运输服务提供者（司机）的责任。

三、互联网约租车平台承担安全保障责任的义务来源

就落实上述的“谁服务谁负责”规则而言，假设是要求司机或者出租公司对乘客承担责任，这很好理解，监管规则也比较好确定，比如为了防止司机没有赔偿能力，可以要求其投保商业保险，等等。对于交通运输行业的电商平台，情况就不同了，平台可能以网络中立为理由，来避免对个体司机的行为承担责任，而且，如果承担民事法律责任的规则确立不当，也可能发生由于司机太多导致责任太大而让平台企业难以承担的情形。正所谓“民事责任是民事主体违反民事义务所应当承担的不利法律后果”，所以，如何界定平台的权利义务，是当务之急。笔者将在下文，从平台承担安全保障责任的角度，探讨其负有的相应义务。

（一）资质审核义务和避免司机利用平台侵害乘客权益的义务

参考目前消费者权益保护法关于货物电商平台的责任规定，对于卖家，货物电商平台主要承担的是资质审核和避免卖家利用平台侵害消费者权益的义务，相应地，交通运输电商平台对于交通运输服务提供者，也应承担类似的义务，即专车平台要审核司机的驾驶资质，车辆的资质，以及如果知道司机利用平台侵害乘客权益，必须采取合理措施，否则就应承担安全保障责任。这里要区分两种情况。一是合法的出租车司机，驾驶合法的出租车，通过平台招揽业务的情形。在该种情形下，由于平台履行了资质审核义务，如果发生交通事故，很难向平台主张民事责任。而相对的，如果不符合前述两个“合法”条件，则平台可能有法律责任。目前，要满足前述条件，难度是很高的，因为“合法的出租车”（目前规定需要营运证）和“合法驾驶员”（目前规定要有从事出租车营运服务的服务卡）毕竟是少数，更多的是有驾驶证和私家车行驶证的专车驾驶员。发生交通事故或者专车司机侵害行为后，就像不久前发生的专车司机伤害女乘客事件，如果受害者向法院提起民事诉讼，恐怕专车平台很难完全免责。

笔者已经注意到有关专车网络平台进行了复杂的法律设计企图规避这个问题，事实上最终这个问题的判断，参考消费者权益保护法关于货物电商平台对于消费者的责任以及侵权责任法第 36 条的规定，平台企业主要责任是审核商家的资质，因此在实际案件处理中，判决结果可能很大程度上取决于

法官对“资质审核”的解释，即如果法官解释为平台只要审核车是有行驶证的合法车辆，驾驶员是有驾照的驾驶员，并不要求营运证和营运服务的服务卡就满足了资质审核义务，则专车平台可免责；反之，如果按照现行监管规则，法官解释为车必须是营运证的客运车，驾驶员必须是具备服务卡的出租车驾驶员，则大多数专车就是黑车，一旦有民事案件，平台很可能就会因为未尽到司机和车辆的资质审核责任而必须承担共同侵权的连带责任。

（二）合理谨慎义务

假设在满足合法的车，合法的驾驶员这两个条件的情况下，平台对于运输过程中的事故或者伤害行为，是否就能免责呢？比方说，如果出租车驾驶员通过滴滴快的平台载了乘客，但半路伤害了乘客，或者发生事故，那么平台是不是一定可以以尽到了资质审核义务而免责呢？

笔者的观点是否定的。这是基于对平台的合理注意或者称为合理谨慎义务的考虑。平台在尽到资质审核的前提下，除非明知道司机利用平台侵害消费者权益，否则一般不承担责任，但这不是绝对的，例外就是平台是否尽到了合理的注意义务。举例来说，南方某市最近通过排查，发现专车驾驶员中有一些人有暴力犯罪的前科，有的人有吸毒历史，虽然我们也的确要尊重犯过错误的公民重新做人的谋生权利，但基于出租行业的特殊性，对于司机的安全背景审核，不能不说是必要的。假如平台没有审核，或者在明知某司机有暴力犯罪记录、吸毒等情况下，仍然以其具有驾驶证和车辆放行承揽专车业务，结果导致了不幸事件的发生，则在这种情况下，笔者认为平台没有尽到合理的注意义务，应当承担一定甚至全部的连带赔偿责任。如果平台上此类现象甚多，且通过诉讼或者行政处罚仍不改正，笔者认为通过立法对其赋予惩罚性赔偿也是合理的。

合理谨慎义务本身需要有一定确定的内涵，以便确立为规则，便于遵照执行，加强法律的前瞻性和可预期性，但合理谨慎义务就其措辞本身也可以看得出来，这是一个随着科技和社会进步而不断变化的法律义务，并不是一成不变的。举例来说，就提供个人出租服务的司机的行驶路线进行监控，几年前无论技术上还是人的法律意识接受程度上，都很难做到，但目前这个阶段，如果法律要求交通运输电商平台对驾驶员的行驶路线进行监控，这个技术上是可行的，目前很多手机联网情况下客观上都在记录，司机和乘客也很大程度上可以接受。当然，这种监控同时又涉及隐私保护问题，是否能确立这样的规则，还需要进一步研究。

四、基于保障乘客利益角度的索赔建议

从乘客的角度来看，如果发生专车司机伤害事件或者交通事故，应当如何向专车平台或者司机索赔的问题，笔者认为应分情况讨论。

第一，如果乘坐的是通过网络叫来的出租车，那么发生事故或者伤害行

为时，应当将出租车公司作为被告，因为承运人是出租车公司，司机的行为是职务行为，即使是司机个人行为造成伤害，也应由出租车公司承担替代责任。一般而言，由于企业的承担责任能力要大大强于司机个人，因此对于乘客来说，此种情形下对其权益的维护也更易得到实现。而由于出租车司机存在依靠有限责任公司来抗拒风险的需要，笔者认为，虽然如今互联网约租车平台的迅速发展已在较大程度上影响了传统出租车公司的经济收益，但出租车公司短期内并不会消失。

第二，如果乘坐的是租车公司网络平台派来的车辆，比如滴滴海鸥这种传统出租车与平台合作的企业的车，或者其他的公司通过平台派来的车，发生问题时，仍然应将企业作为被告，而不需要起诉驾驶员，理由如上点所述，司机的行为是职务行为，应由企业承担替代责任。

第三，如果通过网络平台叫来的是没有营运证的私家车，驾驶员也没有出租车的服务卡，那么，在目前格局下从诉讼策略的角度而言，笔者认为比较明智的选择是把驾驶员和平台企业一起起诉到法院。因为如果只起诉专车司机，则司机作为个人，相较于企业来说赔偿能力较差，也可能出现完全没有赔偿能力的情形，保险公司也可能以私家车非法运营为由拒绝承担理赔责任，非常不利于消费者维权。在该情况下，笔者认为被诉的电商平台极有可能会以自己是信息撮合平台，只提供信息，不是运输合同的当事人，因此不对运输行为承担责任作为抗辩。这时候乘客就有必要向法院主张平台负有资质审核义务，而且这个资质审核，应该是审核车和司机是否满足提供客运服务的标准要求。最终案件如何判决，则主要取决于法官在两种解释之中，如何平衡各方的利益。

第四，假定同时满足合法的车，合法的驾驶员这两个条件，基于合理谨慎义务，如果存在如前述的合理谨慎义务瑕疵，平台对于运输过程中的事故或者伤害行为，也应承担相应的责任。

五、结语

互联网约租车平台承担的安全保障责任是与其负有的资质审核义务、合理谨慎义务紧密相连的。通过立法等方式明确互联网约租车平台应承担安全保障责任，明确其归责原则，对维护乘客的合法权益及完善专车行业的监管具有重要意义。本文简要分析了互联网约租车平台承担安全保障责任的义务来源及归责原则，希望能为促进相关规范的制定实施献上一份力。乘客作为消费者仍相对处于弱势地位，发生问题时如何才能最大限度地维护好消费者的权益始终是绕不开的民生话题。故本文在第四部分，假定了四种不同的情况，希望能为遇到此类问题的乘客提供一定的帮助。

互联网约车所涉法律关系解析及纠纷解决对策

邹　毅　北京大成(南京)律师事务所

一、问题的提出

原告于某诉被告杨某、被告北京神州汽车租赁有限公司南京分公司(以下简称神州公司)、被告天津安驾商务咨询服务有限公司南京分公司(以下简称安驾公司)、被告天安财产保险股份有限公司北京分公司(以下简称天安保险公司)机动车交通事故责任纠纷一案,南京市玄武区人民法院于 2015 年 10 月做出一审判决并生效[①]。

法院审理查明,被告杨某驾驶小型轿车由西向东进入南京新庄广场时,与驾驶电动车、由北向南行驶的原告于某发生碰撞,致原告受伤发生交通事故。对本次事故,交警未作出责任认定。后于某就医产生医疗费用若干。

此外,被告杨某与安驾公司签订有《劳动合同书》,约定内容包括杨某应履行《神州专车驾驶员管理手册》规定的相关责任与义务。合同附件包括《神州专车驾驶员管理手册》。

神州公司为肇事车辆向天安保险公司投保了交强险和商业第三者责任险,保险事故发生在保险期限内。

法院认定:被告杨某系接受用人单位的委派至神州公司工作。杨某在履职期间造成原告损害的民事赔偿责任应由神州公司承担,由天安保险公司根据保险合同予以赔偿并据此作出判决。

本案判决并未解决网约车纠纷案件所引发的相关法律问题。

近年来,以"滴滴打车"、"优步"、"神州专车"为代表的互联网约车平台,通过移动互联网络,向乘客提供及时、便捷、更具性价比的乘运服务、车辆出租服务。毫无疑问,互联网约车商业模式是"互联网+"时代公共出行领域共享经济模式的创新代表,颠覆了原有出租车行业垄断经营式的管理方式。它不仅动了出租车司机们的"奶酪",更动了出租车企业乃至政府主管部门的"奶酪",其中所涉及的各方主体之间的法律关系与权利义务内容十分复杂,由此引起的社会矛盾与纠纷日益突出、愈加激化。而对于互联网约车这一新型商业模式及其所涉及的复杂法律关系,从法学理论界到司法实务界亦难以

---

① 详见南京市玄武区人民法院(2015)玄民初字第 1492 号民事判决书。

形成共识,并导致裁判的方法与结论难以统一。

就传统观点而言,把乘客从A点运至B点并收取款项,就构成双方之间的运输合同关系。此类运输行为,承运人应事先取得运管部门的行政许可(营运证)并使用营运车辆实施。否则,就属于"黑车",应当受到行政处罚。传统观点在面对互联网约车这种电子商务商业模式时,显得简单粗暴且难以令人信服。

不过,本文着重探讨的并非是互联网约车对现有的行政监管制度及体系的冲击。在"互联网+"时代,互联网约车之类的共享经济不仅仅大势所趋,在我国更是政治正确的发展方向。对于这些冲击,只有以包容的心态改革现有的行政监管制度和体系并促进互联网约车的发展才是唯一正确的做法。

进一步说,只有对互联网约车的民事法律属性、各方之间的民事法律关系及权利义务内容,进行全面的了解和准确的定位,才有可能确立此类纠纷处理中公平、公正、有效的裁判规则与解决之道,并在行政法领域内建立科学、适当的监管制度与体系,在民法或商法领域内完善法律规则以达成法律关系各方主体间的利益平衡。

二、网约车商业模式分析

对于互联网约车这种商业模式,目前裁判的方法与结论难以统一,其原因之一在于对其商业模式的法律属性缺乏了解所导致。

一般而言,对于运营网约车平台的企业而言,在面向社会推出其约车服务之前,不仅要确定其盈利模式,在商业模式的业务流程上要完成闭合,在技术上实现整个业务链的闭合,即如何在互联网上完成运力资源的掌握与调配、需求信息的发布、订单的撮合、款项的收取,而且还要由其法务部门完成整个商业模式合法合规性的审查,以避开现行监管制度中的"红灯区"。人们对于互联网约车的认识与了解往往局限于其外在的业务形式,将其认定为新型"出租车公司",并规制以传统出租车行业的管理制度与监管方法。这显然是有失偏颇的。

实际上所有的互联网约车平台,无论其商业模式如何或企业的定位如何(轻资产或重资产),其互联网约车业务的本质是共同的,即依据《电信条例》及其附件《电信业务分类目录》,其从事的是增值电信业务,是互联网业务。而从事增值电信业务依然需要获得通信管理部门的行政许可。任何一家互联网约车平台,为完成其线上的业务链闭合,需要获得"在线交易处理与在线数据处理"(电子商务)、"信息服务业务"①、"国内呼叫中心业务"等增值电信业务许可②。

① 包括信息发布平台和递送服务,以及信息即时交互服务。

② 依据《电信业务分类目录》(2015版)。如按旧版的《电信业务分类目录》,业务名称或有所不同。

当前对互联网约车包括其合法性进行评价时，往往忽略其从事的是增值电信业务这一法律属性。

从增值电信业务的法律属性，我们可以得出结论，约车平台的商业模式属于电子商务。再进一步区分，可以简单将其划分为两类：以滴滴公司为代表的C2C电子商务商业模式和以神州公司为代表的B2C电子商务商业模式。

在C2C商业模式中，滴滴公司（约车平台）所从事的角色与地位是其中的"2"，即其通过运营约车平台来获取收益。"C"则分别代表提供运输的公司或个人（以下简称运输提供者）以及乘客。需要特别指出的是：尽管需要经过约车平台运营者的事先审核与审查，运输提供者才能具备相应的资格在约车平台上获取订单，但基于运输提供者的数量以及其获取订单所具有的偶然性，我们仍认为其是不确定的主体。

在此模式下，滴滴公司还推出了适应不同需要的业务产品，包括出租车、快车、专车、顺风车等。

在B2C商业模式中，神州公司"作为汽车租赁服务提供商及专车运营平台向您提供专车服务"[①]，所从事的角色与地位是其中的"B"，即其通过运营约车平台来获取订单，通过完成订单来获取收益。其中的"2"只是其获取订单的约车平台，神州公司主要不依靠运营该平台来获取收益。[②]

在神州公司的业务链中，实际提供汽车租赁服务的车辆及司机来自第三方，而该第三方亦有可能为神州公司所实际控制，如前述案例中的安驾公司。

三、互联网约车所涉法律关系解析

无论是何种类型的互联网约车，均是以互联网约车平台为核心在各方当事人之间形成了较为复杂的法律关系。其中关键的法律关系是：由互联网公司运营的约车平台与（个人）运输提供者是何种法律关系？此法律关系的权利义务内容是什么？与乘客是何种法律关系？权利义务的内容又是什么？

一种观点认为：其中最关键的法律关系是约车平台的运营者与（个人）运输提供者是何种法律关系？且此种关系可以决定约车平台与其他各方当事人的法律关系。

这种观点援引美国Uber公司在加州的集体劳动争议案，该案最新的进展是认定Uber公司与其司机之间系独立承包商的关系，从而否定了加州劳动委员会裁定的雇员（Employee）关系，但该案以Uber公司出资予以补偿而

---

① 见《神州专车服务协议》，其中附件一把乘客定义为车辆承租方。

② 需要指出的是：无论是C2C或B2C商业模式，当下的发展与商业模式创新导致其已并不纯粹。C2C模式下，网约车公司有可能充当订单的履行者，而B2C模式下，相关订单亦有可能交由第三方履行。

庭外和解[①]。

问题是,在我国劳动合同法领域,并无"独立承包商"这一概念。前述案件中,法院裁判依据是劳务派遣关系,司机与安驾公司签订劳动合同,形成劳动关系;司机经劳务派遣至神州公司工作,与神州公司形成用工关系。这一认定仍然是确定神州公司与司机之间的法律关系受劳动合同法而非其他法律所调整。

还有一种观点认为,可以借鉴我国海商法中"无船承运人"之概念,将约车平台定位为"无车承运人",并以此界定其与各方当事人之间的法律关系与权利义务内容。

问题在于:货物国际海运作为延续上百年的国际商业活动,不仅形成与传承了完整的业务规则和商业模式,而且还形成了完整的海商法律制度,其规则与制度显然不可能适合"互联网+"时代基于共享经济所产生的约车平台商业模式。

笔者认为,在既有的法律制度及法律框架下,对于约车平台与各方当事人之间所形成的法律关系,应当基于约车平台从事的增值电信业务这一属性,来进行具体的解析与判断。

(一)C2C商业模式下约车平台所涉法律关系

在以滴滴公司为代表的C2C商业模式下,约车平台发布乘客需求信息,由运输提供者(司机)承接订单。显然,在乘客与运输提供者(司机)之间成就运输合同关系。在订单履行过程中,约车平台提供实时的信息服务并代收价款。很显然,约车平台所提供的是订立合同的媒介服务,撮合供需双方达成交易,并在交易过程中对相应的订单内容履行、服务标准等进行监督,这属于居间合同法律关系。在滴滴公司提供的约车产品中,无论是出租车还是快车[②],约车平台与相关当事人之间的法律关系均适用如此。

例外在于:

"顺风车"适用于相对固定的地点、时间及线路,其运输提供者的目的在于分摊用车成本而非营利。因此不宜将其界定为商业性运输合同或商业营运行为,适用民法中的"无因管理"制度更为合适。

(二)B2C商业模式下约车平台所涉法律关系

在以神州公司为代表的B2C电子商务商业模式中,神州公司作为汽车租赁服务提供商提供专车服务。显然,神州公司与乘客之间成就运输合同关系。滴滴公司的滴滴专车亦是如此。

在上述两种模式下,约车平台与运输提供者、乘客之间及其相互之间的

---

① 此结果来源于 http://tech.qq.com/a/20150902/055950.htm 以及 http://www.aiweibang.com/yuedu/65245683.html,尚待进一步证实。

② 出租车与快车的区别只在于是否具有营运资质,而这并不影响合同关系的种类与性质。

不同合同法律关系，决定了彼此之间的权利义务内容。

（三）约车平台的侵权责任分析

然而，复杂的情况还在于如前述案例，运输合同履行过程中，造成第三方损害的情况下，约车平台是否应当对第三方承担责任？承担何种责任？

依我国侵权责任法，承担侵权责任的主体是行为人，侵权责任的承担适用过错原则[①]。

据此，B2C商业模式下，约车平台即具有运输提供者身份，在运输过程中如造成乘客之人身或财产损害，应当承担相应的侵权责任。在C2C商业模式下，运输合同履行过程中，如运输提供者对乘客造成损害的，应当由运输提供者向乘客承担侵权责任。约车平台提供的是居间服务，应当不承担责任。

但是，乘客在约车平台上寻求服务是基于一种信赖关系，而约车平台不仅制定了合格运输提供者的标准和条件，而且还事先审核运输提供者的标准和条件以确定其在约车平台上的接单资格。同时，约车平台还建立评价机制以实现对运输提供者的动态管理。在此情形下，如运输提供者对乘客的侵权行为，源于其不符合合格运输者的标准和条件所导致，则约车平台应当因疏忽管理、未适当履职而对侵权行为承担连带责任。

无论哪种商业模式，如运输合同履行过程中，造成第三方的损害，应由行为人对第三方承担侵权赔偿责任。

四、互联网约车纠纷解决对策

上述互联网约车所涉法律关系的分析，还涉及诸如发生事故后保险公司是否应当理赔等现实问题。另一方面，互联网约车商业模式也会根据市场与客户需求不断创新变化，商业模式亦愈加复杂，与滞后的法律规定之冲突也会愈加激烈。

在现有的法律框架下，对互联网约车法律纠纷的解决，首先应当把握司法裁判的价值选择，引领、支持其发展。对于这种属于共享经济的新型商业模式，妥善适用现有法律法规，从而避免阻碍科技进步与经济发展，使这一新生的商业模式死于襁褓之中。

其次，借鉴国外对于共享经济的立法与制度安排。如欧盟委员会出台的"分享经济指南"[②]，该指南的主旨精神体现在以下方面：

在市场准入方面，不应对分享经济平台设置准入要求或门槛；一般不应对服务提供者设立准入义务；区别对待职业的服务提供者和临时提供服务的

---

① 根据《道路交通安全法》，机动车与非机动车驾驶人、行人之间发生交通事故，机动车一方没有过错的，承担不超过百分之十的赔偿责任。

② 蔡雄山、曹建峰、孙那、李正：《分享经济的春天？欧盟发布分享经济指南》，腾讯研究院微信公众号，2016年6月8日。

公民个人,不得针对后者施加准入义务或者其他限制等。

在责任承担方面,纯粹作为信息中介的分享经济平台可以享有"避风港"庇护,不对其不知道或者在知道后及时采取措施的违法行为承担责任。

在消费者保护方面,既要给消费者提供较高程度的保护,又不能给临时提供服务的公民个人施加过度的义务。

在劳动关系方面,某个个体是否是平台的雇员的判断标准主要包括其与平台之间是否具有从属关系、工作的性质以及酬劳。

最后,"市场的归市场"。面对差异化的市场竞争与客户需求,互联网约车所涉法律关系的各方当事人,亦会主动采取不同的商业安排与产品(如保险公司推出针对互联网约车的保险产品),来达成各方之间的利益平衡。

浅析百度竞价排名的定性及其法律规制

——以魏则西事件为切入点

蒋晓冬　江苏连元律师事务所

近期，“魏则西事件”引起了社会大众的广为关注，与此有关的百度更是被推上了风口浪尖。魏则西，21岁，西安电子科技大学学生，因患恶性滑膜肉瘤，他通过百度搜索找到了武警总队第二医院，花费近20万元仍不治身亡。在生命的最后，他提出了对百度竞价排名的质疑。

其实，早在2007年的“上海大众搬场门”事件，2008年的“屏蔽门”事件，2009年的“史三八”案件，以及此后的一系列“央视曝光门”事件后，百度就一度面临信用危机，百度竞价排名商业模式更是陷入社会质疑、公众批评、道德问责的漩涡之中。

诚然，生命可贵，更何况是陨落在花样年华的年轻生命。21岁大学生魏则西之死令人扼腕，但也引发了社会大众的深思，百度竞价排名的行为如何定性，法律如何规制，可见，规范中国搜索引擎市场的需求日渐迫切。

一、何为广告

《广告法》第二条第一款规定：“在中华人民共和国境内，商品经营者或者服务提供者通过一定媒介和形式直接或者间接地介绍自己所推销的商品或者服务的商业广告活动，适用本法。[①]”

《广告法》实际上并没有对“广告”一词下明确的定义，而是从调整对象的角度间接地对广告进行了描述。按照通常理解，广告就是一种推销方式，即商家通过报刊、杂志、电视、电梯、车辆、围挡、橱窗布置、商品陈列、信息推送、互联网等媒介发布信息，以此来提升自己商品、服务的知名度。何为广告？其界定要素主要包含三项——广告主体、广告媒介、营销特征，其中影响较大的要素是“广告媒介”，随着媒介形式的发展，从纸媒时代到电视媒体时代，从平面媒体时代到数字化媒体时代，人们对广告的理解也有显著变化。

由于法律没有明确界定广告的含义，从而导致实践中，人们往往因辨别某项活动是否属于“广告”或者是否受《广告法》的约束而产生分歧，尤其是在当下，信息网络时代，判断起来就更为困难。

---

① 《中华人民共和国广告法》第二条，2015年9月1日施行。

二、竞价排名的界定

现代社会，人们获取信息的渠道主要来自于网络搜索。网络搜索，顾名思义，就是搜索引擎服务商通过一定的技术，建立起索引数据库，人们通过输入关键词，可以从索引数据库中找出与此关键词有关的所有信息网页。由此也可以看出，“搜索对象和搜索结果的排列都不是随机产生的，而是经过智能程序分析设置的，这些智能程序均是由搜索引擎服务商的程序员根据市场需求开发的[①]”。结合实际情况来看，网络搜索引擎工作模式可以分为自然排名（非营利模式）和竞价排名（营利模式）两种。

竞价排名，即依价论位，指搜索引擎服务商凭借客户付费高低情况这一指标，人为引导网民优先搜索付费较高客户的网络链接。竞价排名服务是搜索引擎服务商的一种重要网络营销模式。相比之下，百度作为全球最大的中文搜索引擎服务商，网络关键词竞价排名也是其最为重要的商业推广模式。

值得深思的是，网络信息纷繁复杂，人们在搜索信息的时候，往往更关注排名靠前的信息，由此，竞价排名可能对人们产生一定的误导，因为排名在前的不一定是最为可靠、真实的企业信息，相应的，这也为虚假推广、信息不实等不法行为提供了温床。

三、竞价排名法律性质的争议

竞价排名是不是广告在我国众说纷纭，而在司法判例、司法实务中，更存在着诸多分歧：

第一，有观点认为竞价排名服务不属于商业广告。例如，在“上海大众搬场物流有限公司诉百度侵犯其商标权案”中（简称上海大众搬场门案），法院认定，百度网站不属于网络传媒，其仅作为搜索引擎，提供网络链接服务；与此同时，作为“竞价排名”服务的提供者，百度网站仅对注册客户在搜索结果中的排名产生影响，本身不提供客户网站上的信息内容，所产生的网页搜索结果也没有直接或间接介绍商品或服务的功能，故竞价排名服务系百度公司基于搜索引擎技术推出的一种网络推广服务，而非《广告法》所规范的广告服务[②]。

第二，有观点认为竞价排名服务属于商业广告。例如，在“田军伟诉北京百度网讯科技有限公司虚假宣传纠纷案”中（简称田军伟案），法院认定，百度推广服务与纯基于信息定位服务的自然搜索服务存在一定区别，百度推广服务是一种有偿并按效果收费的服务，其目的在于宣传和介绍商家的商品或服

① 段娟：《法律视角下的“竞价排名”》，《法制与社会》2014 年第 2 期（中），第 108 页。

② （2007）沪二中民五（知）初字第 147 号判决书。

务,故推广链接符合《广告法》关于广告的定义[①]。

第三,有些人本着折中看法,仅认定竞价排名服务存在特殊性,需要规范"审查义务",却并不对其法律性质作出认定。例如,在"北京史三八医疗美容医院诉百度在线网络技术有限公司案"中(简称"史三八"案),法院认定,竞价排名服务是一种搜索服务,但其也是一种互联网增值服务,能为经营者带来商业利益;并且,竞价排名服务不同于自然搜索,其已在搜索结果中加入了人工干预因素,故百度公司对竞价排名服务中的网络关键词负有审查义务[②]。

由此可见,关于竞价排名是否属于广告,这个问题在司法实践中的争议很大。

四、竞价排名应认定为广告

正如前文所言,界定"广告"含义的核心要素有三,即广告主体、广告媒介、宣传营销特征。通过深入分析竞价排名的经营模式、宣传特点后,本人认为竞价排名应认定为广告,受《广告法》的规制,具体分析意见如下:

第一,《广告法》第二条第四款规定:"本法所称广告发布者,是指为广告主或者广告主委托的广告经营者发布广告的自然人、法人或者其他组织。[③]"第四十四条第一款规定:"利用互联网从事广告活动,适用本法的各项规定。[④]"百度作为搜索引擎服务商,其通过网络平台发布竞价排名,当然可以定性为广告主体中的广告发布者。

第二,广告,必须通过某种媒介向公众传播,并能为公众所知悉。诚如上文所言,"利用互联网从事广告活动,适用广告法的各项规定。"所以说,互联网可以作为广告的发布媒介。而随着时代的变迁,传播技术的不断更新,这种新型的媒体,即互联网,正不断冲击传统广告业,互联网广告正逐步渗入公众的日常生活。

第三,竞价排名是搜索引擎服务商最为重要的营销模式,是一种付费排位的网络推广方式,更是一种广告宣传行为。商品经营者或服务提供者为宣传、推广自己的商品或服务,通过支付一定的费用使其排名靠前,并以此希望最大程度上吸引公众的眼球,为企业培养潜在消费群体,最终实现产量、销量增加,经济效益扩大的目的。由此,不难看出,竞价排名以拍卖广告位为实,以出售关键词为虚。商品经营者或者服务提供者选择、购买关键词,这只不过是在框定自己将要投放的搜索内容的类型及范围,而商品经营者或者服务提供者真正购买到的,其实是公众在搜索这类内容时自己在搜索结果中的显著排名、位置。显然,在此模式下,竞价排名服务就是为商品经营者或者服务

---

① (2013)一中民终字第 9625 号判决书。

② 宋亚辉:《案例分析:竞价排名服务的法律性质》,《中国工商报》,2014 年。

③ 《中华人民共和国广告法》第二条,2015 年 9 月 1 日施行。

④ 《中华人民共和国广告法》第四十四条,2015 年 9 月 1 日施行。

提供者作了广告宣传。

第四,有观点认为,“竞价排名服务属于信息检索技术服务,搜索引擎服务商仅提供了链接,并不提供客户网站上的信息内容,所产生的网页搜索结果也没有直接或间接介绍商品或服务的功能。”这种观点看似有理,实则却经不起推敲。

首先,网络搜索引擎工作模式分为自然排名(非营利模式)和竞价排名(营利模式)两种,竞价排名明显带有人工干预色彩,依价排位,出价高的商品或服务排位在先,能最先被公众所关注,从而大大提高了点击率、商品或服务销售率、商品经营者或者服务提供者的收益率。竞价排名,已脱离正常搜索程序下的自然排名,带有广告属性。

其次,人们在搜索信息的时候,往往可以直白地看到公司的名字,以及其他一些简短的信息描述,商品、服务介绍,这部分内容其实就是搜索引擎服务商重点呈现给公众的公司/企业信息,因此,认为“搜索引擎服务商不提供信息内容,不直接或间接介绍商品或服务的功能”,这种观点显然过于狭隘。

综上,商品经营者或者服务提供者付费购买搜索结果中的某一排名、某一位置并在其中介绍自己所推销的商品或提供的服务,这实际上就是一种广告行为。

不同于百度以“推广”字眼规避广告属性,谷歌公司在推行竞价排名功能之初,就将该功能定义为“AdWords(关键词广告)”,谷歌公司对关键词广告是这样介绍的:“这是付费搜索引擎营销的一种形式,也可称为搜索引擎广告、付费搜索引擎关键词广告等,自 2002 年之后是网络广告中市场增长最快的网络广告模式。①”

竞价排名是否属于广告,这一争议问题目前仍为法律空白点。国家工商总局于 2015 年 9 月 1 日颁布施行的《互联网广告监督管理暂行办法》(征求意见稿)第三条明确指出,“本办法所称互联网广告,是指通过各类互联网网站、电子邮箱,以及自媒体、论坛、即时通信工具、软件等互联网媒介资源,以文字、图片、音频、视频及其他形式发布的各种商业性展示、链接、邮件、付费搜索结果等广告。②”

由此可见,百度竞价排名认定为广告行为的观点,是有理有据的,也值得被大家所认同。

五、竞价排名的法律规制问题

既然竞价排名服务属于商业广告性质,那搜索引擎服务商必然扮演着广告发布者的角色。

---

① 钟时:《对百度搜索引擎竞价排名机制是否属于广告的研究》,《法律事务·研究》,第 26 页。

② 《互联网广告监督管理暂行办法》(征求意见稿)第三条,2015 年 9 月 1 日颁布施行。

《广告法》第十四条规定："广告应当具有可识别性，能够使消费者辨明其为广告。大众传播媒介不得以新闻报道形式变相发布广告。通过大众传播媒介发布的广告应当显著标明'广告'，与其他非广告信息相区别，不得使消费者产生误解。[①]"《广告法》第三十四条规定："广告经营者、广告发布者应当按照国家有关规定，建立、健全广告业务的承接登记、审核、档案管理制度。广告经营者、广告发布者依据法律、行政法规查验有关证明文件，核对广告内容。对内容不符或者证明文件不全的广告，广告经营者不得提供设计、制作、代理服务，广告发布者不得发布。[②]"

因此，对于竞价排名广告之内容，搜索引擎服务商负有严格履行广告标记义务以及主动审查等义务，如若违反，一定程度上将构成侵权。

老话说得好，能力越大，责任也就越大。网络的普及，信息搜索引擎的广泛运用，处于搜索引擎行业龙头地位的百度，更应当时刻规范自己的行为，确保广告内容的真实合法，不能发布虚假广告，更应该严格落实广告内容的实质性审查义务。

"魏则西事件"引起了公众的警醒，严格规范中国搜索引擎市场，已成为现代社会的迫切需求。科技进步、时代变迁的同时，更需要推进广大互联网企业坚持经济效益和社会效益的统一。

① 《中华人民共和国广告法》第十四条，2015年9月1日施行。

② 《中华人民共和国广告法》第三十四条，2015年9月1日施行。

论网络谣言存在的法律问题及规制

王军武　贵州师范大学法学院/贵州法治时代律师事务所

谣言作为一种普遍的社会舆论现象，通常以口口相传的方式进行传播。随着互联网的发展，网络谣言的危害性进一步加强，严重影响到了人们的正常生活、社会稳定及政治安定。依法严厉打击、整治网络谣言，维护网络生态环境已经成为政府及相关部门在互联网管理中的重要任务。

一、网络谣言的内涵及依法治理网络谣言的背景

对于谣言，学术界对其进行过深入的分析和研究，一部分学者从是否真实和被证明的角度出发，认为谣言是一种其真实性未经传播者证实或相关证据证明的谈话。国内有学者认为谣言是指在特定环境下，以公开或非公开渠道传播的对公众感兴趣的事务、事件或问题的未经证实的阐述或诠释。还有一部分学者认为谣言是指没有事实根据的消息。笔者认为，将谣言定义为"阐述"或"诠释"存在一定的问题，从语言文字及谣言特征的角度来看，将谣言定义为"消息"具有一定的合理性，谣言应该是指为了一定目的或针对性而对外散布的、真实性未经证实的消息或陈述。网络谣言就应该定义为为了一定目的，在网络环境中散布的、真实性未经证实的消息或陈述。

网络谣言赖以传播的关键是网络的普及和网络使用人员的增长。据统计，我国民众通过手机、电脑等终端上网的人数已经突破 9 亿人，庞大的数字使得网络谣言的治理工作变得尤为重要。据国家互联网信息办公室不完全统计，2012 年 3 月中旬到 5 月中旬互联网信息管理部门会同通信、公安等部门清理的各类网络谣言信息已达 21.2 万多条，依法关闭的网站达 45 家。

网络谣言不仅直接影响到互联网的正常运行，更影响到公共秩序和社会正常生活，是社会公害、网络"毒瘤"。积极治理网络谣言，消解网络谣言的负面影响，是互联网管理的迫切需要。

二、网络谣言的治理手段

当前对网络谣言的治理一般采用以下三种方法：一是通过法律的手段来规范网络言论，对造谣者、传谣者进行依法追责；二是采用新闻发布会、官方媒体辟谣等形式来澄清事实，以遏制网络谣言的传播和扩散；三是通过强化网民及其他网络参与者的网络文明和网络道德教育来净化网络生态。其中，

第一种方式具有直接、快捷的特点，能够通过法定的程序对网络谣言进行打击和规制，是打击网络谣言的基础手段，具有其他手段无可比拟的优势。第二种通过辟谣的方式来遏制谣言传播具有针对性强、时效性强的特点，但是明显带有“亡羊补牢”的特点，通过官方辟谣的方式处罚力度较轻，也很难从根本上解决网络谣言问题，此外，其公信力往往受到质疑，治理网络谣言的效果并不理想。提高网民素质净化网络生态环境固然是谣言治理的治本之道，但是难以在短时间见到实效。相较之下，依法治理网络谣言具有一定优势，世界上互联网发达的国家普遍强调依法严惩网络谣言，如美国、新加坡、韩国等国家不仅有专门的互联网管理法律法规对不实网络言论的界定、惩罚等进行了明文规定，其他部门法也有适用于网络谣言治理的条款，治理网络谣言的法律法规相当齐备。

三、我国治理网络谣言的法律规定

我国《刑法》第二百九十一条第一款规定：“……明知是编造的恐怖信息而故意传播，严重扰乱社会秩序的，处五年以下有期徒刑、拘役或者管制；造成严重后果的，处五年以上有期徒刑。”于 2013 年发布的《最高人民法院、最高人民检察院关于办理利用信息网络实施诽谤等刑事案件适用法律若干问题的解释》第一条规定：“第一条 具有下列情形之一的，应当认定为刑法第二百四十六条第一款规定的‘捏造事实诽谤他人’：(一)捏造损害他人名誉的事实，在信息网络上散布，或者组织、指使人员在信息网络上散布的；(二)将信息网络上涉及他人的原始信息内容篡改为损害他人名誉的事实，在信息网络上散布，或者组织、指使人员在信息网络上散布的；明知是捏造的损害他人名誉的事实，在信息网络上散布，情节恶劣的，以‘捏造事实诽谤他人’论。”第二条规定：“利用信息网络诽谤他人，具有下列情形之一的，应当认定为刑法第二百四十六条第一款规定的‘情节严重’：(一)同一诽谤信息实际被点击、浏览次数达到五千次以上，或者被转发次数达到五百次以上的；……”此外，在《治安管理处罚法》、《全国人民代表大会常务委员会关于维护互联网安全的决定》、《互联网信息服务管理办法》等对网络制谣、传谣的违法犯罪行为也作出了明确规定。近年来，我国在依法治理网络谣言方面付诸了一系列行动，政府针对利用网络无端编造、刻意传播谣言及产生恶劣社会影响的个人进行了依法处罚，对一批造谣、传谣、疏于管理造成恶劣社会影响的互联网网站依法进行了查处或关闭，如 2012 年 3 月国家公安部门拘留了散布“军车进京”谣言的李某、唐某等 6 人，关闭了 16 个传谣的网站。

四、对规制网络谣言的建议

网络作为现实生活的合理延伸，其不应该成为制造并散布网络谣言的盲区，不应该成为为网络谣言提供隐蔽的温床。互联网给大众带来诸多便利，我们在享受这种便利的同时应该遵守相应的法则，为互联网的健康发展履行自己应尽的义务。在互联网上制造、散布谣言触犯法律者，要承担相应的法律责任。依法打击。整治网络谣言既是当前恶劣的网络生态环境所迫，也是依法治国方略在依法治网上的重要体现。笔者认为，规制网络谣言，应该从以下几个方面来着手。

（一）规范互联网经营者及网络参与者的行为

1. 加强网络经营者及参与者的民事责任

治理网络谣言具有双向性，互联网经营者作为网络服务的提供者，本身就具有防范网络谣言的义务。互联网使用者作为直接使用互联网的主体，其具有相应义务去遵守相关法律规定，严格规范自己的行为，文明、合法地使用互联网。从网络经营者的角度来看，应该加强对互联网经营者的规制，互联网经营者作为互联网经营的专业主体，在防范网络谣言方面具有不可推卸的责任。

在实践中，互联网参与者往往会通过网络媒介，相互辱骂、诽谤，乃至于随意侮辱他人。例如，两名观众在土豆视频上观看韩剧时就出现甲喜欢明星甲，乙喜欢明星乙，以至于双方互相贬低明星，互相辱骂、诽谤的行为。这些行为都严重扰乱了互联网的正常运作秩序，严重“污染”了互联网行业环境。针对这些问题，互联网经营者往往不理不问，放任网络谣言，以至于在网络上辱骂他人的行为层出不穷。

笔者认为，除了严格执行和贯彻《侵权责任法》第三十六条之规定，对网络经营者予以规制以外，还应该通过相应的违约责任来加大对网络经营者的制约，因为网络使用者和网络经营者本来就是一种合同关系，网络经营者有删除侮辱他人谣言的义务，网络的使用者也有获得网络经营者提供良好的网络服务的权利，通过双方合同权利义务的履行来促使双方权利义务完全适用我国合同法之规定。

2. 考虑网络经营者的刑事责任

从我国《刑法》及最高人民法院、最高人民检察院的司法解释的规定来看，在网络上散布谣言的刑事责任都只是针对网络谣言的发布者及散布者，对网络经营者则未涉及。因此，应该通过立法来强化网络经营者的刑事责任及行政责任。

（二）实行网络实名制

网络实名制是一种以用户实名为基础的互联网管理方式，要求与网络有关的主体在进行网络行为时需要提供有效的身份证明并通过相关部门、机构的认证和使用追踪，从而对相应网络行为进行处理。

很多国家已经实行了网络实名制，且网络实名制在规范网络环境，控制网络谣言等方面起到了良好的作用。但网络实名制也具有一定的局限性，网络环境的虚拟性存在的弊端也无法通过网络实名制来解决。虽然网络参与者是现实社会中的人，但网络参与者在参与网络的过程中往往无法真正做到实名制。比如网络参与者对自己的性别、年龄、职业等等信息往往予以隐瞒，而这些信息网络经营者和管理部门往往无法获知，从而出现网络与现实社会脱节无法实现链接，导致法律主体缺失进而带来责任者的不明确，最终造成网络行为无人"买单"的局面。虚拟的主体不具备承担法律后果的能力，依法治理谣言的震慑力对于虚拟主体也不起作用。如果不能解决网络行为的法律主体问题，依法治理网络谣言的合理性和可操作性则受到质疑。当然，现代通信科技的高速发展可以准确地定位网络参与者，让网络谣言的制造者和传播者承担相应法律后果，但是其治理成本却增加了不少而且时效性也受到影响。

网络实名制作为一种新的网络管理制度在许多方面不尽完善，遭到网民的诟病和抵制，但是它在破解依法治理网络谣言的局限性上却具有一定的意义：第一，加强网络参与者的自我约束，减少规避义务和责任的心理，从而降低网络谣言的制造、传播；第二，实现网络行为主体与现实主体相链接，使网络谣言制造、传播行为具备可承担法律责任的现实主体。

（三）完善法律制度

从全球的范围来看，但凡是互联网普及率高的国家都对互联网行业开展了相关立法，以规制互联网这一新兴行业，防范网络谣言侵犯民众的权益。在西方国家的立法过程中，一般通过立法、实名制、法院判例等形式来对网络谣言进行打击。德国作为世界上第一个发布网络成文立法的国家，其制定的《信息与通信服务法》对网络行为和言论条款加以规范，对德国网络环境的良性运行起到了重要作用。印度制定的《信息技术法》专门规定了对网络谣言进行打击的任务和工作。

我国网络立法大多是以司法解释或决定的形式发布，所发布的司法解释欠缺前瞻性和技术性。例如最高人民法院、最高人民检察院联合发布的司法解释中明确有"同一诽谤信息实际被点击、浏览次数达到五千次以上，或者被转发次数达到五百次以上的"之规定，从法律技术性的角度来看，该规定明显缺乏合理性，如果被侮辱、诽谤者希望他人入刑的，其可能会诱导甚至教唆他人恶意浏览或转发，这明显不合理。因此，笔者认为应该加快立法步伐，制定法律并明确以下事项：第一，言论自由与侵犯他人隐私及造谣中伤的界限；第二，虚拟空间与现实生活的法律界限；第三，明确网络参与主体的民事责任、行政责任及刑事责任问题。在此基础上来对网络环境加以必要的管理和规制，构建和谐的网络环境，促进经济的发展。

五、结语

凡事有利弊，网络为民众提供方便的同时也带来诸多问题，对待网络环境出现的种种问题,我们应该从规范网络参与者的角度出发,本着构建和谐网络环境的态度,制定法律,明确各方的权利义务关系,明确相关概念及范围的界限,防范网络谣言,促使民众正确使用互联网,充分发挥互联网的作用。

手机实名制框架下“集团客户”法律合规问题浅析

邹振东　冯逸杰　北京市中鹏律师事务所

一、“手机实名制”合规要求的演进

手机实名制的概念在我国最早是在2006年由信息产业部(现为工业和信息化部)电信研究院通信信息研究所徐玉副所长提出的,其对手机实名制的定义是:“移动通信业务经营者在办理移动电话入网手续时,应对用户资料予以登记。用户为个人的,应对用户有效证件所记载的姓名、编号等个人信息予以登记。单位用户应当登记单位的名称、地址、联系方式。”后来又有一些学者对手机实名制的概念进行了一些新的诠释,如“手机实名制是指办理移动入网业务的消费者将有效身份证件交由电信运营商核验登记。对一些已经入网但未进行实名登记的老用户需进行补办登记,使所有入网的手机号码与使用人或使用单位能一一真实对应”。[①]

可见,对以上“手机实名制”概念进行概括后可以发现,其核心思想是将手机用户的真实身份信息与其所使用的号码一一对应起来。值得注意的是,目前官方所使用的概念是“电话实名制”,其不能与“手机实名制”相等同。但从字面可以看出,手机作为移动电话,其显然被包含在“电话”这个大范畴中。因此,下文中有关“电话实名制”的法律法规以及部门文件,对于“手机实名制”显然是同等适用的。本文也拟以“手机实名制”这一称谓进行下文法律问题的阐述。

二、“集团客户”的界定

电信行业和其他行业相比,其产品具有一定的特殊性,因此,电信行业中的集团客户的界定应有别于其他行业。电信行业的集团客户大致分为以下两种:一种是具有隶属关系的客户,和系统具有密切经济联系的独立实体,为同一目的而办理电信业务[②];另一种是不具有隶属关系,具有独立经济实体的客户(如写字楼)。下文将以中国移动和中国联通两家电信运营商对集团客户的定义为例,试图对集团客户的概念进行界定。

---

① 蔡锟:《信息化语境下实名制的法律思考》,中央民族大学2010年硕士论文。

② 吕志国:《基于4R导向的集团客户精细化营销研究》,北京邮电大学2008年硕士论文。

(一) 中国移动对集团客户的定义

中国移动对集团客户的定义为:以组织名义与中国移动签约并使用通信产品与服务,建立起集团客户关系管理的法人单位及所附属的产业活动单位,并要求有10部以上手机[①]。

其中,法人单位须具备如下四个条件:①依法成立;②有独立的财产;③有自己的名称、组织机构和场所;④能独立承担民事责任。单位法人包括企业法人、事业单位法人、机关法人、社会团体法人和其他法人。产业活动单位是法人单位的组成部分,其受法人单位的管理和控制,需同时具备如下三个条件:①在一个场所从事或主要从事一种社会经济活动;②相对独立组织生产经营或业务活动;③能够掌握收入和支出等业务活动资料。

(二) 中国联通对集团客户的定义

中国联通将集团客户定义为:具有一定通信业务规模或消费规模,同时具有明显组织特征的政府、企业、社会组织或团体,以非自然人身份与运营商签订产品或服务协议的客户,或以自然人身份登记办理业务,具有明显商业特征、使用联通公司集团客户产品的客户。产品使用者须为集团客户本单位工作人员或设备以及具有明显商业特征的上、下游客户[②]。

(三) 本文对于集团客户的界定

笔者经过对相关法规的查阅和对相关业务实践的了解,没有发现我国在电信领域立法和执法过程中对“集团用户”或“集团客户”作出明确而一致的界定。我国仅仅在《电信条例》第三十八条中对“集团用户”的概念略微有所涉及。《电信条例》第三十八条中所指的“集团用户”是需要通过中继线接入其电信网的客户。在中国移动、中国电信等业务实践中,很少使用集团用户的概念,其使用的集团客户或类似概念,更多指向的是有一定固定联系和特征的个人客户的集合,电信部门在为该人群设计提供产品和服务时,可以给予该集合特别的服务及收费套餐。

通过上文中国移动与中国联通对集团客户定义的列举以及笔者对相关业务实践的了解,我们不妨尝试对“集团客户”的概念作如下界定:具有一定的通信业务规模或消费规模,与该电信部门签订并使用通信产品与服务,并在该电信部门建立起集团客户管理关系的法人及所附属的产业活动单位,电信部门为该人群设计提供产品和服务时,可以给予其特别的服务及收费套餐。

---

① 王丽:《XX地区移动集团客户服务关系研究》,北京邮电大学2006年硕士论文。

② 南艳飞:《全业务运营模式下的济南联通集团客户营销策略研究》南京邮电大学2014年硕士论文。

三、“集团客户”在手机实名制过程中的有关法律问题

（一）入网登记需提交的证件问题

所谓手机入网，是指手机的开户、过户等。对于集团客户的入网登记，在如今电信行业的业务流程中，一般要求用户提供：营业执照副本原件、单位介绍信、经办人的有效身份证件。在这里有一个值得注意的问题，一些不具有营业执照和法人证件的单位团体可否登记取得“集团客户”资格？工业和信息化部颁布的《电话用户真实身份信息登记规定》（以下简称《规定》）中第八条规定：单位办理电话用户真实身份信息登记的，可以出示下列有效证件之一：①组织机构代码证；②营业执照；③事业单位法人证书或者社会团体法人登记证书；④法律、行政法规和国家规定的其他有效证件或者证明文件。

单位办理登记的，除出示以上证件之一外，还应当出示经办人的有效证件和单位的授权书。

对比该条文我们不难看出，要求用户提供营业执照的作用仅仅是为了在入网登记时用以证明主体身份的真实性与唯一性，其与普通经济活动不同，至于营业执照上经营范围为何，其经营的项目是否取得特殊许可等在所不问。因此，那些未经行政机关登记的社团、组织在进行入网登记时，只要能提供能证明其身份真实合法性的材料（如：企业代码证、单位代码、组织登记证等），应当认定其具有“集团客户”的资格。同时，《规定》第八条规定的身份信息登记使用的是“单位”这个概念，我们认为，其可以等同于“集团用户”这个概念。因此，该条文可以适用于所有的“集团客户”，对于那些具有营业执照的单位团体，也不需要在入网登记时必须提供营业执照，只要能提供证明该“集团用户”身份具有真实性和合法性的材料即可。

（二）登记是否要与实际使用人一一对应的问题

《规定》中并没有给所谓的“集团客户”特别豁免登记。其中《规定》第六条：电信业务经营者为用户办理入网手续时，应当要求用户出示有效证件、提供真实身份信息，用户应当予以配合。

用户委托他人办理入网手续的，电信业务经营者应当要求受托人出示用户和受托人的有效证件，并提供用户和受托人的真实身份信息。

第十四条规定：电信业务经营者委托他人代理电话入网手续、登记电话用户真实身份信息的，应当对代理人的用户真实身份信息登记和保护工作进行监督和管理，不得委托不符合本规定有关用户真实身份信息登记和保护要求的代理人代办相关手续。

相反，无论按照第六条或者第十四条的理解，“集团客户”在登记中的受托人或者代理人的角色、责任和义务，都无法因此免除需要登记集团客户后面的最终用户登记为电信用户的责任和义务。那么，对于集团客户后面的

“最终用户（实际使用人）”，是否要求登记的移动手机卡与实际使用人身份须一一对应？2014 年 12 月，工业和信息化部、公安部、工商总局出台《电话“黑卡”治理专项行动工作方案》（以下简称《方案》），在其中第三项“工作和措施”的第 5 条指出：“电信企业为单位用户办理移动电话入网手续，要在与单位用户签订的协议中明确电话用户实名登记义务，对移动电话卡实际使用人的身份证件进行核验并登记身份信息，做到移动电话卡与实际使用人一一对应。对用于智能电表、公交车监控等行业应用的无线上网卡，要登记责任单位及责任人信息”。此专项行动的实施期间为 2015 年 1 月 1 日至 2015 年 12 月 31 日，显然现实施期间已过。但 2016 年 5 月 24 日工业和信息化部发布的《关于贯彻落实〈反恐怖主义法〉等法律规定进一步做好电话用户真实身份信息登记工作的通知》中提出：“电信企业（含基础电信企业、转售企业）要按照《电话用户真实身份信息登记规定》（工业和信息化部令第 25 号）、《电话黑卡治理专项行动工作方案》（工信部联保〔2014〕570 号）有关要求，进一步固化有关流程、规范操作，在为新用户办理入网手续时，必须采取二代身份证识别设备、联网核验等措施核验用户身份信息，禁止人工录入居民身份证信息。”可见，虽该专项行动已过实施期间，但《方案》中的各具体规定仍然可以适用。

通过《方案》第五条的理解，并结合之前的条文的列举和论述，我们认为，“集团客户”手机入网不仅要办理登记，而且对“集团客户”后面的“最终用户（实际使用人）”身份信息也须进行核验登记，做到手机卡与使用人一一对应。

（三）电信企业的转售、加盟和代理机构在实名登记规定下的责任和权限

2016 年 5 月底，工信部发布通知，要求各基础电信企业集团公司和相关网络交易平台经营者、各移动通信转售企业（虚拟运营商）进一步做好电话用户真实身份信息登记工作。[①] 对与虚拟运营商订立电信服务合同，并使用其通信和服务的个人或集团的实名登记，和前文所述的基础电信业务经营者中的实名登记可以视为是一致的，因此，此种情况下的实名登记可以借鉴上文，此处不再赘述。但在集团客户内部存在登记后在集团内因业务需要，在集团内部卡人分离、错配或人与集体脱钩的情形。这种情况下，是否应该及时补登记？如果没有补登记，则集团客户是否已经违反合规要求。我们认为，应该给予集团客户这种弹性适用的情形。同时可以通过集团客户定期更新其实名制备案的方式，适度自主管理其实名制登记的一组电信卡号。

基于同样业务发展的需要，如今虚拟运营商大多会把业务交由各种网络或实体分销代理商进行销售，或吸引加盟商参与虚拟运营商的运营，虚拟运营商就这些渠道发展的客户给他们一次性或长期分成。在此种情况下，相关代理商进行销售是否需以取得实名登记为前提？实名制登记合规责任是以代

---

① 高少华：《工信部力推手机实名制 虚拟运营商面临行业大考》，新华网，http://news.xinhuanet.com/fortune/2016-05/30/c_1118956230.htm.

理获得实名登记资料并代为登记为准还是需要虚拟运营商本身获得全部实名登记资料并完成在系统内验证和登记为准？换句话说，两者之间是否可以有时间差，并且在时间差期间已经允许最终用户使用电信服务？或者说，实名登记认定的权限是否可以授予虚拟运营商、其代理商、加盟商？

在2016年4月28日工信部发布的《工业和信息化部关于加强规范管理促进移动通信转售业务健康发展的通知》（以下称《通知》）中规定："转售企业应加强对实体、网络代理渠道的监督管理，严格代理渠道的准入条件，为代理渠道配发统一标识，禁止签约代理渠道擅自发展下级代理。……转售企业应建立实名登记定期自查制度，加大对自有营销和委托代理渠道的检查力度。对检查发现的违法违规行为和相关责任人，转售企业要严肃处理。对存在违法违规的代理商，要按照约定予以处理，不得委托不符合实名登记规定有关要求的代理商代办相关手续。"从这两个条文可以看出，虚拟运营商可以自行完成实名登记，并且可以授权直接签约的一级代理商进行实名认证。这充分体现了实名登记为事后备案的特征，并且给予运营商的代理商超过集团客户的管理权限。我们认为，规模以上的集团企业对内的管理和识别能力远远高于虚拟运营商对其发展客户的识别和管理能力，因此应该至少获得比照代理商的实名登记自主管理的授权和资格。这一点可以在以后的立法和司法解释中给予更多关注，以便提高效率并促进电信集约规模化使用，尤其确保电信发卡体制适应物联网发展所需的企业用户模式。

互联网金融法务、高新技术产业化与资本市场

试论互联网股权众筹的法律困境和体系构建

俞卫锋　秦　春　上海市通力律师事务所

一、引言：互联网股权众筹的概念和特征

（一）概念厘清

众筹（Crowdfunding）简单地说就是通过大众筹集资金。美国《创业企业融资法案》（即 JOBS 法案[①]）将众筹概括为一种由大众投资者尤其是普通的个人投资者通过互联网开展的小额融资方式。根据通说，众筹主要有债权众筹、捐赠众筹、预售众筹和股权众筹四种形式。其中，前三种众筹的回报形式可以是债权、产品或服务，而股权众筹则是指筹资者通过互联网上众筹平台向潜在的投资者展示拟创办企业信息或投资计划，以吸引投资者加入，并授予投资者股份、股权和其他权益的一种筹资模式。

（二）基本特征

1. 投资者为不特定的公众

作为互联网金融的一种方式，股权众筹从诞生之初就强调大众参与。在互联网时代，股权众筹作为“草根金融”的代表迎合了大众的投融资需求。由于以互联网为载体的众筹项目具有公开、开放的特征，股权众筹领域的投资者是不特定的，满足互联网众筹平台基本要求的普通大众都可以参与其中。

2. 融资多为初创企业小额融资

股权众筹是基于创新型初创企业的融资需求出现的。由于初创企业在注册资本、年度营业收入、设立时间、融资额度等方面不能满足当前资本市场融资模式的要求，初创企业几乎不能通过常规资本市场或风险投资募集资金，故而倾向选择通过股权众筹这一替代性融资方案来筹集企业启动资金。

3. 融资平台为互联网

传统企业的融资，无论是企业设立的融资还是企业运营过程中的增资，往往发生在熟人之间，融资渠道较为局限。互联网金融出现以来，移动支付、云计算、社交网络、大数据等互联网技术深刻地改变了股权和权益融资的形态。互联网金融具有开放、平等、普惠、共享等特点，比传统金融更贴近大众，

---

① “Jumpstart Our Business Startups Act”.

且相对来说更及时、有效。股权众筹正是利用了上述特征,通过互联网完成投融资主体的速配。

4. 交易对象特殊化

和其他形式的众筹不同的是,股权众筹的回报形式对有些投资者更具有吸引力,因为投资者可以凭较少的出资获得某一公司或产品项目的股权、股份或其他权益,在获得分红权利的同时还可以满足一部分投资者参与设立和管理公司的愿望。

二、互联网股权众筹发展面临的困境

股权众筹机制的优点毋庸赘言,但在现行的法律框架下,股权众筹的发展存在着一定的法律障碍,主要有以下三点:

(一)企业组织形式障碍难以突破

在投资者人数的限制方面,我国《公司法》规定,有限责任公司的股东不得超过 50 人,股份有限公司股东不得超过 200 人;我国《合伙企业法》也规定有限合伙企业的合伙人人数为 50 人以下,当然普通合伙企业并没有限定普通合伙人的人数,但考虑到股权众筹中的多数投资者均为小额投资者,且多数投资者更倾向于获得分红收益而不愿意承担普通合伙人应承担的无限责任,因此普通合伙企业并不是股权众筹理想的企业组织形式。综合来看,四种主要的企业组织形式都存在难以逾越的障碍。

互联网金融具有沟通、共享方面的优势,可以迅速汇集众多投资人。但现行法律关于股东或合伙人人数的限制却使得互联网的优势难以发挥。以公司为例,一方面传统公司法契约理论强调公司的人合性,通过限制股东的人数可以维护股东之间的信任。另一方面限制人数也有利于监管部门的监管。但人数限制是否侵犯股东的意思自治,不利于金融创新,这或许是未来相关立法需要反思的。

(二)触及公开发行红线,且与非法集资界限模糊

一方面,股权众筹参与者众多,具有明显的公众性。另一方面,《证券法》规定公开发行证券必须经证监会核准。除了《证券法》,《首次公开发行股票并上市管理办法》、《首次公开发行股票并在创业板上市管理办法》也对发行主体的主体资格进行了严格的限定。考虑到利用股权众筹模式筹集资金的企业多为小型初创企业,无论是在资本规模、经营年限,还是在财务指标上,事实上都没有达到相关要求,因此严格地说,股权众筹已经违反了上述规定。

我国长期以来采取保守谨慎的信贷政策,因此涉及不特定多数的公众融资往往会引起监管层的特别注意。股权众筹目前无法可依,与几项罪名界限都比较模糊。与之相关的罪名就有非法吸收公众存款、非法发行股票债券、集资诈骗罪等。

（三）互联网股权众筹面临的监管困境

1. 股权众筹的运作特殊性

为了有效规避监管规定，国内股权众筹将互联网平台视为投融资双方了解和展示项目的场所，而将后续股权办理和流通手续转为线下运营，私下协调股权办理事宜，即采取线上募集、线下运作模式。这种模式较为不透明，如何保证线下运作符合线上募集时做出的允诺，例如如何使得线下运营时的公司治理结构符合股东期待，避免和防范筹资者欺诈，预防挪用客户资金、卷款“跑路”等现象？这些都是股权众筹立法过程中应予以探讨的议题。

2. 互联网金融本身的监管困境

与传统的金融监管不同，一方面，网络的开放性、虚拟性使传统的资本充足率标准及现场监管等手段难以对互联网金融实施有效监管。另一方面，信息科技风险在互联网金融中也日益突出。比如计算机病毒、电脑黑客攻击、支付隐患、网络诈骗、钓鱼网站、个人信息泄露等等都是互联网金融亟待解决的监管问题。①

三、当下互联网股权众筹的立法动态和监管思路

（一）立法动态

2014 年 12 月 18 日，中国证券业协会发布了《私募股权众筹融资管理办法(征求意见稿)》，该办法认为在现行法律法规框架下，股权众筹应采取非公开发行方式，并通过一系列自律管理要求以满足《证券法》第 10 条对非公开发行的相关规定。根据该办法，私募股权众筹融资是指融资者通过互联网平台以非公开发行方式进行的股权融资活动，拟发起设立的融资企业的股东人数累计不超过 200 人。该办法为股权众筹立法的首轮尝试，但此文件目前仍为征求意见稿。

2015 年 4 月 20 日全国人大常委会审议版的《证券法(修订草案)》第十三条规定，通过证券经营机构或证监会认可的其他机构以互联网众筹方式公开发行证券，发行人和投资者符合证监会规定的条件的，可以豁免注册或核准。

2015 年 7 月 18 日，央行等十部委发布了《关于促进互联网金融健康发展的指导意见》明确指出股权众筹融资必须在中介机构平台进行，股权众筹融资方应为小微企业，需要披露必要信息，投资者应具备风险承受能力，只能进行小额投资。虽然该文件只属于政策性指导意见，但是和上述两个草案相比却是一个正式的部委意见，在一定程度上可以较为清晰地反映目前监管层对股权众筹的态度。

2015 年 8 月 3 日证监会发布了《关于对通过互联网开展股权融资活动的

---

① 谢平:《互联网金融监管的必要性与核心原则》,《国际金融研究》2014 年第 8 期。

机构进行专项检查的通知》。该通知中明确定义了股权众筹,把市场上通过互联网形式开展的非公开股权融资和私募股权融资行为排除在股权众筹的范围之外。该通知规定股权众筹为通过互联网网站或其他类似的电子媒介进行公开小额的股权融资活动,公开、小额、大众是股权众筹的根本特征,未经证监会批准,任何单位或机构不得开展股权众筹融资活动。

(二)监管思路分析

1. 监管态度:合法化还是抑制?

对互联网金融,不能因为目前发展不成熟就采取自由放任的监管理念[①],也不能因为风险难以预估而一刀切地予以抵制。究竟是合法还是抑制,监管机构需制定持续且可期待的监管政策。建议在未来监管中严格规定股权众筹和非法集资的界限,建立穿透式监管原则,透过现象看本质,对于打着股权众筹幌子的非法集资要坚决打击,而对于真正有实体投资项目或企业的股权众筹建议予以认可并纳入监管。

2. 监管对象:私募股权融资还是公募股权众筹?

应区别对待不同形式的融资种类,分别引导和监管。上述草案和政府文件已经逐步明确股权众筹是利用互联网公开进行的小额股权融资,而私募股权融资或互联网非公开股权融资本质上属于向不特定对象发行证券,资金规模不同于股权众筹,因此仍然需要满足《公司法》、《证券法》、《证券投资基金法》以及《私募投资基金监督管理暂行办法》的具体规定。

3. 监管思路:互联网监管思维

互联网金融形势下的监管需要融入更多互联网思维。传统的金融监管更注重资质牌照,采取现场检查和非现场检查方式。但鉴于网络的虚拟性和开放性,传统的监管方式恐难奏效。在新的形势下,股权众筹的信息发布、投融资方的匹配、资金、股份的转让均会通过互联网完成,与之对应的问题是,如何实现信息披露?如何实现有效监管?为此,监管层需要积极运用大数据分析技术、风险控制技术以及数据处理等措施防范风险实现有效监管。

四、互联网股权众筹监管体系重建

(一)厘清股权众筹公募属性,与互联网非公开股权融资分开监管

为了防止触及监管红线,目前实践中较为合规的股权众筹平台会自觉将参与人数控制在 200 人以内,并没有做到真正的公众参与。而如果股东人数不突破 200 人,那么此类股权众筹归根结底还只是私募股权融资。互联网金融的最大的特点之一是开放和共享,私募股权融资这种"非公开"的融资模式在一定程度上是与互联网金融的理念矛盾的。唯有突破 200 人的投资者人数

① 谢平:《互联网金融监管的必要性与核心原则》,《国际金融研究》2014 年 8 月。

限制，降低投资人的门槛才是真正的互联网股权众筹。可考虑在未来立法中明确股权众筹公募属性，单设监管规则。对于不满足公募特征的私募股权融资或互联网非公开股权融资应纳入私募融资的相关监管体系中。

（二）认可股权众筹模式，构建小额证券公开发行的豁免规则

为了保障初创企业的融资权利以及及时回应互联网背景下的大众多样化融资需求，监管部门有必要及时对该问题做出明确的回应。毋庸避讳的是，股权众筹实质上是借助网络平台通过出售股权或权益的方式进行投融资的过程，性质上类似证券公开发行。① 如上文已分析，与其放任其处于监管的灰色地带，不如在坚持现有证券公开发行的法律框架基础上通过设置例外的方式完成对股权众筹的监管。美国的 JOBS 法案规定股权众筹融资在 12 个月内融资金额不超过 100 万美元的，可以不受联邦证券交易委员会的监管。② 这一点颇具借鉴意义，中国在未来立法中可以参考此思路。

（三）设置募集资金总额和单个投资者的投资金额上限

美国证券交易委员会规定，若投资者年收入低于 10 万美元，其年投资额不得超过 2 000 美元或其年收入的 5%（数额较大者）。若投资者年收入超过（包含）10 万美元，其年投资额不得超过年收入或净资产的 10%（数额较大者），且每年投资额不得超过 10 万美元。③

未来立法可以参考上述立法思路，一方面，股权众筹的功能在于为初创、小微企业提供融资渠道，单一筹资者的筹资总额需予以限定（否则应通过证券公开发行等其他渠道募集资金）；另一方面，出于分散投资风险的考虑，应对单个投资者的投资金额进行限定，从而保证股权众筹的风险可控。

（四）实施股权众筹平台注册准入制度，促进股权众筹运作规范化

从功能上看，众筹平台所起到的作用，类似于证券公司。但不同于证券公司的是，当下的众筹平台还处于自我摸索的阶段，平台质量良莠不齐。考虑到互联网股权众筹平台运作风险，有必要对该类平台的资质、设立条件以及业务开展的具体规范做出规定。境外已有的立法经验基本上都要求众筹门户在监管部门登记备案。我国未来也可以在这方面借鉴域外经验，通过设置合理的注册登记条件使得具有一定资质和运营能力的股权众筹平台开展众筹业务。

五、结语

股权众筹是互联网金融时代的新型融资模式，但在尚不完善的法律框架

① 杨东、刘翔：《互联网金融视阈下我国股权众筹法律规制的完善》，《贵州民族大学学报》2014 年第 2 期。

② 龚映清、蓝海平：《美国 SEC 众筹新规及其监管启示》，《证券市场导报》2014 年 9 月。

③ 龚鹏程、臧公庆：《美国众筹立法研究及其对我国的启示》，《金融监管研究》2014 年第 11 期。

和监管体制下，股权众筹只能在夹缝中求生存。有的股权众筹为了规避监管机构关于“公开发行”的监管红线而委曲求全，异化为私募股权融资的变种，从而渐渐地脱离了互联网股权众筹公开的本性。考虑到股权众筹对培育初创企业的积极作用，有助于促进民间资本的投融资，为此我们呼吁通过法律豁免的方式构建股权众筹模式的“安全港”[①]，并建立配套监管措施，最终促进互联网股权众筹健康有序发展。

① 袁康：《资本形成、投资者保护与股权众筹的制度供给》，《证券市场导报》2014 年 12 月。

论 P2P 网络借贷的新发展
——监管新规带来的变化与挑战

邹晓黎　重庆索通律师事务所

P2P 网络借贷自 2007 年正式引入我国以来，已经经历了将近十年的发展。这期间，一方面，P2P 网络借贷蓬勃发展、百花齐放，形成了一定的市场规模和体量，并为民间资金的融通、激活和普惠金融的发展做出了有益的尝试；另一方面，整个行业发展过快，P2P 网络借贷平台良莠不齐，非法集资、诈骗、跑路等风险事件频发。而 P2P 网络借贷监管制度的缺失，一直是整个行业争论和诟病的焦点所在。可以说，在缺乏有效监管的情况下，P2P 网络借贷发展越蓬勃，其自身的缺陷以及面临的风险可能就暴露得越多。

在上述背景及现状下，我国有关监管部门自 2015 年下半年起陆续出台了一部分 P2P 网络借贷的监管新规，其中包括中国人民银行、中国银监会等十部门于 2015 年 7 月 18 日联合印发的《关于促进互联网金融健康发展的指导意见》(银发[2015] 221 号，简称《指导意见》)，以及中国银监会会同工业和信息化部、公安部、国家互联网信息办公室等部门研究起草并于 2015 年 12 月 28 日公布的《网络借贷信息中介机构业务活动管理暂行办法(征求意见稿)》(简称《征求意见稿》)。《指导意见》对于互联网金融(包括 P2P 网络借贷)提出了整体的监管原则和思路，并进行了总的布局与把握，而《征求意见稿》则针对 P2P 网络借贷明确了具体的监管意见。笔者下文将主要通过分析监管新规带来的变化与挑战，对我国 P2P 网络借贷的新发展进行剖析与展望，以期对我国 P2P 网络借贷行业的健康发展和相应监管制度的进一步完善有所益助。

一、新规要点解读

(一) 中介机构性质

征求意见稿第二条将网络借贷平台定义为提供信息收集、信息公布、资信评估、信息交互、借贷撮合等服务的金融信息中介企业，而非信用中介平台。这一定位与之前央行的监管红线以及监管态度基本一致。事实上，在征求意见稿发布前，不少 P2P 网络借贷平台如陆金所已按照监管红线要求相继取消了平台担保，引入了第三方担保机构或设置了其他非平台担保机制。然而，在当前背景下，如何正确理解中介机构性质并建立符合中介机构定位和市场需要的操作模式，则是需要深入思考和探讨的问题。

（二）备案管理机制

根据征求意见稿第二章规定，P2P 网络借贷信息中介机构实施事后备案，即在其取得营业执照后方向工商登记注册地的地方金融监管部门进行备案登记。同时，网络借贷信息中介机构还应当依法向通信主管部门履行网站备案手续，涉及经营性电信业务的，应当按照通信主管部门的相关规定申请相应的电信业务经营许可。征求意见稿并未对之前盛传的准入机制、注册资本、股东资格等方面提出强制性要求，而是采用了备案登记制度，体现了适度监管的原则。然而，事实上征求意见稿中的监管尺度并未实质放松，而是通过创新性、系统性的监管方式来达成监管目的。

（三）经营禁止行为

征求意见稿第三条为网络借贷信息中介机构设定的基本原则为“不得提供增信服务，不得设立资金池，不得非法集资，不得损害国家利益和社会公共利益”。而在第十条中，征求意见稿明文规定了十二项经营禁止行为，其中包括：①不得从事利用本机构互联网平台为自身或具有关联关系的借款人融资；②直接或间接接受、归集出借人的资金；③向出借人提供担保或者承诺保本保息；④向非实名制注册用户宣传或推介融资项目；⑤发放贷款；⑥将融资项目的期限进行拆分；⑦发售银行理财、券商资管、基金、保险或信托产品；⑧与其他机构投资、代理销售、推介、经纪等业务进行任何形式的混合、捆绑、代理；⑨故意虚构、夸大融资项目的真实性、收益前景，隐瞒融资项目的瑕疵及风险，以歧义性语言或其他欺骗性手段等进行虚假片面宣传或促销等，捏造、散布虚假信息或不完整信息损害他人商业信誉，误导出借人或借款人；⑩向借款用途为投资股票市场的融资提供信息中介服务；⑪从事股权众筹、实物众筹等业务；⑫其他禁止活动。

之前广泛讨论的自融、资金池、平台担保、保本保息等问题，均为禁止行为之列。征求意见稿实质上采用负面清单的形式管理 P2P 网络借贷平台的经营行为，以达到规范发展、维护金融秩序稳定的效果。

（四）不得开展线下业务

征求意见稿第十六条明确规定，除信用信息采集、核实、贷后跟踪、抵质押管理等风险管理及网络借贷有关监管规定明确的部分必要经营环节外，网络借贷信息中介机构不得在互联网、固定电话、移动电话及其他电子渠道以外的物理场所开展业务。从规定上看，征求意见稿并未全盘否定“线下”的操作方式，而是不允许采取设立实体门店的方式开展网贷业务。实际上，在征求意见稿出台前，很多地方监管部门对开设 P2P 网络借贷实体门店的方式亦采取了否定的态度。

（五）破产隔离机制

根据征求意见稿第二十四条规定，网络借贷信息中介机构业务暂停或者终止，不影响已经签订的借贷合同当事人有关权利义务。网络借贷信息中介机构因解散、被依法撤销或宣告破产而终止的，应当在解散、被撤销或破产前，妥善处理已撮合存续的借贷业务，清算事宜按照有关法律法规的规定办理。网络借贷信息中介机构清算时，出借人与借款人的资金分别属于出借人与借款人，不列入清算财产。这与信托或者资产管理计划等监管思路相一致。作为信息中介，其作用仅为相关出借人和借款人提供信息撮合服务，一旦交易达成，出借人与借款人之间即形成受法律保护的债权债务关系，该等债权债务关系不因为第三方的原因发生变化或者受到影响。这也是 P2P 网络借贷平台不能设立资金池、要求披露完整真实的信息、不得提供担保等要求的原因所在。

（六）客户资金保护

根据征求意见稿第二十八条规定，客户资金保护主要包括两部分内容：一是平台自身资金与出借人和借款人资金实行隔离管理；二是将出借人与借款人的资金存管于符合条件的银行业金融机构。

平台资金与客户资金的隔离显然是当前 P2P 网络借贷平台运作的题中之义，但对于是否采取银行存管的方式，坊间一直存在不同意见和做法。而在 2015 年 7 月印发的《指导意见》中，央行、中国银监会就已正式引入了银行存管的概念，此次在征求意见稿中被重申，也体现出监管部门对银行存管这一举措的重视。

（七）信息披露

在 2014 年 9 月中国银监会领导提出 P2P 监管的十大思路中，就包括信息披露一项，即“P2P 行业应该进行充分信息披露、充分地提高信息披露的程度、揭示风险，既要向市场披露自身的管理和运营信息，也要向投资者做好风险提示，开展必要的外部审计”。

而在征求意见稿第五章的规定中，充分披露的信息不仅包括借款人信息、融资项目信息、风险评估、结果以及已撮合未到期融资项目有关信息，还包括 P2P 网络借贷平台的撮合借贷项目交易金额、交易笔数、借贷余额、最大单户借款余额占比、最大 10 户借款余额占比、借款逾期金额、代偿金额、借贷逾期率、借贷坏账率、出借人数量、借款人数量、客户投诉情况等经营管理信息。无疑，充分的信息披露可以让投资者可以随时了解到最新动态，极大地降低投资者的风险。

二、新规的冲击与挑战

征求意见稿虽非正式生效的监管规定，但它的发布无疑给我国 P2P 行业带来了不小的冲击与挑战，加速了整个行业的变革与进化。从大的角度来讲，笔者认为监管新规带来的冲击与挑战主要在于：

（一）纯中介定位问题

有人认为，监管新规对P2P行业的最大冲击在于，将P2P网络借贷平台定位为金融信息服务中介机构而非信用机构。仔细想来，由目前良莠不齐、乱象丛生的网络借贷平台转变为纯中介服务机构确实存在较大的难度。尽管按照新规要求，可能存在整改的过渡期，但如何变革为符合规定要求的中介机构并搭配适应市场需要的操作模式，本身又是一大难题。但反过来讲，如果成功转型为纯中介机构，则P2P网络借贷平台的非法集资、跑路等风险或问题将会大大降低。

（二）ICP许可证问题

根据征求意见稿第二章规定，网络借贷信息中介机构应当依法向通信主管部门履行网站备案手续，涉及经营性电信业务的，还应当按照通信主管部门的相关规定申请相应的电信业务经营许可，否则不得开展网络贷款信息中介业务。而据笔者了解，ICP许可证的申请取得存在实缴注册资本、验资报告、企业法人年度审计报告等多条硬性要求，而且办理该许可证的费用可能价格不菲。因此，对于P2P网络借贷平台来说，申请ICP许可证之路可能将困难重重。

（三）银行存管问题

前文提及，P2P网络借贷平台应选择符合条件的银行业金融机构作为出借人与借款人的资金存管机构。虽然银行存管概念对于P2P行业来说已非秘密，但就目前来说，真正选择银行存管的P2P网络借贷平台毕竟属于少数。原因不仅仅在于银行的强势地位，以及银行因不愿意为P2P网络借贷平台信用背书而对其资格条件要求严格，也在于银行往往难以满足P2P网络借贷平台本身对成本以及灵活性、便利性的要求。因此，P2P网络借贷平台与银行之间如何做到有效衔接，以实现客户资金的银行存管，为实践操作中较为棘手的问题。

（四）混业经营问题

征求意见稿禁止P2P网络借贷平台向投资股票市场的融资提供信息中介服务，禁止“发售银行理财、券商资管、基金、保险或信托产品”，此外，还禁止在互联网、固定电话、移动电话及其他电子渠道以外的物理场所开展规定外的业务。简单来说，P2P网络借贷平台只能撮合债权交易，不能混合搭售其他形态的金融产品。这对意欲打造一站式理财平台和受资产端压力的P2P网络借贷平台来说，必然会对平台发展造成一定的不利影响。

（五）整改成本问题

对于P2P网络借贷平台来说，如果监管新规正式出台、实施，很多平台则需要根据规定进行整改，在这一过程中无疑会付出一定的整改成本。

目前来看，P2P 网络借贷平台付出的整改成本可能主要在于三个方面：其一，P2P 网络借贷平台为实现银行存管、取得 ICP 许可证而承担的必要费用；其二，P2P 网络借贷平台操作层面的改变在于，部分平台的智能筛选、自动匹配的投资方式将发生改变，而由出借人就每一融资项目做出选择并确认，无疑会增加客户、平台的标的选择成本；其三，征求意见稿强化了 P2P 网络借贷平台的信息披露及风险揭示职责，并细化到 P2P 网络借贷平台需要向出借人披露包括借款人基本信息、融资项目信息、风险评估及可能产生的风险后果等内容。平台信息披露将日趋严格，而信息披露并确保信息的真实性无形中将会提高 P2P 网络借贷平台的尽职调查、审核等方面的成本。

（六）资金兑付问题

按照征求意见稿的规定，P2P 网络借贷平台不得承诺保本保息。对于出借人来说，在此前 P2P 网络借贷爆炸性增长阶段的保本保息甚至是高收益的神话，势必会被打破，并会让出借人/投资者更理性地面对 P2P 网络贷款市场。

对于之前采取保本保息做法的 P2P 网络借贷平台来说，这意味着需要改变方式，以达到市场与风控的双赢局面。就目前的市场操作案例来说，引入第三方担保、保险等措施是 P2P 网络借贷平台比较现实的做法。对此，积木盒子联合创始人魏伟表示，“用户的投资安全最主要还是要看借款人的第一还款来源，这也考察平台风控能力，其次要看引入的第三方保障机制的实力，而第三方保障对逾期坏账的减少程度取决于具体条款和保障方的实力”。实际上，第三方的保障并非完全可靠，现实中很多为此担保的担保公司担保余额已远远超过其担保能力，并出现很多担保公司倒闭的案例。因此，在监管新规背景下，在资金兑付方面如何引导客户树立正确的投资观念，并且通过相应的制度设计提升客户对于资金兑付信息的把握程度，同时亦符合“不得提供增信措施”的原则，则是 P2P 网络借贷平台面临的又一挑战。

三、P2P 网络借贷的新发展

通过对我国 P2P 网络借贷行业背景、现状及监管新规的梳理，笔者认为，P2P 网络借贷经历了初始发展、快速扩张与风险爆发期后，当前呈现出以下新的发展趋势：

首先，国家表明了鼓励互联网金融创新的态度，并陆续出台了相关监管制度，我国 P2P 网络借贷逐步进入以规范监管为主的发展阶段；

其次，在监管明确的基础上，P2P 网络借贷行业的重组、调整以及“洗牌”在加速，不合格的 P2P 网络借贷平台将逐步淘汰，P2P 网络借贷市场将会进一步予以净化；

再次，P2P 网络借贷行业的资产端竞争将会加剧，与此同时，P2P 网络借贷平台对于细分市场将会进一步予以深耕、突破；

最后，P2P 网络借贷平台本身呈现出强化内部风控、信息披露以及操作模式合规化的走势，我国 P2P 网络借贷平台的规范性将会不断增强。

四、结语

综上所述，我国 P2P 网络借贷虽然因监管新规而面临着诸多冲击与挑战，但改变与调整是大势所趋。我国应尽快出台正式的监管规定，并在适度监管原则基础下鼓励创新、规范发展，采取有效的监管措施进一步促进行业的发展。笔者本文权作抛砖引玉，以期为我国 P2P 网络借贷监管制度的建立与完善提供可供参考的意见或建议。

P2P网贷平台监管规制探讨

杜红民　张海宝　江西求正沃德律师事务所

P2P网贷平台自2007年在国内诞生以来，蓝海式的新兴行业机遇吸引了大批资本进入，一时间各种平台如雨后春笋般蓬勃出现。但是，该行业却至今处于“无准入门槛、无行业标准、无监管机构”的无序状态，导致了行业中“野蛮生长者有之，淘汰出局者亦众”的现实局面。据统计，截至2016年5月，国内的P2P网贷平台累计出现了4 080家，但累计停业及问题平台就高达1 684家[①]。也就是说，大约40%的P2P网贷平台已经不同程度地暴露了问题，比例之高令人震惊。

其实，P2P网贷平台行业的问题远比已经暴露出来的更加复杂。由于行业没有明确、权威的监管规则，几乎所有的P2P网贷平台都面临同样严峻的问题：合法性风险。虽然，国家层面出于经济发展的考虑，对市场创新具有一定的容忍度，但谁也不清楚自己是否能一直处于被容忍的范围。这一点，从e速贷这样的“老牌”P2P网贷平台被调查可见一斑。

P2P网贷平台从初始发展阶段到快速扩张阶段，几乎所有的行业主体都在摸索“正确的打开方式”。尤其是近两年融金所、e速贷等知名P2P网贷平台相继被查的消息爆出后，行业主体人人自危的局面已然成为不争的事实。从政府层面看，如何尽快将P2P网贷平台纳入合法合规的轨道已然成为燃眉之急。虽然《网络借贷信息中介机构业务活动管理暂行办法》(征求意见稿，以下称《暂行办法意见稿》)已经公开，但未最终落定，加快研究落实尤为重要。

从已经发生的案例来看，P2P网贷平台监管规则的重点应从避免非法吸收公众存款和集资诈骗两个方面来考虑，因为这两方面的犯罪行为对社会和公众构成巨大危害。而防治犯罪绝不仅仅是依靠刑事手段，更应制定规则，在监管层面防患于未然。本文尝试从P2P网贷平台出现的问题，特别是违法犯罪危害社会的案例入手分析，以期找到研究和制定监管规则的思维进路，有针对性地制定监管措施。

一、P2P网贷平台与非法吸收公众存款

2014年1月，“徽煌财富”P2P网络借贷平台法定代表人陶秀义被警方带

---

① 网贷之家：《中国P2P网贷行业2016年5月月报》。

走,后被铜陵市中级人民法院终审判决构成非法吸收公众存款罪,获刑7年。法院查明的事实如下:2013年8月30日,铜陵波光贸易投资管理有限公司(企业法人代表为陶秀义)在互联网建立了"徽煌财富"P2P网络借贷平台进行非法集资活动。自2013年9月4日至2013年11月21日间,被告人陶秀义未经有关部门批准,通过"徽煌财富"P2P网络借贷平台发布虚假的借款投资标的,并与投标人签订电子借款协议书,承诺按期结算,以年利率22%不等的利率还本付息,在互联网上通过"网贷之家"等网站进行宣传。网民在该平台上注册成为会员后,通过线上支付(通过第三方支付平台充值)、线下支付(通过银行卡充值)两种方式进行充值并根据投资标的信息进行投标。陶秀义将吸收的资金用于借贷给陈玉根(另行处理)、谢永平等人2 200余万元。之后,因陈玉根无法按期还款致使陶秀义不能兑付被害人的本息。

2013年10月案发的"力江创投"P2P网络借贷平台非法吸收公众存款案,和2015年1月美美贷P2P网络借贷平台非法吸收公众存款案也有类似案情。通过总结这些案例,我们不难发现几个共同的特点:没有经营金融业务的资质,平台可以支配投资人资金,通过网站、传单等公开宣传,以高利吸引投资人。

按照《最高人民法院关于审理非法集资刑事案件具体应用法律若干问题的解释》第一条之规定,同时具备下列四个条件的,除刑法另有规定的以外,应当认定为"非法吸收公众存款或者变相吸收公众存款":①未经有关部门依法批准或者借用合法经营的形式吸收资金;②通过媒体、推介会、传单、手机短信等途径向社会公开宣传;③承诺在一定期限内以货币、实物、股权等方式还本付息或者给付回报;④向社会公众即社会不特定对象吸收资金。这四个条件分别从非法性、公开性、利诱性和社会性四个方面对非法吸收公众存款罪予以了界定。而上述案例几乎完全符合非法吸收公众存款罪的四个条件,所以平台主要负责人被公安机关带走是必然的,案发只是时间问题。

按照《非法金融机构和非法金融业务活动取缔办法》第三条和第四条之规定,在我国从事金融业务活动,必须经中国人民银行批准。而金融业务活动就包括:吸收公众存款、发放贷款等。但是,截至目前,还没有P2P网络借贷平台获得了中国人民银行的批准。P2P网络借贷平台的主体基本上是投资咨询公司和网络技术公司,而这两类公司的经营范围中均不包含金融业务。例如,规模较大的宜人贷,其经营主体是恒诚科技发展(北京)有限公司,工商登记显示,该公司的经营范围是:技术开发、技术咨询、技术服务、技术转让;计算机系统服务;经济贸易咨询;会议服务;市场调查;礼仪服务;教育咨询(不含出国留学咨询及中介服务);汽车装饰;房地产信息咨询(不含中介);电脑图文设计、制作;企业策划;工艺美术设计;投资咨询等。

2015年7月,中国人民银行等十部委联合发布《关于促进互联网金融健康发展的指导意见》,明确提出"客户资金第三方存管制度",为P2P网络借贷平台隔离自由资金和客户资金指明了方向。第三方存管，分为多种类型，隔离得最彻底的是银行主导的强存管。P2P 平台对接银行的资金存管系统后，银行将按照出借人、借款人对 P2P 平台发出的指令对资金进行存管、划付、核算、监督，使得 P2P 平台没有接触客户资金的机会，从而实现平台资金与客户资金的绝对隔离。但是，据不完全统计，截至 2016 年 6 月，与银行签订了资金存管协议的 P2P 平台只有 100 家，正式接入存管系统的仅 21 家①。从警方通报的情况看，e 速贷就存在资金混用的问题，没有将自有资金与客户资金严格分离。可见，大多数的平台还没有意识到银行存管的必要性，这应该成为政府监管的重中之重。

二、P2P 网贷平台与集资诈骗

2012 年 12 月 21 日，优易网网贷平台突然宣布停止运转，三位负责人集体失联，爆发了我国首例网贷平台集资诈骗案。在法院查明的事实中可以看到以下情况：优易网从事中介借贷为名，在未取得金融业务许可的前提下，编造其系香港亿丰公司旗下成员，谎称亿丰商城商户需要借款，在“优易网”上发布“秒标”，承诺即时还本付息，公开利诱投资人。通过拍摄亿丰商城内商户的门面照片及汽车照片发布在网站上，发布虚假的“借款标”，以高额利率为诱饵，向网民冯某等 45 名被害人合计非法集资人民币 25 500 000 余元。

从优易网网贷平台的案例可以看出，该平台存在大量虚构事实。从合作主体到借款标，都是编造的，集资诈骗显而易见，案发只是时间问题。有人说，优易网是蓄意诈骗，其案例对其他网贷平台没有参考意义。的确，综合全案事实，优易网的运作极不规范，而且负责人携款潜逃，的确不像是要认真经营 P2P 的样子。但是，如果觉得虚构事实只在优易网这样的小平台上才会出现的话，那就大错特错了。

“打着互联网 P2P 的旗号，以自融、设立资金池、发放虚假标的等形式非法集资；除了非法吸存和放贷，基本上没有产生合法营业收入的业务，长期处于亏损状态，主要依靠不断吸收新投资者本金来维持运作。”这是今年 5 月惠州警方在对 e 速贷立案调查后发布的通报，“发放虚假标的”的字眼赫然在列。而 e 速贷是经营了 6 年的老平台，总成交额 70 亿元，在业界口碑不俗。

无独有偶，今年 6 月，深圳警方就立案侦查已经运行近 4 年的在线贷网贷平台发布通报：“公司运营期间，该平台董事长及总经理多次在‘在线贷’上发布虚假项目，不断吸引新投资人的资金，并将所获资金用于偿还前期投资人的本金和利息支付。而为‘在线贷’提供风险担保的公司，实际由平台董事长何飞虹控制，投资款最终转入何飞虹等人的个人账户，在个人账户上形成资

---

① 凤凰财经：《P2P 资金存管模式逐渐清晰促行业风险加速释放》，http://finance.ifeng.com/a/20160621/14508791_0.shtml。

金池。”“发布虚假项目”也位列其中。

可见,“虚构事实”并非小平台所独有,运作多年的大平台也同样存在这些问题。警惕集资诈骗罪的风险,并非监管小平台就行,大平台同样是重灾区。

三、P2P网贷平台监管的可行措施

笔者认为,若不对P2P网络借贷平台进行有效监管和规范,任其野蛮生长,势必造成一发不可收拾的局面,对社会和谐稳定构成严重威胁。在分析已发案例和总结经验的基础上,政府层面有必要在以下几个方面建立监管措施或加大监管力度:

(一)建立行业准入门槛和标准

从现行规定和《暂行办法意见稿》中,目前P2P网贷中介公司基本上没有门槛和要求,都是采取事中事后监管方式,这与国家鼓励互联网金融的发展政策相关。笔者认为,这种方式极为不妥。从对问题平台的分析可以看出,大部分公司从业人员不具备行业从业资格,不懂财务、法律、投资和项目风险控制。有的纯属社会闲杂人员,素质不高,甚至有违法犯罪前科的人员也混杂其中。因此,必须设立公司成立资质审查制度。从两个方面入手,一方面是从业人员的资质审查,房产中介、保险中介均有从业资格管理,为什么金融中介就不能建立从业资格管理?提高从业人员的基本素质是预防违法犯罪行为发生的有力监管手段。另一方面,应对设立公司设置资质要求,需具备一定数量的从业资格人员,并交纳一定数额的从业保证金,违反则不仅面临刑事责任,也面临民事赔偿责任。只有具备一定资质的P2P企业信誉才有保证,企业才能发展壮大。设立一定的行业门槛有利于整个行业的规范发展。

(二)提升P2P网贷平台至准金融机构地位,资金严格实行第三方托管

根据《暂行办法意见稿》,目前P2P公司只需报当地政府金融管理机构备案,无需审批,网络平台经电信部门审核即可。笔者认为,这种监管措施显然是不够的,不足以防治违法犯罪现象。从事金融中介业务的公司属准金融机构,应当经金融管理机构审核批准,且具备承担民事责任的能力。另外,资金应当进入指定的第三方金融机构托管,与公司自有资金分离,以保证公司的纯中介性质和地位,防止出现挪用客户资金的现象发生。

(三)培育第三方信誉评级和担保机构,引入中介机构监管机制,建立有效的社会监督体系

平台虽然只是信息中介,并不参与借贷关系。但是,若平台上的虚假信息泛滥,导致坏账率居高不下,必然造成社会危害。因此,平台应对借款项目进行一定的审核,保证投资人的利益。而具有较高资信的信誉评级机构和担保公司就能很好地承担这一职能。比如出台规定,平台推介项目达到多少融

资规模的，必须有信誉评级机构的评级报告和担保公司的担保，否则不能对外发布。此外，还要对信誉评级机构的民事责任进行界定，使社会责任落到实处。对担保公司设立严格条件，切实保证有能力承担相应的担保责任。

（四）制定和公布行业融资指导性浮动利率，防止高利率诱导庞氏骗局

由于各行业景气度指数不同，行业利润率有所不同。一些项目为尽快融到资，不惜出高息，实质是杀鸡取卵、危害实体经济的行为，不可持续。因此，政府部门出台行业指导浮动利率就很有必要。一方面杜绝高息融资的短期利益驱动，另一方面扶持实体经济的健康发展，有利于建立良性、持续、健康的经济环境。P2P 网贷平台的项目融资利率建议不得超过行业浮动最高利率，否则不得办理。

四、结语

P2P 网贷平台如何监管一直是个很有争议的话题，有人主张应当监管从宽，有人主张应当监管从严。主张从宽的理由是互联网金融是国家政策鼓励发展的创新行业，不应设置过多、过严的限制，否则不利于行业发展。主张从严的理由是从目前行业发展的现状来看，该行业是边缘产业，不从严监管极易触碰法律红线，造成危害社会的后果。笔者认为，制定适度的监管措施是十分必要的。否则会造成行业无序发展的现象，最终受害的是整个 P2P 行业。本文所述观点仅仅是笔者根据自己的观察和研究所得出的感想和体会，与各位同仁商榷。

互联网股权众筹法律风险与互联网金融监管建议

秦　涛　陕西永嘉信律师事务所

互联网金融，自2012年谢平等人首次在《互联网金融模式研究》中公开提出后，支持者认为，互联网金融是传统金融行业与互联网技术结合的新型金融产业模式，颠覆了传统的商业银行的间接融资和资本市场的直接融资方式。而耶鲁大学陈志武教授则认为，互联网信息技术只是改变了金融产品的销售渠道和获得方式，金融产品并无本质差异，其没有改变交易各方跨期价值交换和信用交换这一金融交易的本质，因此，互联网金融只是“借互联网之名，行传统金融之实”。[①]

传统金融行业的短板，与互联网金融立法滞后背景下的“无监管、无门槛、无规则”，为互联网金融的野蛮生长提供了广阔的空间。截至2015年，我国互联网金融客户数量首次达到传统金融行业用户数，P2P平台超过3 600家，资金总额达669亿美元，是美国的4倍。尽管目前的互联网金融对传统金融冲击有限，但趋势已经明朗。信息不对称、高成本在互联网的冲击下，溃败只是时间问题。随着互联网金融的发展，传统监管模式主要是针对从业机构的机构监管，互联网的去中心化，将导致金融机构作为金融活动信息处理、资金聚集的“中枢机构”失去存在价值，监管工作的重心也将从机构监管调整到行为监管。[②] 本文要解决的问题是，在立法滞后情况下，如何有效监管，降低互联网金融市场化初期的试错成本。

一、互联网金融的主要模式及合规要求

根据2015年7月人民银行等十部委《关于促进互联网金融健康发展的指导意见》，互联网金融是“传统金融机构与互联网企业（以下统称从业机构）利用互联网技术和信息通信技术实现资金融通、支付、投资和信息中介服务的新型金融业务模式。”即传统金融业务与互联网技术结合后涉及到的资金融通、支付、投资、信息中介服务均属于互联网金融范畴。具体包括以下模式及监管要求：

---

① 王达：《影子银行演进之互联网金融的兴起及其引发的冲击——为何中国迥异于美国》，《东北亚论坛》2014年第4期。

② 谢平、邹传伟：《互联网金融模式研究》，《金融研究》2012年第12期。

(1) 互联网支付。即通过计算机、手机等设备，依托互联网发起支付指令、转移货币资金的服务，由人民银行监管。

(2) 网络借贷，包括 P2P 和小额贷款。P2P 系个体之间直接通过网络完成借贷，网络平台是信息居间服务商；小额贷款是互联网企业通过其小额贷款公司利用互联网发放小额贷款，需要遵守小额贷款公司监管规定，由银监会负责监管。

(3) 股权众筹融资。通过互联网形式进行公开小额股权融资的活动。条件是必须通过股权众筹融资中介机构平台（网站或电子媒介）进行，众筹融资平台需取得牌照方能经营众筹业务。必须如实信息披露、不得承诺保本或最低收益。目前取得众筹试点牌照的限于京东、阿里巴巴、平安等平台。股权众筹融资业务由证监会负责监管。

需要说明的是，关于股权众筹，监管部门前前后后多次调整。按 2014 年证监会《私募股权众筹融资管理办法（试行）（征求意见稿）》规定，股权众筹融资额度不能超过 300 万元，不能多平台融资；融资人、投资人均应系众筹平台实名注册用户，投资人个人净资产不得少于 300 万元、最低投资额不得低于 100 万元；投资人不能超过 200 人的人数上限。征求意见公布后，反对声一片，互联网股权众筹在于信息公开传播，以吸引更多投资人利用闲散资金进行投资，这与私募杜绝公开宣传，众筹设定最低投资额度的规定，显然是相互矛盾的。

(4) 互联网基金销售。基金销售机构与其他机构通过互联网合作销售基金等理财产品，应当遵守人民银行、证监会关于客户备付金及基金销售结算资金的相关监管要求。互联网基金销售业务由证监会负责监管。

(5) 互联网保险。即保险业务及销售的网络化。互联网保险公司及第三方网络平台需要符合互联网保险管理的监管要求，具体由保监会负责监管。

(6) 互联网信托与消费金融。即信托公司、消费金融公司通过互联网开展业务。互联网信托业务、互联网消费金融业务由银监会负责监管。

目前的主要问题在于合规监管缺位。问题多发的是网络贷款、股权众筹领域。据网络统计数据显示，2014 年 P2P 平台跑路 122 家，2015 年跑路1 302 家，截至 2016 年 3 月 7 日跑路 271 家。2015 年 12 月 e 租宝被查，涉案资金 500 多亿元，涉案人群 90 多万人；2016 年 4 月，中晋系被查，涉案资金 340 多亿元，涉案人数 13.4 万人。可以想见，在这一场前赴后继、周而复始的非法集资过程中，危机将持续爆发。

二、股权众筹以及以众筹名义融资的常见法律风险

在我国目前的法律框架下，互联网股权融资可以分为三种类型：股权众筹融资、互联网非公开股权融资、互联网私募股权投资基金募集。

股权众筹融资主要指通过互联网形式进行公开小额股权融资活动，特点

是“公开、小额、大众”,即公募发行行为。主要特征是:①融资者和投资者的投融资行为都必须借助经批准的股权众筹平台进行;②融资规模小,300 万元以内(新办法出台是否会有突破,拭目以待);③投资者多,参与度高,门槛低,多为符合条件的个人,能否突破 200 人尚无定论。

互联网非公开股权融资,目前市场上比较多,是通过互联网技术进行的、对投资者人数限制、在特定范围内宣传的股权融资行为。以“天使汇”为例,融资方在平台发布项目,投资主体是经过平台注册认证的特定合格投资人且每个项目投资人数不超过 30 人。之所以设定 30 人的上限,与非法吸收公众存款罪 30 人的立案标准不无关系。

互联网私募股权投资基金募集是指私募股权基金管理人通过互联网进行募集资金,实质仍然是私募股权投资基金,只是在募集方式上采用了互联网技术。

可以说,除了阿里巴巴、京东、平安三家获得股权众筹试点资质的平台外,其他打着“股权众筹”名义进行股权融资的平台,最多是互联网非公开融资或者互联网私募股权投资基金募集。

在股权众筹领域的非法集资犯罪是以非法吸收公众存款罪、集资诈骗罪为核心罪名,以欺诈发行股票、债券罪,擅自发行股票、公司企业债券罪为边缘罪名,以擅自设立金融机构罪、非法经营罪(该罪中的某些特定条款)、虚假广告罪为补充罪名的罪名体系。其主要特征是:未经监管机构批准,公开宣传,针对不特定对象,许诺保本付息借款。或者发行股票证券,到期无法归还。常见情形包括:

(一)平台自融

根据笔者接触的实务案例,有实体企业自己在线上开办平台,融到的资金主要用于自己企业或关联企业使用。这种行为与 P2P 平台的自融基本相同。互联网股权融资借助平台自融,如果没有虚假宣传,确信真实股权融资,且没有造成损失,则属于违规发行股权证券,会受到行政处罚;但一旦有虚假陈述或者没有如实陈述项目与平台的关系,则涉嫌欺诈发行股票、债券罪。

(二)通过互联网进行公开宣传或者向不特定主体股权融资

如上文分析,目前绝大多数“股权众筹”项目其实是互联网非公开股权融资,需要受到《公司法》、《证券法》、《非法集资案件解释》等监管约束。如股东人数 50 人、200 人的限制,关于未经批准不得公募,私募不超过 200 人的限制。否则涉嫌擅自发行股票、公司、企业债券罪。互联网融资本质就是公开宣传,天使汇的模式是网站注册审核,只有合格投资人才可以看见融资项目,即便如此也很难证明该宣传不是公开的,因为合格投资人的人数多且是不特定的。

如果融资方名义上进行股权融资,但不具有股权实质,而是设计为可转让、可回收、相对固定年化收益、也不办理股权过户手续的融资模式，则属于变相吸收公众存款。根据《非法集资案件解释》，不具有发行股票、债券的真实内容，以虚假转让股权、发售虚构债券等方式非法吸收资金的以非法吸收公众存款论。

（三）将融到的资金没有投入经营或投入经营的比例过低

不论以何种形式募集的资金，如果融资人有非法占有的目的，则构成集资诈骗罪。融资方虚构项目（如虚构公司即将上市，现低价发行原始股的）、将融到的资金没有投入经营或者投入经营的比例过低等可以认定为有非法占有的目的，构成集资诈骗罪。

（四）以奖励众筹名义高息揽存

近来，笔者接触到的几个实务案例显示，以所谓的奖励众筹创新商业模式非法吸存。其宣称年回报率 90%，返还一部分现金，一部分实物众筹（可购买加油卡普通商品的消费券）。其回报来源是集中采购的价差，理财收益，平台建立后的社交广告收益。这基本属于变相非法吸收公众存款。如果给投资人造成损失，还可能认定为集资诈骗罪。

（五）平台可能构成虚假广告或非法集资的共犯

平台为使项目顺利融资，有时会鼓动投资人投资，甚至虚假承诺。如 36 氪在“宏力能源”定增项目，为鼓动投资，宣传平台自身认购 1 000 万份额，但后来没有实际认购，还让平台员工假扮投资人进行鼓动，后爆出“宏力能源”财务数据也是造假的。根据《非法集资犯罪解释》规定，广告经营者、广告发布者违反国家规定，利用广告为非法集资活动相关的商品或者服务作虚假宣传，以虚假广告罪定罪处罚。明知他人从事欺诈发行股票、债券，非法吸收公众存款，擅自发行股票、债券，集资诈骗或者组织、领导传销活动等集资犯罪活动，为其提供广告等宣传的，以相关犯罪的共犯论处。

三、对互联网金融的监管建议

互联网金融本是解决小微企业融资难问题的有利方式，但是互联网金融创新之名，已经成为非法集资者的漂亮外衣，成了平台非法吸存的障眼法。如何有效监管是一个亟待解决的问题。

一方面是技术监管，即可以借鉴商业银行对异常资金流动账户的管理措施。监管范围包括：商业银行客户账户、商业银行员工账户。因为，商业银行的员工利用员工身份，有非法吸存的便利条件，实际情况中，已经出现了商业银行员工伪造理财合同，将银行客户资金骗入员工自己账户，并将资金私自放贷的情况。因此，对商业银行员工的账户进行监管是必要的。对商业银行客户的账户监管，异常账户一般包括：经常、多笔资金汇入统一账户，定期或不定期集中向不同人群汇款、划款，同一时期大量开立个人结算账户等异常资金流动进行管理，并根据经济发展情况及时调整、更新监管标准。以上账户监管，一旦发现异常立即商请相关部门并及时采取措施。笔者所在区域就有一个互联网平台因账户异动而被采取措施的，这是技术手段监管的有效例证。

另一方面是引入第三方评价，实现对股权众筹平台的动态监管。对于传统的私募股权融资，监管难点是违规融资的隐蔽性问题，不存在法律界限标准不清。但是在互联网非公开股权融资概念下，合法与非法的界限开始模糊。问题根源在于监管思路滞后，重审批轻监管。实践中经常出现，批了的如果违规就查处，没有批的，顾得上就管，顾不上与自己无关。无论线上线下非法集资案，几乎都存在着监管机构缺位的问题，都是案发后监管机构才介入处理，过程中却监管空转。

如果能借鉴私募基金管理人备案登记业务中关于律师事务所出具法律意见书这一举措，对解决这一问题会大有促进。具体的法律意见可以包括：平台股东和实际控制人情况、客户资金如何流转至融资方、融资方和平台的关联关系、是否引入合格投资人审核制度、是否对融资方的融资方案和财务状况进行审查等。以上法律意见书可作为平台备案登记的必备资料和年度审核资料。不合规的平台不予通过。基于此，可以就平台、融资者行为的合规性进行明确提示，对净化市场环境起到非常大的作用。从机构监管过渡到行为监管，有利于降低互联网金融市场化初期的试错成本。

互联网金融刑事犯罪辩护研究

洪友红　章小岚　浙江金奥律师事务所

互联网金融方面的刑事犯罪给社会带来的破坏力不容小觑。律师在面对互联网金融犯罪下的刑事辩护问题时，在新一轮互联网金融洗牌大潮下，对于被洗刷下来的互联网金融犯罪或者“伪互联网金融”的罪与非罪、罪重与罪轻的问题，需要有站在浪尖的勇气，拨清是非，才能更好地服务互联网金融创新。

一、互联网金融和互联网金融犯罪现状

（一）互联网金融的创新

从网络购物诞生的第三方支付、民间转战网络产生的P2P网络借贷等初级互联网金融形态，到2013年余额宝互联网基金金融、陆金所P2P互联网资金融通平台的飞速发展，再到现阶段互联网消费金融、众筹等新型互联网金融产品、平台的日新月异，互联网金融市场极速扩大，互联网金融俨然已经成为继传统金融外的一支强势金融主力军。互联网金融的创新主要表现在三个方面：一是理念创新，二是模式创新，三是技术创新。

（二）互联网金融的犯罪类型

互联网金融的创新和犯罪让人不禁发出既生瑜何生亮的感慨。互联网金融的特征也让犯罪变得更加便捷，犯罪后果的影响变得更为深远。举P2P网贷平台为例，有统计显示，P2P发展的9年内，行业累计成交量已经突破2万亿元。同时，一些知名P2P平台却纷纷陷入刑事犯罪的泥淖：集资诈骗罪、合同诈骗罪、非法吸收公众存款罪……一旦涉罪，涉案金额就是成千上万亿元。

互联网金融犯罪的类型也是花样百出。笔者从互联网金融的主体、客体、客观方面三个方面来分析互联网金融的犯罪类型：

1. 互联网金融主体犯罪

笔者《指导意见》关于互联网金融主体定义限缩了互联网金融的概念解释，诸如P2P中借方和贷方都不是《指导意见》涵盖的主体。《指导意见》对于互联网金融的主体单纯从平台的设立方进行归纳，这一较为官方的概念解释限缩了互联网金融的主体，导致现实参与互联网金融的主体存在合法性问

题,进而导致诸多犯罪的构成嫌疑,诸如非法吸收公众存款罪、擅自发行股票、公司、企业债券罪、非法经营罪、擅自设立金融机构罪等。

2. 互联网金融作为犯罪对象

互联网金融因其用户参与的广泛性特征而飞速发展,却又因此导致其容易成为犯罪的靶子。我们说但凡网络产品就有漏洞,互联网金融亦是如此。现实中,利用互联网的漏洞,成为犯罪对象的案例比比皆是,诸如盗窃罪、诈骗罪、非法集资罪、网络传销犯罪等。

3. 互联网金融作为犯罪工具

互联网金融本就是一种“时势造英雄”式的发展。其发展迅速,一方面是抓住了环境的开放性,另一方面得益于政策环境的宽松性,在互联网金融行业发展的初期,行业准入限制较少。但在经历了近5年野草式的发展后,互联网金融有沦为犯罪工具的情形发生。诸如洗钱、挪用资金、职务侵占、诈骗等。

二、互联网金融犯罪的规制现状

(一)互联网金融犯罪认定标准不统一

互联网金融是一个新生事物,对于经济发展程度不同的地域来说,对互联网金融的认知、接受程度也不尽相同。比如在金华地区比较有名的游戏经营平台——5173(中国网络游戏服务网),是一家专业提供网游产品交易服务的公司,是金华网游经济的一张金名片。而现实的尴尬是,居然受到了外地某警方的涉嫌非法经营罪的调查。在金华的群众及政府单位看来,金华5173网站可是金华网游经济的一张名片。

(二)以平台破产与否的危害后果作为判定是否构成犯罪的唯一标准

目前出现的一切互联网金融平台倒台或者跑路,都是在问题爆发后相关机关才介入进行刑事追责的,主动的纠察或者说主动的侦查往往不可见,出问题后的追责却往往无法控制损失的蔓延。这就是懒政导致的犯罪,也是有严重损害后果才开始泛刑事化处置的盲目之处。

(三)包容还是管制?互联网金融犯罪制度规范化亟须建立

互联网金融发展初期,盲目扩张时期暴露了诸多问题,而目前为止仅有《关于促进互联网金融健康发展的指导意见》对互联网金融做了专业化的认定,但内容上来看,该《指导意见》第十八条是唯一涉及到互联网金融的刑事规制。里面提到反洗钱和防范金融犯罪,但并未对金融犯罪进行明确列举。所以目前来说,互联网金融监管尚处缺位状态。

三、互联网金融犯罪的定罪量刑辩护

常见的互联网金融犯罪罪名从互联网金融作为犯罪主体的角度可以分为:非法吸收公众存款罪、擅自设立金融机构罪、集资诈骗罪、信用卡诈骗罪等;从互联网金融作为犯罪对象的角度可以分为:盗窃罪,诈骗罪,伪造、变造金融票证罪,非法获取公民个人信息罪等;从互联网金融作为犯罪工具的角度可以分为:洗钱罪,组织、领导传销罪等。

出于篇幅考虑,本文仅就较为常见的罪名定罪量刑辩护进行讨论。

（一）非法吸收公众存款罪

1. 非法吸收公众存款罪在互联网金融犯罪领域的表现

非法吸收公众存款罪与互联网金融较为典型的结合就是以开展 P2P 网络借贷业务为名实施非法吸收公众存款的行为。现实中,一些互联网金融平台以发布借贷标的、理财产品、原始股权来吸引投资者注意,进而获取投资者的资金使用权。而一旦借贷方无力偿还或者借贷标的涉嫌虚假,理财产品的投向并不合法或者原始股权期望落空,非法吸收公众存款罪的罪名则宣告成立。

2. 非法吸收公众存款罪的定罪辩护之罪与非罪之辩

非法吸收公众存款罪的罪与非罪之辩主要在于非法吸收公众存款罪和民间借贷民事法律关系、委托理财合同民事法律关系、商品买卖合同法律关系、投资持股法律关系等的界限之辩。

（1）以合法的民间借贷为切入口,辨析非法吸收公众存款罪和合法的民间借贷的区别,达到出罪的目的。

（2）以委托理财的合同关系为基础,辨析非法吸收公众存款罪和委托理财合同关系的区别,达到出罪的目的。

（3）以合法销售商品的合同关系为立足,辨析非法吸收公众存款罪和合法的合同目的的区别,达到出罪的目的。

（4）以私募基金为出发点,辨析非法吸收公众存款罪和合法的投资持股法律关系的区别,达到出罪的目的。

3. 非法吸收公众存款罪的定罪量刑辩护之主体辩护

非法吸收公众存款罪的定罪辩护之主体辩护主要在于单位犯罪还是自然人犯罪。按照《关于审理非法集资刑事案件具体应用法律若干问题的解释》规定,个人犯本罪与单位犯本罪的数额和受害人数起刑点不同,这对非法吸收公众存款罪的定罪、量刑辩护具有重要意义。

我们应当注意在往单位犯罪方向辩护时,还应当把握两点:一是需以单位名义实施和单位意志集合;二是违法犯罪所得归单位所有。

4. 非法吸收公众存款罪辩护之免于刑事处罚辩护

根据《关于审理非法集资刑事案件具体应用法律若干问题的解释》第三条规定了可以免予刑事处罚和可以不作为犯罪处理的情形。这一规定对企业通过 P2P 网贷平台进行融资或者是一些互联网金融平台自融的情形留了一条免于刑事处罚的后路。这点对于我们辩护律师来说,在当事人尚有经济能力的情况下,判前积极劝说清退,并争取达到全额退赃,是免于刑事处罚辩护的有利因素。

5. 非法吸收公众存款罪的量刑辩护之数额罪轻辩护

我国目前的法律态度是将非法吸收公众存款作为一种数额犯,以所吸收的金额达到法定的金额为犯罪既遂的标准,但在清退了赃款或者部分偿还款项的情况下,辩护律师应注意减轻或从轻的辩护情节。

非法吸收公众存款案件的金额认定中,还存在另外一个问题,也就是《关于办理非法集资刑事案件适用法律若干问题的意见》第六条的规定,该条规定仅重视了潜在被害人的情况,却忽视了刑法著名的"疑罪从无、疑罪从轻"原则。从这个角度来说,辩护律师应该注意审查控方的证据,在没有其他证据明确可以认定有其他确切犯罪数额的情况下,应按疑罪从轻来进行数额辩护。

（二）擅自发行股票罪、擅自发行公司、企业债券罪

1. 擅自发行股票罪、擅自发行公司、企业债券罪在互联网金融犯罪领域的表现

擅自发行股票罪、擅自发行公司、企业债券罪在互联网金融中最突出的表现就是股权众筹。股权众筹的出现一方面拓宽了一些创新小企业的融资渠道,但另一方面也使公司人和性削弱,使得股权众筹触及擅自发行股票的刑法红线。

2. 擅自发行股票罪、擅自发行公司、企业债券罪的定罪辩护之罪与非罪之辩

擅自发行股票罪、擅自发行公司、企业债券罪最惹争议的莫过于受害人数的认定。罪名构成的认定过程仅有定量分析,而缺乏定性分析,整体缺乏法律逻辑。

（三）集资诈骗罪

1. 集资诈骗罪在互联网金融犯罪领域的表现

利用 P2P 平台发布虚假借贷标的是集资诈骗罪常用的手段。如笔者近期接触到的一起 P2P 平台涉嫌集资诈骗案件——江苏易乾宁公司利用"易乾财富"平台对外以出借咨询与服务为由,一部分以其法定代表人持有的第一手债权(涉嫌虚构债务人)层层转让,另一部分以推荐虚构的借款人的方式进行出借服务。在相应的出借模式期满后却不约定借款返还,只设置了继续进行债权转让或者自动继续出借的选择。这是一种无限循环和永不到期的债权。据受害人所述,诈骗所得款小部分用于出借,大部分用于购置海外资产等。这是典型的互联网集资诈骗犯罪,也是庞氏骗局的经典运用。

2. 集资诈骗罪的定罪辩护之罪与非罪之辩

本罪的辩护主要围绕"非法占有"的主观要件来展开。我们可以从行为人筹措资金的用途、筹措资金时候的经济和经营状况、行为人的债务偿付能力等方面来辩护。行为人筹措的资金如系全部或者大部分用于从事低风险的经营活动那非法占有的目的无法成立。另外若行为人在筹集资本时,有较强的经营实力和还款能力也不宜认定其有非法占有的目的。

3. 集资诈骗罪的定罪辩护之此罪与彼罪之辩

辩护人一般采用立非法吸收公众存款罪的方式来驳集资诈骗罪，以期达到罪轻的目的。作为辩护律师，我们可以从资金需求、资金用途、投资回报、逾期返还以及整个行为过程来进行综合判断。

一般来说，在实施集资诈骗或者非法吸收公众存款罪时，通常行为人会设定一个项目，这一点在集资诈骗罪角度来判断，是虚假虚构的项目，而在非法吸收公众存款罪的角度来说，项目既可能是虚构的，也可能是真实存在的，亦有可能是挂羊头卖狗肉式的以高新技术项目为名，实施旧项目。所以我们可以从资金的用途并未用于挥霍、违法犯罪活动，而是实际用于某个项目发展等方面着手，驳斥控方提出的非法占有目的进而达到此罪彼罪辩护之效果。

4. 集资诈骗罪的定罪辩护之主体辩护

就集资诈骗犯罪而言，个人犯本罪与单位犯本罪的数额认定的起刑点是不同的。所以主体辩护在量刑方面具有极其重要的意义。上文我们提到集资诈骗罪通常会虚构项目，而一般来说，通过自然人来虚构项目的可信度没有那么高，而通过公司来推广项目，达到集资诈骗的目的，则让人更容易被公司高大上的外观所迷惑而信任。那么此种情况下，犯罪主体如何判定？这就是我们辩护律师可以发挥之处。

5. 集资诈骗罪的数额罪轻之辩

对于集资诈骗罪、诈骗罪而言，已归还的数额是否应计入犯罪总额是萦绕在法官和辩护律师心头不可越过的坎。对于已归还的数额而言，显然已经撇清了非法占有的犯意。最高院《关于审理非法集资刑事案件具体应用法律若干问题的解释》规定：案发前已经归还的数额不计入集资诈骗罪的犯罪数额。这区别于非法吸收公众存款罪中已归还数额不予扣除的规定，是一种进步。笔者认为，刑法讲究罪责刑相适应，已经归还的部分显然未对受害人产生财产损害，对国家金融秩序的破坏已经消除，不应再计入犯罪嫌疑人的数额，并判令被告人对此负责。

(四) 组织、领导传销活动罪

1. 组织、领导传销活动罪在互联网金融犯罪领域的表现

互联网出现后，互联网金融以其传播的快捷便利给线下传销者带来了线上发展的机遇。比特币的创富神话使众多投资者懊恼没有趁早抓住赚钱时机。而一些不法分子却抓住了投资者狂热的投资心态，企图通过走捷径的方式一夜暴富，于是他们开始虚构各种虚拟货币。江苏“暗黑币”传销案涉及资金 14 亿余元，涉及参与人员 3 万余人。

互联网金融领域的传销犯罪还有一种模式就是微商传销。微商传销采取的手段是夸大宣传、炫耀致富，这使得很多人坠入传销之网。微商传销赚钱的实际方式并不是靠零售商品，而是靠发展下级代理商。如丹阳优德商贸公司采用“广告分红＋利润分红＋消费积分”的模式运行，疑似网络传销。据

悉该公司宣传消费积分可兑换奖励,从而实现消费创富,即可从消费者变成消费商,再从消费商变成投资者,最终成为原始股东,真正实现消费创富。从其描述分析,该公司明显以会员拉人头方式发展获利,涉嫌网络传销。

2. 组织、领导传销活动罪的定罪辩护之罪与非罪之辩

传销主要的特点是按照一定顺序组成层级,直接或者间接以发展人员的数量作为计酬或者返利依据。而现流行的微商的组织模式与此类似,也有以开展微信营销活动为名,要求参加者缴纳费用成为其微信代理商,并按照顺序组成层级,以发展人员的数量作为计酬依据,引诱参与者继续发展他人,骗取财物的真传销;也有吹嘘产品特征、违规宣传、炫钱炫富的真网红微信营销模式。应当明确的是并不是所有的传销行为都构成犯罪,作为刑法追究的传销行为只有情节严重才构罪。至于情节是否严重的辩护,笔者认为辩护的重点应在认定组织、领导的传销活动人员的人数和层级上。

四、结语

互联网金融犯罪席卷广大投资者血汗钱固然可恶,然而,诚如德国刑法学家冯·李斯特所说:“刑法既是善良人的大宪章,也是犯罪人的大宪章”。我们应当重视互联网金融发展过程中的犯罪现象,保护公民合法权益不受伤害,保护国家法律秩序的稳定。但刑法更为让人忽视的一面是刑法也是保护受刑法追究之人的法律,我们说刑法的重要原则之一是“法无明文不为罪”、“法无明文不处罚”。在法律规定尚缺位的情况下,应当注意对犯罪行为的追究不能任性,也不能懒性。简而言之,刑法的介入应慎重。法律赋予辩护律师的职责就是充分发挥刑法是犯罪人的大宪章的法律精神,在“不为罪”的情况下为行为人脱罪,在不处罚的情况下让行为人免受处罚。

参考文献

[1] 郭华:《互联网金融犯罪概说》,法律出版社 2015 年 5 月版。
[2] 吴韬、郭华、李永壮:《个体网络借贷(P2P)监督管理办法》,法律出版社 2016 年 1 月版。
[3] 刘宪权:《论互联网金融的行政监管与刑法规制》,《法学》2014 年第 6 期。
[4] 刘为波:《非法吸收公众存款行为方式的理解与认定》,《中国审判》2011 年第 3 期。
[5] 刘为波:《非法吸收公众存款与内部集资的区分》,《中国审判》2011 年第 7 期。
[6] 谢望原:《非法吸收公众存款罪疑难问题研究》《法学评论》2011 年第 6 期。
[7] 毕雪:《私募股权投资基金与非法集资的界分》,《浙江金融》2012 年第 9 期。
[8] 吴凤君:《众筹融资的法律风险及其防范》,《西南金融》2014 年第 9 期。
[9] 张锐:《网贷平台 P2P 的生态与监管》,《金融发展研究》2014 年第 6 期。
[10] 刘利平:《民间借贷异化法律评判标准的反思与重构》,《商业时代》2014 年第 25 期。
[11] 王飞:《非法吸收公众存款罪的刑事政策取向》,《山西省政法管理干部学院学报》2013 年第 26 期。

论 VIE 架构拆除的原因及回归难题

王红燕　金萍霞　六和律师事务所

近年来，随着全球资本市场持续低迷，以及中概股遇冷所引发的“蝴蝶效应”，原本以境外上市为方向的不少中国企业纷纷重新审视融资途径，放弃海外市场，转而通过拆除 VIE 架构回归国内资本市场。其中，表现最为活跃的是 TMT 企业。2015 年 3 月 24 日，暴风科技成功登陆创业市场，成为我国第一家成功拆除 VIE 架构回归 A 股的互联网公司。回归 A 股后的暴风科技创造了连续 34 个涨停，市盈率 424.2 倍/股[①]，这无疑给跃跃欲试的 TMT 企业回归国内市场打了一剂强心针。然而，由于我国目前对 VIE 架构拆除、回归等问题并未作专门的立法规定，也没有设置特定的上市监管豁免政策或规则，因此境外上市公司在回归国内市场的过程中仍需注意多方面的问题。

一、VIE 架构的概述

（一）VIE 架构的概念

VIE 的全称是 Variable Interest Entity，也称为“可变利益实体”，是美国财务会计准则委员会第 46 号解释函中的一个术语。一般来说，VIE 架构是指境外注册的上市主体与境内的运营实体相分离，境外上市主体通过协议的方式控制境内运营实体，从而达到把境内运营实体的会计报表并入境外上市主体的目的。[②] VIE 架构中，由于境内运营实体所得的利益已转入境外上市公司的公开账目中，因此境内运营实体被称为是境外上市主体的可变利益实体（即 VIE）。如图 1 所示。

从本质上看，构建 VIE 架构的目的在于：第一，使得 VIE 架构的搭建过程在法律上符合我国的相关法律、行政法规及规章的规定；第二，能够满足境外会计准则关于合并报表的强制性要求。

（二）VIE 架构产生的原因

VIE 架构最早诞生于我国的增值电信行业领域，其产生的直接原因是为

---

① 张大军：《中概股回归之路——拆弹 VIE》，http://news.hexun.com/2016-04-12/183280379.html，访问时间：2016 年 4 月 13 日。

② 王武：《VIE 结构相关法律问题解析》，http://www.globallawoffice.com.cn/content/details_13_318.html，访问时间：2016 年 4 月 13 日。

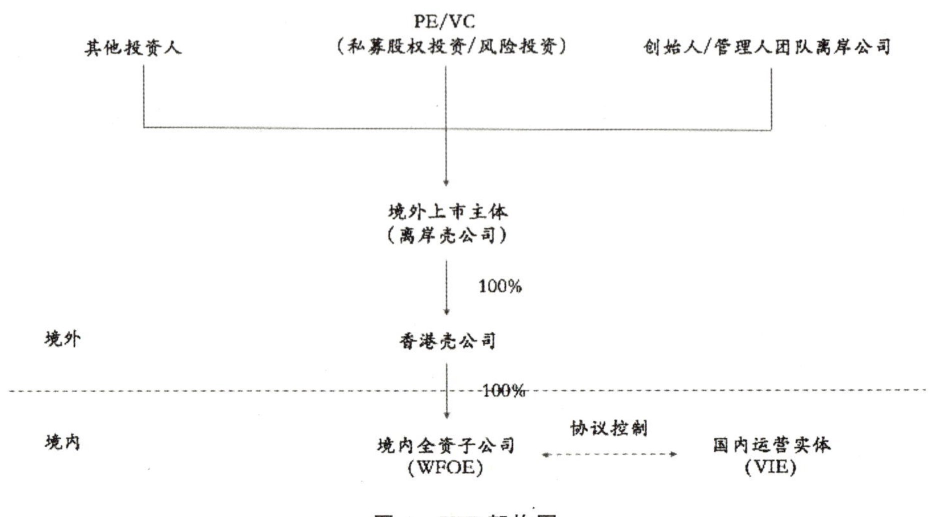

图1 VIE架构图

了规避相关政策和法律监管。[①]

在通信业务领域,根据1993年出台的《关于进一步加强电信业务市场管理意见的通知》第五条规定,外商除了不能向我国的电信运营和电信增值服务业务领域进行投资外,也无法向国内相关企业提供或支持除技术服务以外的其他相关网络信息服务。此外《外商投资产业指导目录》也将电信业务类、邮政类的经营管理活动明确列为禁止外商进入的产业领域。因此,为了规避上述限制或禁止性的规定,不少TMT企业广泛应用VIE架构在境外上市。

二、VIE架构回归的原因

境外上市企业拆除VIE架构,回归国内市场的风潮并不是偶然现象。一方面,VIE架构自身存在着不足,且在我国国内也并没有得到法律或相关部门政策的明确认可,不稳定因素较多;另一方面,国内资本市场的稳步发展也是吸引境外上市企业回归的重要因素之一。

(一) VIE架构存在的风险

1. VIE架构自身的风险

如前所述,境外上市主体在VIE结构下是通过一系列的协议对境内运营实体进行控制的,这就可能存在因某些因素导致境外投资人对境内运营实体的某些行为无法进行实际管控的可能。VIE架构下,境外上市主体与境内运营实体之间这种脱离不仅表现在协议合法性、操作执行性的方面,也存在于

① 劳叶彬:《红筹模式中协议控制的法律风险及解决途径分析》,复旦大学2013年硕士论文,第15页。

股东个人原因引起的 VIE 架构风险方面。

在协议合法性、操作执行性方面，由于 VIE 架构在我国国内并未得到法律的明确认可，因此当投资方与目标公司或目标公司的创始人签订的投资协议并未对合作细节作约定时，极有可能引起不利于投资方或创始人的诉讼，或者存在投资协议中关于投资方优先权、对赌条款等的相关约定条款、投资结构等违反我国法律或者无法获得司法实践认可的可能。另一方面，VIE 架构下投资方作为境外投资者，因其不熟悉国内法律，可能出现不重视法律风险、对于目标公司放任自流的现象。此外，不得不承认，我国部分企业公司不严格执行投资协议、公司章程和公司管理制度等行为导致投资方和创始人之间不间断地发生冲突，这往往会影响境内运营实体的经营和发展。

在股东个人原因方面的风险，主要分为创始人和投资者风险两大方面。创始人的风险主要在于创始人终止 VIE 协议、离婚等两个主要因素。当创始人与境外投资人利益不一致时，创始人极有可能利用其境内运营实体股东身份做出损害投资人利益的行为。以 2011 年支付宝事件为例，支付宝创始人马云基于对当时形势的判断，终止 VIE 控制协议，并在回复央行声明中明确表示阿里巴巴是支付宝网络技术有限公司的唯一实际控制权人，无境外投资人通过持股控制支付宝。[①] 该事件中，投资方只能按照控制协议追究创始人违约责任，而境外公司的价值却因此被掏空了。其次，由于创始人是境外上市主体与内运营实体的股东，如果遇到创始人离婚事件，可能会导致境内外股权被分割的风险。如土豆网创始人离婚事件。2010 年，法院根据土豆网创始人前妻的诉讼请求冻结了土豆网创始人名下三家公司股权，致使土豆网赴美上市之路的计划被打断，而其最大的竞争对手优酷却利用这一时机抢先登陆了纽交所，土豆网与最佳行情失之交臂。在投资人方面，由于不少企业为了吸引资金会签署较苛刻的业绩承诺条款与对赌条款，当市场发生重大变化时，创始人对公司的控制权可能被投资方接管。例如，双威教育管理层和美国投资人的控制权之争。

2. VIE 架构制度的合法性风险

如前文所述，VIE 架构主要用于境外投资机构投资我国禁止性行业和规避 10 号文的关联并购审查制度，但政府对 VIE 架构在境内的合法性一直未作明确规定，这一态度足以影响境外公司或已上市公司的稳定性和安全性。

我国政府部门出台过不少调整 VIE 架构的文件或部门规章制度。例如，《关于境内居民通过境外特殊目的公司融资及返程投资外汇管理有关问题的通知》、《关于加强外商投资经营增值电信业务管理的通知》、《实施外国投资者并购境内企业安全审查制度的规定》等等。虽然我国政府及相关监管部门出台了不少调整 VIE 架构的规范性文件，但这些文件并未对该框架的合法性

---

① 庄纯慧:《VIE 法律问题研究》，华东政法大学 2014 年硕士论文，第 20 页。

作出明确规定。

与政府部门不同,中国国际经济贸易仲裁委员会上海分会曾在两起案件中对 VIE 架构的合法性作了明确表态,认为其违反了禁止外国投资者投资网络游戏运营业务的行政法规的强制性规定,及构成了"以合法行使掩盖非法目的"的罪行,裁决涉案的 VIE 协议无效。但需要注意的是,在我国仲裁裁决仅对个案具有约束效力,对类似案件或法院裁判并无强制约束力。

(二)国内资本市场的吸引力

从 2013 年年底受理企业挂牌申请至今,中国国内已成为主流资本市场的新宠。随着新三板市场的火热,A 股市场投资环境逐步回暖。以暴风科技为例,其连续 34 个涨停的"成功样板"让很多在美国上市的中概股公司萌生退意。不论进入新三板市场还是 A 股市场,都为境外上市企业回归国内资本市场提供了良好的环境。

与此同时,2015 年 1 月,商务部颁布了《中华人民共和国外国投资法》的征求意见稿,意见稿对外国投资者和外国投资、准入管理,国家安全审查等内容作了较为明确的规定:"协议控制明确规定为外国投资的一种形式,本法生效后,以协议控制方式进行投资的,将适用本法。"这就意味着,由中国投资者作为实际控制人的外国投资,可以被视作是中国投资者的投资,这被业界认为是"首次对 VIE 架构抛出了橄榄枝"。2015 年 5 月 4 日,国务院印发《关于大力发展电子商务加快培育经济新动力的意见》中明确提出了健全适应电子商务发展的多元化、多渠道投融资机制,研究鼓励符合条件的互联网企业在境内上市等相关政策,这也为境外上市的互联网企业回归国内资本市场提供了利好信息。

此外,我国国内的资本市场经过这几年的发展,部分企业融资规模已经获得了大幅提升,因此,对于一些中小型的企业而言,在内地交易所上市能获得更好的估值水平和市场认可度,也不失为更好的选择。[①]

三、VIE 架构的拆除及回归过程可能遇到的难题

一般来说,选择境外上市的中国企业回归国内资本市场需要经历私有化退市、梳理股权结构、境内上市这三大基本步骤。而在这一过程中,企业将面临各种难题,其主要表现为以下三个方面。

(一)私有化难题

根据美国证券法的相关规定,如上市公司提出私有化要求,该公司应在私有化的过程中详细地披露交易过程与内容。美国证券交易委员会将围绕交易的公平性、私有化过程中是否存在偏向一方的交易内容等方面开展审

① 朱丽娜:《拆除 VIE 结构需处理多重跨境法律风险》,《21 世纪经济报道》2015 年 7 月 17 日第八版。

查。此外，考虑到上市公司在私有化过程中可能会对其他董事或相关利害关系人施加压力或不正当影响，或者交易双方存在某种紧密关系，其也会对这类交易中提供的备案材料进行审查。一旦审查过程中发现不符合法律或规范性文件要求的情况，将极有可能引发股东集体诉讼。例如，2014 年 12 月登陆美国纳斯达克市场的社交应用软件“陌陌”在上市半年后便筹划退市，其公司的创始人、董事长兼 CEO 唐岩和经纬中国、红杉、华泰瑞联基金向公司发出私有化收购要约，拟作价每 ADS18.90 美元，虽然该价格比前一交易日收盘高出 20%以上，但对前期高点买入的投资者来说，仍显不公，因此可能将卷入拟发起的以讨要收购补偿为主要诉求的股东集体诉讼。[①]

此外，根据美国相关法律规定，一个美国上市公司的股东如果拥有该公司 5%以上的股份，那么他应履行的披露义务包括披露其持股的意向以及在其意向有任何变动时修改披露内容。这也就意味着境外上市公司在私有化的过程中，潜在收购方在与公司达成收购协议之前就应该发布公告。然而，一旦按照美国法律的规定履行该披露义务时，一部分投机的投资者可能趁机会介入收购行列，从而引起该上市公司的股价上涨，导致收购成本上升。

（二）税费问题

拆除 VIE 架构的过程中，税费问题也是中概股回归国内资本市场的“拦路虎”之一。主要体现在三个方面，股权代持还原过程中的双重纳税风险、多轮收购涉及到的相应的所得税纳税义务、VIE 拆除后存在的税款追缴风险。

股权代持是 VIE 架构中普遍存在的情况。在拆除 VIE 架构时，需要将股权还原到真实的股东手中。在这一过程中，企业、股东可能面临着双重征税的风险。一般来说，如无相反证据证明，税务机关将按照无关联第三方交易的交易价格或转让的股权价格进行征税。

在我国，股权代持还原过程中可以免除二次交税义务的情况存在以下三种：第一，企业为个人代持的限售股的还原。但是仅适用于企业转让上市公司限售股的情形；第二，近亲属之间的股权转让可以免征税收的情况；第三，法院生效判决为股权代持的可以免征税收。在 VIE 架构的拆除过程中，虽然股权代持是客观存在的，但常常因缺乏证明材料，被迫补缴相关税费。

在股权收购环节，企业应考虑整体交易全部完成时的综合税赋成本。境内运营实体收购由境外上市公司设立的外商独资企业是拆除 VIE 架构的典型方式之一。通过该方式完成收购后，境外上市公司作为该 WFOE 公司股东，可获得相应的股权转让所得。然而，在 VIE 架构拆除中，如拆除后的 WOFE 公司性质变成了内资公司而不是中外合资公司，且该公司设立时间未超过十年，那么根据相关税务法律法规规定，若其之前曾享有过作为外资企业的税收优惠，则应在转为内资后进行返还。此外，《关于非居民企业间接转

① 刘辉：《VIE 架构企业“拆迁”回归难题》，《董事会》2015 年第 08 期，第 79 页。

让财产企业所得税若干问题的公告》及《企业所得税法》的规定，境外上市公司作为非居民企业，应就该转让所得缴纳税率为10%的预提所得税。另一方面，后续交易中若境内运营实体再度转让该部分 WFOE 股权时，可能产生税率为25%的居民企业所得税纳税义务，应税所得数额为未来转让价格与其投资成本的差价。因此，境外上市公司在拆除 VIE 架构的过程中，应充分考虑上述交易的综合税赋成本，对收购定价予以确定。

此外，VIE 架构存续期间的税收优惠与转让定价问题同样也面临着税款追征风险。在 VIE 架构下，境内运营实体往往通过一系列协议实现向 WFOE 转移利润的目的。若上述关联方之间的转让定价不符合独立交易原则，那么税务机关有权进行合理调整。考虑到离岸公司一般不具有其他实质性经营活动，若 VIE 协议得到实际履行，向境外关联方的支付行为则有一定风险被认定为不得进行税前扣除的费用支出，这样将面临税率为25%的居民企业所得税缴纳义务。①

因此，在 VIE 架构的拆除过程中，上述两项规定实际上增加了中概股返回国内市场的税收成本压力。

(三)外汇问题

由于拆除 VIE 架构的过程中涉及了多次股权回购、业务重组等相关程序，在这过程中将会产生数额较大的跨境外汇流动。虽然我国外汇管理制度从总体上看较之前已有了大幅度的放宽，但仍对外汇的登记、补登记、注销登记做了规定。

由于外汇补办登记的时间长，一些地方省级外汇管理部门能否及时办理补登记具有不确定性，这一点影响境外上市公司拆除 VIE 架构、回归国内市场的进程。

与此同时，若因创始人在设立境外上市公司时为避税或规避国内法律而存在一定的瑕疵行为，导致 WFOE 在办理外汇登记卡时的过程中存在虚假陈述问题，不能如实披露境外的中国居民持股权益的情况，则 WFOE 可能面临被外汇主管部门处罚的风险。

四、结语

脱下 VIE 架构的外衣，回归国内资本市场虽然已经成为不少中概股寻求企业发展、实现企业价值最大化的一条“康庄大道”，但是企业在选择回归时仍然需要对国家政策、行业发展趋势、境内外投资环境以及自身情况等因素进行综合考量，正视并妥善处理回归进程中可能遇到的难题，真正实现企业价值的最大化。

① 柏立团:《VIE 拆除潜藏税务风险》,《董事会》2016 年第 1 期，第 77 页。

参考文献

[1] 张大军:《中概股回归之路——拆弹 VIE》,http://news.hexun.com/2016-04-12/183280379.html,访问时间:2016 年 4 月 13 日。

[2] 王武:《VIE 结构相关法律问题解析》,http://www.globallawoffice.com.cn/content/details_13_318.html,访问时间:2016 年 4 月 13 日。

[3] 劳叶彬:《红筹模式中协议控制的法律风险及解决途径分析》,复旦大学 2013 年硕士论文。

[4] 庄纯慧:《VIE 法律问题研究》,华东政法大学 2014 年硕士论文。

[5] Thomas Hatch, Stacey Slaughter and Mahesha P. Subbaraman, Emerging Legal Risks for Investors Who Deal with Chinese Variable Interest Entity (VIE) Structures, http://www.rkmc.com/China's-Forbidden-Investment.htm, 访问时间:2016 年 5 月 2 日。

[6] 朱丽娜:《拆除 VIE 结构需处理多重跨境法律风险》,《21 世纪经济报道》2015 年 7 月 17 日第 8 版。

[7] 刘辉:《VIE 架构企业"拆迁"回归难题》,《董事会》2015 年第 8 期。

[8] 柏立团:《VIE 拆除潜藏税务风险》,《董事会》2016 年第 1 期。

[9] 王玉梅:《中国外国直接投资法律制度研究》,法律出版社 2003 年版。

[10] 张龙、赵清:《中国企业境外上市监管》,中国金融出版社 2011 年版。

[11] 朱奇峰:《中国私募股权基金理论、实践与前沿》,清华大学出版社 2010 年版。

[12] 卢炯星:《中国外商投资法问题研究》,法律出版社 2001 年第 1 版。

[13] 史健三主编:《中国并购法报告(2010 年卷)》,法律出版社 2010 年版。

[14] 周清华、李慧:《中资利用离岸金融中心资本外逃的法律分析》,《法学研究》2005 年第 6 期。

生技医药产业领域早期技术转移中的若干问题

张晓东　华东理工大学法学院/上海朱妙春律师事务所

生物技术和医药技术(以下简称生技医药)是对专利制度依赖严重的产业领域,主要原因在于前期研发的投入、中后期的应用开发或验证投入均极其巨大,而且可能经历漫长的上市行政审核。如果没有未来获得排他权的期许,投资者的决心就没有依托点,动力的缺失必然会导致研发项目的夭折。同时,生技医药技术也是对商业秘密保护依赖严重的产业领域,即使部分方法或工艺申请专利权保护,最佳的实施方案也基本都是作为秘密保护,不在科技论文和专利说明书中公开,因此,生技医药领域的技术又有一定的人身依赖性,即该技术的最佳实施与特定的科研团队不可分割,特殊的情况下,甚至集中在一个或数个具体的实验研究人员身上。

从技术成熟度链条来看,该领域的早期技术最有可能产生基础专利,而后期的研究与实验产生的成果虽然与产业化接近,但大部分只能是外围的专利。

随着新化合物药开发难度的增加,及生物技术的高速发展,跨国药业企业、国外专利储备基金已越来越重视从高校和科研机构中寻求有未来价值的早期技术,包括从我国的高校和科研机构中进行发掘。例如,2015 年 3 月,复旦大学与美国沪亚(HUYA)公司在上海达成协议,该校将拥有自主知识产权的用于肿瘤免疫治疗的 IDO 抑制剂许可给沪亚公司。根据协议,该公司将采用分阶段付款的方式向复旦大学支付累计不超过 6500 万美元(约合人民币 4.24亿元)的专利许可费。国内的一些大型药业企业也纷纷设立了相关的风险资金,运作模式上也渐趋规范。相比企业和基金的一些规范运作,我国高校和研究机构的知识产权管理人员及科技人员对于早期技术转移的核心问题了解尚不足,这在相关的谈判中可能产生利益的损失。

本文重点讨论生技医药领域早期技术转移中需要关注的若干问题。

一、如何发现具有未来价值的早期技术

生技医药领域内发现具有未来价值的早期技术的普遍的做法是追踪本领域最前沿的学术期刊。该领域的重大应用性技术大都取决于基础研究的突破,例如新的药物靶点的发现,新的致病原理的发现,新的检测目标的发现等等,这些突破往往可以第一时间从前沿学术期刊中查询得到。而这时,专

利公开的18个月通常还没有到。另外，全新的生物检测技术也往往发表在前沿期刊上。

除了通过追踪学术期刊获取重要的研发人员信息以便进一步接触外，一些基金，例如高智发明等也会通过与高校和科研机构签署框架性合作协议，定向发放科研信息披露书，自研发阶段就介入筛选。

参加全国性或专业性的学术研讨会是收集和甄别信息的另一个渠道。

当然，检索和分析专利文献也是一个收集信息的必要环节，但由于国内生技医药领域的专利申请量非常大，如果不是有一定针对性地进行检索，例如锁定本专业领域的顶尖研究组或研究人员，或者锁定热点问题等，专利的检索和分析将较难完成。

发现有未来价值的早期技术是进行技术转移的起始基础。这一工作必须由具有较为丰富的行业经验及具有专业敏感度的本领域人员完成。通常跨国公司对有价值的早期技术是非常敏感的。例如，中国科学院院士、清华大学新任副校长、原清华大学生命科学学院院长施一公教授在一次演讲中就明确指出[①]："当一个大学教授有了一个成果，无论是多么基础的发明，只要有应用前景和产业转化的可能，就会有跨国公司蜂拥而来，我就是个例子。我十四五年前，有个简单的、我自己都没意识到的发现，就被一家公司盯上了，主动来找我。这些公司就像那些禁毒的狗一样不停在闻，在看，在听，他们非常敏感，不可能漏掉一个有意义的发现。"另外，跨国公司也通过与一些国内著名高校的顶尖研究团队设立合作研究项目或相关基金来更早地介入到早期技术的发现中。例如，阿斯利康、罗氏、Affymetrix等均与上海交通大学相关研究组建立有长期合作关系，致力于疾病基因相关的基础研究工作。

二、技术转移的前期——合作研究及许可选择权

在对早期技术甄别的基础上，公司或相关基金一般会与高校或研究机构的核心研发团队进行进一步接触，以评估该早期技术未来进入市场面临的问题。这一阶段，公司可能会与早期技术的拥有方签署"合作及许可选择权合同"（COLLABORATION AND LICENSE OPTION AGREEMENT），该合同通常包括以下部分：术语定义、合作双方协调机制安排、技术界定、研究进度信息披露、保密、论文发表的审核和发表时间、专利撰写和申请的安排、许可选择权、违约责任、争议条款等。

关于许可选择权的安排，主要是基于对原始基础专利的许可而言，该基础专利在该早期技术作为科学论文发表前已经提交了专利申请。许可选择权通常主要确定的是许可选择权的行使期间，并不涉及许可费等细节问题。

---

① 施一公：《中国大学的导向出了大问题》，http://edu.ifeng.com/a/20141104/40856717_0.shtml，访问时间：2015年5月31日。

例如在合作协议期间或期满后提供多长时间作为许可选择权考虑时间，以及在此期间行使了许可选择权后的后续诚意谈判期间（例如 9 个月），在此期间内，技术提供方不得与其他第三方接触等。

另外，对于论文发表也会进行较为严格的控制。除了美国对发明人自行发表论文提供 1 年的宽限期（Grace Period）外，大部分国家，包括中国，即使是发明人自己公开发表的论文，也构成对专利的新颖性的破坏。因此，对于早期有价值技术的论文发表时间需要慎重衡量。公司在与大学进行相关合作研究时，往往对这一点有严格的限制。鉴于完善的专利撰写需要足够的时间，必要时，可能还需要补充数据，论文的发表适当的滞后是比较好的选择。

三、专利的质量和布局

由于生物医药相关技术产业化的预期投入巨大，因此，专利的撰写和申请属于非常核心的部分。对专利的地域布局和专利的质量要求甚高。专利的质量和布局决定了未来排他权的权利范围及对抗风险的稳定性。但由于各种原因，我国高校和科研机构目前的专利质量并不能令人满意。对于具有重大未来价值的原创性发现延伸出来的具有专利保护价值的发明，应当在早期即进行完整的专利规划和专利技术挖掘，进行充分的研究以便保证说明书的公开及对权利要求的支持，同时要考虑外围改进或衍生技术的专利申请时间，以保证一定的“专利长青化”优势。因此，如何选择有能力的专利代理机构和专利代理人成为重中之重。部分有较好技术背景储备的知识产权或技术转移咨询公司也可以纳入考查的范围。

必要的时候，第一稿的专利文件可以请国外的代理人进行撰写，完成后再翻译为中文进行中国专利申请。这样做的主要原因在于，外国，特别是美国的专利文件要求与我国存在一些差别，如果仅依据中国专利申请的要求撰写完成并递交了中国专利申请文件，再引用优先权进入美国，在某些材料的补充上可能会面临较大的问题。

如果高校或研究机构的早期技术纳入了公司视线，双方达成了后续合作的框架协议，则一项重要的内容是由谁来主导后续专利的申请文件撰写。在跨国公司与我国国内高校和研究机构的合作中，公司往往表现出强烈的主导专利申请的愿望，这可能与不信任中国代理机构的能力有关。

另外，广泛专利布局的费用不菲。以一项专利布局 10 个主要国家计算，单单前期的申请费用就可能高达 50 万元，而许多重要的医药专利布局会超过几十个国家，且不止布局一项专利。因此，高昂的专利申请费用对于高校或研究机构而言还是存在一定的困难的。在与企业合作过程中，双方就已有中国专利申请的国外布局及未来可能产生的共同专利的布局费用是采用单方支付还是双方支付需要进行谈判。

四、专利价值的评估及许可费设定

生物医药领域的专利价值评估与其他领域的专利侧重点有所不同。由于专业性比较强，开发周期长，难以从一开始即判断产业化成功率，即使是进行了充分的市场调研和技术分析，也不能预测在哪个阶段是否会碰到不可逾越的障碍。从基础研究成果开始到药物上市，需要经过临床前筛选、Ⅰ期临床试验、Ⅱ期临床试验，Ⅲ期临床试验，及注册阶段，有的药物上市后还有可能撤市，因此，除了评估专利本身的保护范围、布局、依赖性、稳定性及目标市场价值之外，还需要考虑基础技术到应用之间各个环节的问题。这使得生物医药领域内的专利许可除一次性入门费之外，更看重按开发节点收取的费用及上市后的销售提成比例，以及在一定情形下的合同解除权，这些都是许可谈判的重点。通常的许可都是要求独占许可及分许可。但国内科研机构和大学在将早期技术许可给跨国公司时，可以争取保留国内的许可，只授予国外市场的独占许可。另外，对于后续技术的权利归属也可以进行约定。特别是对基于早期技术发展出来的，但不在早期技术专利权的保护范围内的改进技术或衍生技术，应当如何处理权属及相应许可费的问题进行谈判。

关于专利是适宜转让还是适宜许可，一般情况下，许可的灵活性要明显高于转让。但如果是以专利作为无形资产入股设立新的公司，则依据相关法律的规定，专利权必须转让给新设立的公司。

五、技术转移中的商业秘密转移

如前文提到的，生物技术及医药产业领域内的技术成果体现在专利中的仅仅是一部分，相关的部分技术诀窍，例如最佳的反应条件，马库什权利要求中最佳治疗效果的衍生物，最佳的配方等等极有可能并不在专利说明书中公开，或即使公开也淹没在数量众多的实施例中，这些技术成果对于准确实施专利技术又构成了不可或缺的内容，这使得生技医药领域中的技术成果在较大的程度上具有了人身依赖性。因此，在技术转移过程中，不仅要关注专利部分的条款，还需要特别关注保密条款和信息披露条款。与此相对应的，技术验收相关条款也是双方的谈判重点，考虑到实验室技术到产业技术的过程并不是简单的放大，双方需要对目标达成的可能性和风险具有一定的共识，在部分环节建立风险共担的合作模式。

六、作为发明人的科研人员在技术转移中的角色

理想的状况是像欧美国家一样，科研人员的发明创造由大学或科研机构内部或外部的专业的技术转移机构来实施对发明的评估、专利的申请和布局，及后续的技术转移谈判，但目前在我国的大学和科研机构尚难以实现，不仅专业的管理机构和管理人员严重不足，而且管理制度方面也缺少必要的授

权设计。现实的普遍情况是，科研人员完成早期技术发明后，自行委托熟悉的专利代理公司进行专利申请，虽然均是职务发明，但所在单位并不对专利的内容进行审核；另一方面，公司和基金也往往绕开单位的管理机构，与科研人员直接进行技术转移的对接，使得科学家直接成为技术转移的谈判对象。

虽然科研人员已普遍有及早申请专利的意识，但由于对专利的认识存在一定的误区，对专利质量没有足够的审核意识，一项有前景的发明创造往往在专利申请文件中就存在一些先天的缺陷；技术转移后期作为发明人的科学家在寻求外部专业人员的帮助中往往不得其门，或者信任程度不足，影响到谈判的进程，也浪费了科学家们宝贵的研究时间。如何建立恰当的，收费合理的技术转移对接机构，以及如何有效提升科研人员的技术转移专业意识是当务之急。

总体而言，我国目前的生物技术及医药技术领域的研究已经开始崭露头角，特别是在生物的基础研究方面在国际上已经有了一席之地。目前，我国政府支持的研发资金集中投放在生技医药领域的基础研究和早期的开发研究，承担研究的主体主要是国立科研机构和大学；而企业和风险投资资金集中投放在中后期的应用开发或实验验证，承担主体主要是企业，近年来，政府资金对后者也进行了一定的支持，通常以新药研发基金或支持产学研合作的基金进行投放，这在一定程度上促进了高校、研究机构与医药企业的合作。相信随着国家知识产权战略的进一步深化，创新机制和专业服务机构的进一步完善，通过加强对科学家群体专利意识和技术转移意识的培育，我国的生技医药产业领域的技术成果转化能力会进一步提升，也会为人类健康事业做出更多贡献。

如何做互联网金融公司的首席法务官

俎晓彤　黑龙江锦融成律师事务所

二十世纪九十年代以来，伴随改革开放的深入和现代企业制度的建立，诸如首席执行官（CEO）、首席财务官（CFO）、首席人力官（CHO）、首席风险官（CRO）等西方化企业官称陆续出现。到了2002年，首席法务官（Chief Law Officer，下称CLO）首次公开在中国媒体上亮相，今天则在高危的互联网金融领域崭露头角。

一、首席法务官是什么

（一）首席法务官

CLO，顾名思义，是为了公司对外对内的法律事务的管理而设置的行政职务，一般来说，首席法务官需要具备较长的律师从业经验，同时掌握一定的企业管理知识（见百度百科、360百科、搜狗百科等词条，如出一辙，笔者认为均不准确）。CLO真正的价值不是“较长的资历”，而是“称职的能力”，应该具有以下三个特征：

首先，是一个以法律权重为核心，兼具相当管理能力的复合型法务人才。

同时，是现代企业组织结构中的一个具有强大决策功能的管理部门；

进而，是一个与CFO、CHO、CRO等行政职务并驾齐驱、能最终配合CEO决策共同对公司股东会、董事会负责的重要岗位。

（二）岗位职责描述

CLO（有些公司或称为法务经理、法务总裁等），是在以往公司专职法律顾问、公司法务部等基础上更具管理决策化的角色延展，是整个公司（或集团）重大法务决策的中枢和灵魂。其工作重点是用法律武器和法律思维为公司的生死存亡、有序发展提供必要又强大的法务支持。

具体而言，CLO一方面作为公司高管参与战略决策，一方面作为法务专才处理棘手问题，包括但不限于：

（1）为CEO、董事会、股东会等的重大事项提供法律咨询和出具法律意见。

（2）是依法治企，合规治理公司，做好公司良性发展的“保健医生”。

（3）以“亮剑”精神，处理公司诉讼事务。设计、实施主动诉讼；谋划、抵御“被诉讼”。

(4) 与公司外部律师有效配合，完成保驾护航的综合使命。

(5) 干预、处理、决策公司重大事件，诸如重大的人、财、物调配，股权变动，融资投资，营销采购，知识产权、商业机密、诉讼纷争、行政权力、刑事追诉等危机处理。

二、首席法务官必须熟悉的几个“互金行业政策”

互联网金融，在当下中国，是典型的实体经济惨淡形势下“政策性占绝对主导的”与时俱进的风口领域，作为互金公司的首席法务官，及时了解掌握新、老政策信息是必需的。

2015 年 7 月 18 日，央行等十部委联合下发《关于促进互联网金融健康发展的指导意见》(下称《指导意见》)。

2015 年 7 月末，证监会致函各地方政府《规范通过互联网开展股权融资活动》。

2015 年 12 月 28 日，银监会发布《网络借贷信息中介机构业务活动管理暂行办法(征求意见稿)》。

2016 年 3 月 30 日，央行联合银监会发布《关于加大对新消费领域金融支持的指导意见》。

2016 年 4 月 14 日央行两高等十四部委院发布《互联网金融风险专项整治工作实施方案》(下称《整治方案》)，同日发布《非银行支付机构风险专项整治工作实施方案》。一年为限，划分清查、整顿、验收三个阶段。2016 年成为互联网金融监管元年！

三、首席法务官必须懂得的“互联网金融公司”形态及业务盘点

本文以 CLO 为线索对互联网金融公司(下称互金公司)的法务做结构性梳理，期望成为业内法律工作者的扫盲教材。笔者曾多次做过测试：80%的互金公司老板不知道 P2P 的写法和释义，90%的人(含律师)不懂互联网金融的业务和政策法律。

(一) 官方对互金公司的表述

《指导意见》：互联网金融是传统金融机构与互联网企业(以下统称从业机构)利用互联网技术和信息通信技术实现资金融通、支付、投资和信息中介服务的新型金融业务模式。从业机构主要指互联网金融公司。

(二) 互金公司的主要形态

1. 互联网支付公司

互联网支付是指通过计算机、手机等设备，依托互联网发起支付指令、转移货币资金的服务。艾瑞咨询统计，2015 年中国第三方互联网支付达118 674.5亿元，同比增长46.9%，手机支付成主流。排名前五的互联网支付公司

为：①支付宝（阿里系）；②财付通（腾讯系）；③银联商务（国家队）；④网银在线（京东系）；⑤快钱支付（万达系）。具体见图 1。

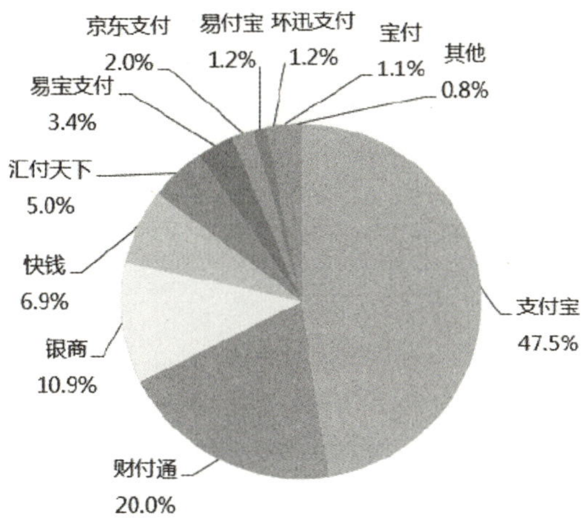

图 1　2015 年中国第三方互联网支付交易规模市场份额

鉴于支付的特殊重要性，《整治方案》特辟“非银行支付机构”专项整治方案：①不得挪用、占用客户备付金，防止“吃利差”，理顺激励机制，回归提供小额、快捷、便民小微支付服务的宗旨。②开展跨行支付业务应通过人民银行跨行清算系统或者具有合法资质的清算机构进行。③依法取得资质后，开展商户资金结算、个人 POS 机收付款、发行多用途预付卡、网络支付等业务。

2. 网络借贷公司

《指导意见》将网络借贷划分为两类：个体网络借贷和网络小额贷款。

（1）个体网络借贷：是指个体和个体之间通过互联网平台实现的直接借贷，即 P2P(Peer to Peer)。属于民间借贷范畴，受《合同法》、《担保法》、《民法通则》等法律以及最高院司法解释规范。是为投资方和融资方提供信息交互、撮合、资信评估等的“中介服务平台”。

P2P 发展至今 9 年，截至 2016 年 5 月底，成交量突破 2 万亿元。同时，它也是目前中国互联网金融的重灾区，“庞氏骗局”、“分钟跑路”频现，亟待整治。

举两组官媒报道的数据：截至 2016 年 4 月中晋资产涉 13 万投资人 300 亿资金；截至 2016 年 1 月 e 租宝涉 90 万人 581 亿资金（数据触目惊心）。其实笔者根本无意浮夸两案的金额，只是在想一个问题：如果不是当下的互联网金融泛滥之于中国，会有这么触目惊心的大案吗？当然或许还会有更大的案子在后头。

笔者同时留意到，《整治方案》曝光两个多月后，2016 年 6 月 22 日，李克强总理首提“互金风险专项整治工作”，要求各部门有效遏制非法集资、非法金融活动，做好前瞻性调控和应急性管理，坚决守住不发生系统性、区域性金融风险的底线。—— P2P 网贷平台应守住法律底线和政策红线,明确信息中介性质,不得设立资金池、发放贷款、非法集资、自融自保、代替客户承诺保本保息、期限错配、期限拆分、虚假宣传、虚构标的、虚构夸大收益误导出借人,不得从事线下营销(除信用信息采集及核实、贷后跟踪、抵质押管理等业务外)。

笔者不看好当下的中国式 P2P,或许这就是美国 P2P 不火,中国香港地区几乎没有 P2P、中国式 P2P 跑路频繁的原因吧。

(2) 网络小额贷款:是指互联网企业通过其控制的小额贷款公司,利用互联网向客户提供的小额贷款。由银监会负责监管。笔者认为《指导意见》此项分类实在牵强,毫无意义。

3. 股权众筹融资公司

股权众筹融资:主要是指通过互联网形式进行公开小额股权融资的活动。按"十部委"的说法,该类公司必须是合法的股权众筹融资中介机构平台(互联网站或其他类似的电子媒介),是创新型多层次资本市场的有机组成部分。小微企业作为融资方,在平台上向投资人如实披露企业的商业模式、经营管理、财务、资金使用等关键信息;投资者应当认知风险,具备承受能力,进行小额投资。由证监会监管。

笔者留意到:就在《指导意见》公布十多天后,证监会发布《中国证监会致函各地方政府 规范通过互联网开展股权融资活动》一文,暗指除已取得"公募股权众筹试点资格"的平安、阿里、京东之外,其他所谓股权众筹都将面临清洗。因此,到 2015 年 8 月,行业上出现了"股权众筹只留三家,其余的一炮轰死"的说法。

回看《整治方案》强调,应强化对融资者及平台的信息披露义务和股东权益保护;P2P 和股权众筹平台未经批准不得从事资产管理、债权或股权转让、高风险证券市场配资等金融业务;资金分账管理,第三方存管等。

持资质、合规开展房地产金融业务;规范互联网"众筹买房"等行为,严禁开展"首付贷"性质的业务。

4. 互联网基金销售公司

证监会监管:笔者认为《指导意见》这一部分没有说明白,甚至越看越糊涂。

在此分成三类就获取互联网基金销售牌照的条件和流程做个简单描述,供大家学习领悟。

(1) 自营平台进行互联网基金销售。主体要求:商业银行、证券公司、期货公司、保险机构、证券投资咨询机构、独立基金销售机构、中国证监会认定的其他具有注册基金销售业务资格的机构,且同时具备电信主管部门履行网站许可(或备案手续),符合监管规定的主体可以从事"互联网基金销售"。

(2) 通过第三方电子商务平台代销基金。

(3) 由第三方电子商务平台自销基金。

5. 互联网保险公司

2013 年 11 月 6 日,"马云、马明哲、马化腾"三马设立"众安在线财产保险有限公司”,定位于“服务互联网”并“提供整体解决方案”,是中国首家互联网保险公司,持有全球第一家网络保险牌照。

坚守“安全性、保密性和稳定性”原则,是保险业之根本。该业务由保监会监管。

6. 互联网信托公司

互联网+信托,其实是开放/定向的矛盾扭结体(因篇幅所限,未来有机会将做单独论述)。总体要求:交易合法合规,保守客户秘密,制定完善产品文件签署制度。笔者认为,信托公司几乎是中国最大的影子银行,须加留意。由银监会负责监管。

7. 互联网消费金融公司

互联网消费金融,是通过互联网技术手段提供消费贷款的金融服务,是传统消费金融活动各环节的电子化、网络化、信息化,其本质还是消费金融。笔者认为,相比 P2P,该类公司应大有可为。

2010 年银监会发放首张消费金融公司牌照,截至 2016 年 2 月 24 日,全国有 15 家公司获得了牌照,注册资本金在 3～20 亿元。

2016 年 3 月 30 日,央行联合银监会发布《关于加大对新消费领域金融支持的指导意见》,建立健全消费金融组织体系、消费信贷管理模式和产品创新等政策措施。由银监会监管。

《指导意见》前的一个月,李克强总理提出:消费金融审批权下放到省级部门,鼓励符合条件的民间资本、国内外银行业机构和互联网企业发起设立消费金融公司,成熟一家、批准一家。

8. 互联网金融领域广告等行为

简单讲:资质合法,广告真实。

综上,首席法务官需要对互金生态了如指掌,对互金政策如数家珍,对相应的刑事法律理解透彻,这样在业务和技术的角度上,就能够审时度势,挥洒自如。

四、互金公司的首席法务官和公司律师、法律顾问、外部律师究竟有什么不同?

(一) 高低迥异,内外有别,责任重大

首席法务官在公司地位显赫,高高在上,可直接与老板、董事会等机构对话,作为公司法务方面最权威人士提出意见、建议并参与重大决策。

笔者认为:相比较外部律师,首席法务官属于公司内部高管,其履行的是公司的职务行为。并且越来越有迹象表明,首席法务官往往兼任公司董事,拥有法人治理结构中决策执行的重要一票。

(二) 体现价值,有强烈斗志,匠心精神

记得沃尔玛中国高级副总裁、总法律顾问石家齐(DanielShih)说过:“怎

样为公司创造价值:以风险程度的高低决定处理优先次序,时刻准备好投入‘战斗’。因为每天有800多位公司律师在为沃尔玛中国410家门店及相关事务思考、劳作,我负责沃尔玛在中国的所有法律事务和危机管理,监管法务部的全部法律职能部门,包括公司法、劳动法、并购、运营、房地产以及诉讼相关的所有法律事务”。还有一点,笔者认为非常有意思,石律师还兼任沃尔玛中国的“首席道德官”(ChiefEthics Officer),负责带领专业人才组成团队,管理并执行沃尔玛的职业道德准则。

价值法务,必定激发担当斗志;道德酝酿,必然树造匠心精神。有主人翁责任感的人,往往诚实守信,爱说“我爱我家”,“我挖掘我最大的潜能和本领、精雕细琢地爱护我家”。这就是笔者认为作为公司首席法务官特别应该具备的素质和精神。

（三）熟悉政策,精通法律,规避刑责

众人所见,中国互联网金融当下乱象丛生,呈燎原之势。经济形势微妙是一方面,法律滞后缺乏规矩则是根本动因。“法无不可即自由”,在普通民商刑事领域尚可,而在关乎国家血脉中枢的金融领域,无“法”可控的自由,随时会演变成巨大的社会危害和颠覆性风险。特别是互联网金融领域的刑事追究风险,所有公司法务人士都必须充分重视,随时关注罪名和量刑的立法变化,防患于未然。

从目前司法实践来看,涉及罪名包括“集资诈骗罪、合同诈骗罪、非法吸收公众存款罪”3类。

（四）具备风险意识,风控能力,庖丁解牛

众所周知,金融最大的特征是“信用”,最大的风险是“缺失信用”。基于如上几点,首席风险官的专业价值自然体现出来:识别、控制、抵御、破除风险,有能力按照自己清醒判断的路线图肢解壮牛,并且游刃有余。

五、法律外的一点感受

笔者身边有几个比较大的互联网金融董事长圈子,资金端和资产端的错配,供需双方间的信息不对称,给互金的撮合业务创造了巨大的商机。与之接触明显感到暗流涌动,律师的价值也就油然而生。

作为首席法务官,在2016年——中国互联网金融(政策)监管元年,我们要打起十二分的精神,越冬盼春,严阵以待。

电子数据证据、软件、信息安全、网络游戏

民事诉讼中使用电子证据时存在的问题之思考

徐家力　北京科技大学/北京市隆安律师事务所

我们正处在一个电子化时代，在这个时代中，电子产品给人们的生产生活带来了巨大的便利，使人们之间的联络、交流方式愈益多样化、复杂化。但是电子化时代在充分展现电子技术进步带来的好处，方便人们进行各种信息检索和交流，提高工作和生活效率的同时，也开始引发越来越多的新形式纠纷、违法行为甚至是犯罪活动。同时，伴随着电子化时代的背景，显而易见，不论是民事纠纷还是刑事犯罪都离不开电子证据，因此，无论在立法还是在司法实践中，电子证据的取证、使用以及其他相关问题都成了亟待完善的课题。

学界对于电子证据的讨论由来已久，随着2012年新《刑事诉讼法》和新《民事诉讼法》正式将“电子数据”规定为法定证据种类之一，电子证据在诉讼中取得了合法地位。因此，在今后的诉讼活动中，律师和公检法都将更多地面对电子证据这一新的证据种类，如何审查认定电子证据，有必要深入探讨。

一、电子证据的可采性认定标准

关于电子证据，何家弘教授曾有过精辟的评说：“就司法证明方法的历史而言，人类曾经从‘神证’时代走入‘人证’时代；又从‘人证’时代走入‘物证’时代，也许，我们即将走入另一个司法证明时代，即电子证据时代。”[①]这句话一方面说明电子证据与传统证据的巨大差别，另一方面也说明电子证据对我们现存证明制度的颠覆性冲击。因此，电子证据与传统证据在认定标准上有很大的区别。电子证据的可采性认定规则解决的是何种电子证据能够进入诉讼程序和其他证明活动中，何种电子证据应被排除在诉讼程序或其他证明活动之外的问题。主要从客观性、关联性、合法性三个方面进行认定。

（一）电子证据的客观性标准

首先，电子证据的形式必须是客观的。从电子证据存在形式看，电子数据是以电磁、光盘等物理形式存在于半导体芯片、磁盘等载体上，尽管用于记载数据信息的电磁等不能被人们直接感觉到，但它是一种切实存在，承载电子数据的载体，如半导体芯片、磁盘、光盘等介质。因此，电子证据应当是客

---

① 何家弘：《电子证据法研究》，法律出版社2002年第4版。

观的。

电子证据是否具有客观性，还要看其内容是否是客观事物的反映。具体地说，产生电子数据信息的计算机软硬件系统应当正常运行和工作，电子数据所反映的内容应当是在进行正常业务中形成且在业务完成或稍后即输入的。电子证据的真实性具有重要的意义。对于存在疑点的电子证据和电子证据中比较专业的问题可以通过鉴定的方式对电子证据的生成、传输、储存、输出全过程及电子证据本身做出判断结论。一般情况下，以下的电子证据可以认定为真实可靠：适格证人向法庭提交的在法律上可采纳作证据的书面陈述；使用者经常使用的正常的计算机系统生成和存储的电子证据；经公证证明为真实可靠的电子证据；经专家鉴定为真的电子证据；有确切证据证明电子证据复印件与原件完全等同的电子证据；当事人之间经长期业务往来所形成的电子合同；双方当事人均认可的电子证据。

（二）电子证据的关联性标准

电子证据的关联性是指"作为证据的事实必须与案件中的待证事实有客观的联系，能够证明案件中的有关待证事实"，"证据的关联是客观存在的事实能够成为诉讼证据的决定性因素。"[①]对电子证据而言，如想被法官采纳，它必须能以其内容有效地解决诸如以下问题：首先，这个电子证据能够证明什么事实；其次，这个事实对解决案件中的争议问题有没有实质性意义；最后，法律对这种关联性有没有具体的要求。通过回答这三个问题，人们就可以比较准确地把握具体的电子证据的关联性了。

（三）电子证据的合法性标准

"证据的合法性是指作为证据的某些事实必须是以法律规定的特殊形式存在，并且证据的提供、收集、调查和保全符合法定程序。"[②]由此可见，作为证明根据的材料无论是否具备合法性，都可以用以证明案件情况，但并不是每一件证据都能在具体的司法和执法活动中被采用。合法性是采用证据的重要标准之一。电子证据作为一种新的证据形式，与传统证据相比有其特殊性。一般认为，储存在计算机内的数据都可以被销毁、改变，所以应将储存在计算机内的数据打印出来。而且各种加密技术都有解密的可能。此外，发生争议的双方将原始数据稍加改变，就可能改变最初始自动生成的原始文件内容，从而使电子证据能否被法院接受出现问题。为了解决这一问题，我国和其他国家关于电子证据的合法性问题作出了相应规定。

《中国电子商务法（示范法）》规定"在任何民事诉讼中，具备下述情形之一的电子证据应予以排除：（一）非通过核证程序得来的电子证据；（二）经鉴定遭到过修改、攻击的电子证据；（三）通过非法窃录、搜查、扣押等方式获得

① 常怡：《中国民事诉讼法学》，中国政法大学出版社 2002 年版。

② 常怡：《中国民事诉讼法学》，中国政法大学出版社 2002 年版。

的电子证据;(四)对于计算机生成的电子证据,有证据表明在生成该证据之际计算机系统处于不正常状态的;(五)普通的证据法律法规规定的、加以排除的其他情形;(六)对于计算机存储的电子证据,有证据表明在转录过程出现实质性差错的。”该法规定:“如果电子形式的报告、备忘录、记录或数据汇编系在业务活动中以正常程序制作的,则不得以系传闻为由,对该备忘录、报告、记录或数据汇编予以排除,但如果有证据证实,该备忘录、报告、记录或数据汇编在传达、存储方式或环境方面存在失实情况,则应予以排除。”

二、我国电子证据使用存在的问题

(一)电子证据认定缺乏健全的法律支持

从我国目前情况看,在电子证据的可采性认定方面,缺乏较健全的法律支持。电子技术对当今社会生活最大的影响之一,是冲击了传统意义上的“书面”、“原件”、“文书”等概念。相应地,一些传统证据规则阻止了电子数据等被纳为证据的可能性。造成的结果是:大量的诉讼因缺少证据而得不到公正的处理。目前我国规定电子证据收集、认证等方面内容的大多是司法解释,其内容零散不成体系,缺乏刚性条款,没有较健全的法律支持。只有《中华人民共和国合同法》第 11 条、最高人民法院《关于民事诉讼证据的若干规定》第 22 条、《中华人民共和国刑事诉讼法》第 48 条、《中华人民共和国民事诉讼法》第 63 条以及最高人民法院《关于侦查机关侦查工作贯彻刑诉法若干问题的意见》第三部分第 5 条等部分法律条文涉及到诉讼中的电子证据问题,建议尽快完善我国的电子证据立法,对电子证据的适用范围、采纳条件、可采性原则等作出明确规定,以满足社会需要。

(二)司法人员缺乏高科技知识,鉴定机构不够健全

由于电子证据涉及的专业技术性强,大多数司法人员又缺乏高科技知识,导致在采信电子证据过程中受到专业知识的限制。《公安机关办理刑事案件程序规定》第 234 条规定:“鉴定的范围,包括刑事技术鉴定、人身伤害的医学鉴定、精神病的医学鉴定、扣押物品的价格鉴定、珍稀动植物及其制品鉴定、违禁品和危险品鉴定、电子数据鉴定等。”另外,《刑事诉讼法》第 119 条规定:“为了查明案情,需要解决案件中某些专门性问题的时候,应当指派、聘请有专门知识的人进行鉴定。”目前虽然有相关法律规定鉴定电子证据,但面向社会从事电子证据鉴定机构尚未出现,将带来诉讼中电子证据的认定难题。鉴于电子证据具有的系统依赖性、高技术性等特点,对电子证据的收集过程有较高的技术要求,即使是长期从事司法工作的同志,也很难专业地提取电子证据。所以,需要委托拥有较高电子信息技术人才的机构进行电子证据的鉴定工作。

(三)缺乏电子证据的认定和保全机制

从目前看,除了抢劫、遗弃等需要身体接触时才可实施的犯罪外,绝大多

数犯罪行为都可以利用网络来实施。电子证据在诉讼中发挥着不可替代的作用。关于扣押电子证据的程序规定中，《刑事诉讼法》第 116 条规定："侦查人员认为需要扣押犯罪嫌疑人的邮件、电报，经公安机关或者人民检察院批准，即可通知邮电机关将有关的邮件、电报检交扣押。"这里的邮件应当理解为包括电子邮件。其他的相关规定，如《人民检察院刑事诉讼规则》第 192 条、《公安机关办理刑事案件程序规定》第 215 条、第 216 条、217 条。诉讼中电子证据的保全对证据的认证也有着十分重要的意义，收集到电子证据后要进行保全。而目前对电子证据的认定、保全都没有建立系统、可操作性的法律制度。因此，我国应从立法上建立一套完备的电子证据认定操作流程。

三、完善我国电子证据认定的建议

（一）健全鉴定机构、培养机构人才

针对目前我国司法人员普遍缺乏高科技知识，相应的鉴定机构不够健全的问题，首先要有步骤、有计划地培养不仅具有深厚法律知识还具有计算机知识的复合型人才；其次要健全、普及专业的鉴定机构，以满足社会的需要。对电子证据进行有效的司法鉴定，是确保电子证据被采信的有效手段。实际上只要电子证据不能得出唯一性的结论，对争议的事实就是证据不足，负有举证义务的一方就要承担举证不能的法律后果。

当前应建立一支专业鉴定队伍，在我国能够妥善处理各种技术争议的专家很少，同时面向社会从事电子证据鉴定的工作机构几乎没有。虽然我国的公安部计算机犯罪监察局已经聘请了一部分计算机人才从事犯罪的调查、取证工作，但是缺少面向社会从事电子证据鉴定工作的机构。电子证据的鉴定机构除了要符合传统的司法鉴定机构一般性规定外，一方面鉴定机构应该建立一整套完备的取证、鉴定程序。这个程序应对其所服务对象公开，接受监督，以保证计算机取证、鉴定活动的公正性和客观性。另一方面应配备一些仪器设备，同时为了适应科学技术迅猛发展变化的现状，应保持用于鉴定的计算机设备不断更新，否则就会受到技术条件的限制而影响鉴定结论的真实性、客观性。所以，建立一支专业化的电子证据鉴定队伍很有必要，同时尽快组织研制开发电子证据鉴定技术。

（二）建立电子证据认定收集、保护机制

目前我国暂无法律对电子证据的认定和保全方面作出相关规定，对此，应从立法上建立一套完备的电子证据认定和保全的操作规程。

电子证据在诉讼中发挥着越来越重要的作用。证据法学家何家弘教授指出，"在取证、举证、质证、认证这四个司法证明的基本环节中，认证是最关

键的环节，离开认证这个环节，司法证明的任务就无法完成。”[①]电子证据实时收集措施具有传统证据不能替代的作用，所以必须规定合法的调查措施程序，才能使电子证据被采信。笔者认为，要充分利用单行法律的优势，把电子证据收集措施尽可能规定得周全。立法上可以在诉讼法中增加相关条文援引该单行法律。同时还要建立电子证据审查制度，审查电子资料的来源，包括发出地、目标地、路径、时间、日期、长度、持续时间或底层服务类型等；审查电子证据的内容是否真实，是否伪造、篡改；审查电子证据收集的程序和使用的工具是否合法；审查电子证据与事实的联系等。

我国可从以下三个方面考虑建立电子证据的保全规则，以便于有效地保护电子证据。首先，要快速保护存储的计算机数据。其次，规定一定长度的保存周期，并要求网络服务者提供严格遵守保存管理控制下的信息。最后，要严格遵守相应的限制条件，保障公共利益、公民的合法权益。

（三）修改电子证据的举证规则

《中华人民共和国民事诉讼法》明确规定“谁主张，谁举证”的原则，但是在网络环境下，电子证据本身的特性及证明力、取证难度的问题决定了举证的难度。此外，由于电子证据的无形性、高科技性，当事人对于电子证据的获取途径无从知晓。所以，举证责任的分配对于在网络环境下电子证据的认定就显得尤为重要。

我国《民事证据规定》第 7 条规定人民法院可以根据公平原则和诚实信用原则，综合当事人举证能力等因素确定举证责任的承担。在涉及电子证据的案件中，由于现行法律的缺失，举证责任的分配应以公平诚信原则为指引。因此，法官必须结合当事人的举证能力，遵守公平原则和诚实信用原则，最大限度地减少自由裁量带来的负面影响。

（四）进一步完善电子证据的质证规则

最高人民法院《关于民事诉讼证据的若干规定》第 47 条规定：“未经质证的证据，不能作为认定案件事实的依据。”质证是认定电子证据客观性的前提，但不能因此否认电子证据的证据价值。电子证据也和传统的证据一样，需要接受当事人的质询，并且由法官对当事人质证的过程进行审查，判断其证明力。对比传统的证据，电子证据具有无形性、可恢复性的特点，同时具有较强的真实性和准确性，但是也很容易被人伪造，所以笔者建议法庭在质证前有条件对电子设备、计算机等进行勘验检查的，应委托专业人员对需要运用专门的计算机技术等实施勘验检查，根据勘验的结果，制作勘验检查笔录，同时在开庭审理时必须当庭宣读并接受质证。

---

① 何家弘：《证据法学前瞻》，《检察日报》1999 年 9 月 2 日。

（五）综合审查有疑点电子证据的证明力

有疑点的电子证据包括有瑕疵的电子证据和有争议的电子证据。审判实践中，经常因为电子证据有瑕疵而没有被采纳，最高人民法院《关于民事诉讼证据的若干规定》第69条规定："存有疑点的视听资料不能单独作为认定案件事实的依据。"意味着有疑点的视听资料须依靠其他证据的辅证，才能作为定案的根据，而不是否定瑕疵电子证据的证明力。因此不能轻易否决瑕疵电子证据的证明力。实践中应综合分析判断有瑕疵的电子证据的证明力，如果当事人不认可的，但经过调查，能够和传统证据形成完整的证据链，法庭也要予以认定；如果双方当事人认可的瑕疵电子证据那自然而然就可以认定其证明力。对于无法印证待证事实的电子证据，要结合具体案情进行分析，可以证实的应予以认定。总而言之，通过对全部证据的综合审核认定，最大可能地接近客观事实，实现对案件审理的实体正义。

实务中，针对有争议的电子证据，笔者建议将此证据进行固定，采取质证、考核鉴别的方法，了解全部案情，把握双方当事人对案件的争议焦点，以备进一步的综合审查。另外还可以判断、推理等方法综合审查有争议的电子证据，做出不仅合乎实际情况而且合乎逻辑的认定。最后要借助专业人员和权威机构进行审查，确实需要的可委托有资质的鉴定部门进行鉴定。

四、结语

科学技术的不断发展是人类历史发展的必然。科技本就是一把双刃剑，它在给传统法律提出挑战的同时，亦会促进法律的发展。科技创新与法律之间并非绝对冲突，也非绝对和谐的关系，而如何使这两者达到最佳的结合点，使两者相辅相成的共同发展，是法律界需要解决的一个难题。电子证据可以说是证据家族的"新贵"，人们对它进行研究不是因为对新生事物的好奇，而是迫于现实司法实践的压力。对新生事物的认识从来就是从无到有，从片面到全面。电子证据认定问题关系到诉讼能否顺利进行，也关系到信息高度发达的时代，我们的合法权益能否得到保障的问题，这是一个需要钻研、也值得钻研的问题。

员工工作电脑中电子数据取证相关法律问题的思考

车　捷　国浩律师（南京）事务所

随着现代公司无纸化、信息化办公的高速发展，信息网络已日渐成为公司员工日常工作的必备工具，实时协同办公、云端办公等办公方式均已初见端倪。但与此同时，也带来了一些法律上的挑战和新的问题，如公司商业秘密保护和员工隐私权利保护之间的平衡、公司的防范手段的合法性、公司网络安全措施的采取等。

2014 年，笔者与境外律师共同处理了一起美国检方（应某跨国药企申请）向美国联邦地方法院提起的针对中国某医药企业技术骨干侵犯商业秘密的刑事诉讼（检方其后将其指控修改为电信诈骗）。在该案中，美国检方认为被告人在跨国药企任职期间下载相关电子文档到外部设备，并将部分电子文档发送到其他邮箱，涉嫌犯罪。经过多轮交锋，美国检方最终撤回了全部指控。当时笔者即对员工电脑中相关电子数据的使用颇感兴趣，再加上近年来施行的《中华人民共和国刑事诉讼法》修正案以及《中华人民共和国民事诉讼法》，分别对我国刑事及民事诉讼中的证据制度做出了重大突破，首次将电子数据作为法定的证据类型予以规定。笔者决定从我国法律的角度，讨论一下员工工作电脑中电子数据取证的相关法律问题。

一、公司通过监控方式在未经得员工同意的情况下获得的电子邮件是否合法？能否用作证据使用？

笔者认为，首先应当区分员工电子邮件的种类，如该邮件并非单位邮箱，而仅是员工的个人邮箱，即使员工利用该邮箱从事了与工作有关的行为（或从事了违反公司利益的行为），未经员工许可进入其电子邮箱的行为，应当认为是侵权行为，依据《最高人民法院关于民事诉讼证据的若干规定》第六十八条规定，“以侵害他人合法权益或者违反法律禁止性规定的方法取得的证据，不能作为认定案件事实的依据”，笔者认为，此种情况下获得的电子邮件由于涉嫌侵犯个人隐私权或其他合法权益，应当视为非法证据，不能在诉讼或仲裁中使用。

虽然在佛山市中级人民法院审结的王××与被上诉人广东××电子有限公司案号为（2013）佛中法民四终字第 235 号的案件中，一审法院认为“公民享受通信自由的权利，未经法定程序不得被随意剥夺，××公司本身没有执法或者司法权限，在未告知王××的前提下，私自检查王××的电子邮件侵犯了王××的权利，而据此取得的证据也不能作为认定对王××不利事实的依据”，二审法院未表述此问题，而是从相关信息的内容角度评价相关信息不属于内部保密信息。但笔者认为如单位监控的邮箱为单位发放给员工的办公邮箱（通常为单位统一的邮箱后缀），员工应当知悉该邮箱的所有权属于公司，应当利用其从事与工作有关的行为，即使其个人在使用过程中产生或传递了个人隐私信息，也应当认为是员工违反公司邮箱的使用规则在先，不应当就该部分信息主张个人隐私或通信自由。目前已有部分法院的判决支持了此种观点，如浙江省宁波市鄞州区人民法院审理的原告林立楷与被告宁波市威纬环宇进出口有限公司劳动争议一案（二审维持一审判决）。

笔者认为，为补强相关监控行为的合法性，公司应当在劳动合同、员工手册或规章制度中对员工使用网络及公司文档的行为进行规定，并告知员工，公司可能采取的监控行为，要求员工承诺并同意其通过公司网络披露的信息均不视为个人信息，不涉及个人隐私。同时，在相关制度中，也应当对员工将公司文档上传到云端、通过邮件或其他方式发出、拷贝到外部设备等可能危及公司对相关文档的实际控制的行为进行限制性的规定，并可采取一定的技术手段（如 U 盘管理，可对单位内部使用的 U 盘进行集中注册认证，事先认证过的 U 盘存储设备才可以在公司范围内使用，否则 U 盘无法读取，无法拷贝资料。或者设置 U 盘插入预警和登记系统，记录 U 盘插入行为）予以监督和控制。

二、关于员工删除工作电脑中的相关数据行为的分析

近日，笔者注意到一则“辞职员工删了公司电脑数据？数据难恢复还因证据不足难立案（华西都市报）”的新闻，涉案企业在员工离职后发现其工作电脑里的重要资料全部丢失，尝试各种方法而无法找回，证据不足又难以立案，最终可能给企业带来不小的损失。类似事件近年来已经多次被媒体报道，应当引起公司的充分重视，避免在事后经历取证难、追偿难等问题。

在上海市第一中级人民法院审理的上诉人洪莺莺与被上诉人史泰博（上海）有限公司的劳动合同纠纷案件［案号为（2015）沪一中民三（民）终字第 1217 号］中，二审法院认为“洪莺莺主观上并不存在任何故意全部删除史泰博公司的邮件及文档，完全是因为邮箱爆满、系统出错所致。但根据史泰博公司在原审中提供的证据及洪莺莺的自认，可以证明洪莺莺在其病假之前将邮件及文档全部予以删除的事实不是根据史泰博公司的电脑使用规范手册规定删除无用的邮件和文档。而洪莺莺在病假前将邮件及已经下载到文档的文件全部删除的行为，存在故意。根据员工手册规定，公司的财产包括业务信息及技术资料、文件和材料（无论书面、电子或其他形式），而故意破坏、污损或拆除公司财产的行为被视为严重违反公司规章制度，可立即解除劳动合

同”。笔者认为，该案中二审法院是通过员工手册的相关规定将员工电脑中存储的相关文档界定为公司财产，进而认定员工故意损毁公司财产的行为构成严重违反公司规章制度。退一步讲，即使员工手册或相关公司规章制度中并未做出此项规定，如文档的内容形成于员工工作过程中，且对公司有实际的使用价值（如业务技术资料、客户资料等，就此文档的价值不宜对公司设定太多的举证责任），也应当认定属于公司的资产，员工故意删除公司文档（如前一部分所述，员工通过公司邮箱收取的邮件也应当属于公司财产）的行为不仅可能赋予公司解除劳动合同的权利，而且可能受到公司的追诉，甚至可能涉嫌侵犯商业秘密或故意毁坏财物罪的刑事犯罪。

三、关于对员工工作电脑进行数据恢复并调查相关电子数据的分析

如前所述，笔者认为，员工工作电脑中的相关文档应当认定为属于公司的资产，在被其故意删除的情况下，公司有权对该电脑进行数据恢复，以寻找相应的文档，保护公司的资产。然而，在诉讼实践中，有时可能会遇到员工在其工作电脑中存放有部分个人文档（如个人图片、身份信息、手机备份等），对此部分信息，笔者认为，尽管存放于公司享有所有权的工作电脑上，对于此类信息也应根据其包含的内容区别对待，不能一味地认可证据的合法性。

同时对于员工在其个人电脑上形成的工作文档，可以结合公司的实际取证情况，要求员工移交数据或电脑并删除其中的经营信息，但由于此种情况下员工的个人电脑系其私有财产，在未经法定程序的情形下，其他任何人都无权检查其个人电脑，并删除任何信息，公司需提供提出此项要求的基础的合同依据及员工电脑中存有公司文档的证据（在佛山市中级人民法院审理的上诉人赵广杰与上诉人广东瑞德智能科技股份有限公司劳动合同纠纷案件中，公司提出的相关诉请即因瑞德公司向本院提交的光盘内容并不能证明赵广杰的个人电脑中存有瑞德公司的经营及技术信息的内容而被法院驳回）。

从公司的角度来说，对员工监控只能是为了企业的正当利益，即保障安全生产、提高劳动生产率和经济效益，而不应出于其他目的，在了解员工隐私时必须把握与工作需要相关的原则，不能为了满足自己的好奇心而肆意调查员工的隐私。同时除非获得司法授权或法律另有规定，不能将所收集的信息向任何第三人泄露或公开。

综上，由于我国目前还没有电子数据保护法（及商业间谍法），在公司无法证明相关电子信息属于商业秘密的情况下（举证责任极高），由于其侵权行为的隐蔽性、价值的难以评估性，公司往往难以通过民事或刑事手段维护公司的权益。同时，从《刑法》第二百一十九条及两高司法解释中对于商业秘密犯罪入罪的限制性规定，也有一定的商榷空间。

浅析电子数据公证保全之证据能力

——从案例分析的角度

张冬静　湖北瑞通天元律师事务所

“站在互联网的风口，猪都能飞起来”。随着互联网技术的飞速发展与推广，电子数据深深改变着我们的生活方式，从接听电话、收发短信到微信聊天、网络交易等，电子数据的影子无处不在。基于此，2012 年在修订《中华人民共和国民事诉讼法》[①]时第一次以法定证据类型将电子数据在立法上予以确立。最高人民法院《关于适用〈中华人民共和国民事诉讼法〉的解释》[②]也对电子数据的内涵进行了界定。但鉴于电子数据具有外观隐蔽、鉴别复杂、物理上易篡改和数据可恢复等特点，使得诉讼当事人对提交电子数据作为证据尤为谨慎。

实践中，当事人大多选择通过公证方式保全电子数据，但经公证的电子数据并非当然被法院采信。主要原因在于：很多电子数据的公证保全具有瑕疵，从而影响了其证据能力。在以上海市黄浦区人民法院的知识产权审判案例为样本的调查中[③]，调查人员指出，在公证规范性方面，浙江省最优秀，上海市、北京市、河南省、广东省等地次之，湖北省最为粗糙。而公证瑕疵主要表现为软硬件环境瑕疵、公证地点瑕疵、电脑选择瑕疵和技术人员操作瑕疵等。本文拟通过一个案例，对影响电子数据公证保全证据能力的主要因素进行简要分析。

一、电子数据公证保全的证据能力认定

案例：2008 年，电视剧《金婚》热播，北京网尚文化传播有限公司（以下简称网尚公司）作为在中国大陆地区独家享有《金婚》信息网络传播权（包括但不限于互联网和局域网络环境下）的主体，认为张家界日报社（以下简称报

---

① 《中华人民共和国民事诉讼法》第六十三条：证据包括：（一）当事人的陈述；（二）书证；（三）物证；（四）视听资料；（五）电子数据；（六）证人证言；（七）鉴定意见；（八）勘验笔录。证据必须查证属实，才能作为认定事实的根据。

② 《关于适用〈中华人民共和国民事诉讼法〉的解释》第一百一十六条：视听资料包括录音资料和影像资料。电子数据是指通过电子邮件、电子数据交换、网上聊天记录、博客、微博客、手机短信、电子签名、域名等形成或者存储在电子介质中的信息。存储在电子介质中的录音资料和影像资料，适用电子数据的规定。

③ 凌崧、凌宗亮：《网络证据保全公证的现实困境与完善建议——以上海市黄浦区人民法院的知识产权审判实践为样本》，载《重庆邮电大学学报（社会科学版）》，2012 年第 24 期第 3 版。

社）在其网站上免费播放《金婚》侵犯了其著作权，故提起诉讼。网尚公司为证明报社侵权行为，提交了由其代理律师所在律师事务所山东海扬律师事务所（以下简称律师事务所）申请山东鲁源公证处出具的（2008）济鲁源证字第1714号公证书（以下简称公证书），拟证明报社在网站提供《金婚》视频播放服务。一审法院依据公证书认定报社侵犯了网尚公司对《金婚》的网络信息传播权，应依法停止侵权并赔偿损失。但二审法院对此作出了相反认定[①]：

网尚公司提供的公证书作为本案认定报社侵犯其著作权的主要证据，必须具备民事证据的基本属性，即真实性、合法性和关联性。

首先，本案公证事项的申请人律师事务所的主体不适格；《公证程序规则》第九条明确规定，必须是与公证事项有利害关系的自然人和组织以自己的名义向公证机构提出申请，而律师事务所及该所律师与本案公证事项并无利害关系，依法不能以自己的名义提出公证申请。如果其作为代理人则必须以委托人的名义办理诉讼业务和公证事项。

其次，鲁源公证处对该公证事项不具有管辖权，《公证程序规则》第十四条规定，鲁源公证处并不满足当事人的住所地、经常居住地、行为地或者事实发生地的任何一处。

最后，公证保全的客观性、真实性和完整性存在瑕疵。考虑到电子证据的特殊属性，电子证据的公证保全在公证机构、公共网吧或被申请人的计算机上操作时，应当使该计算机在公证开始前即脱离公证申请人的操控，并进行清洁性检查，本案中用来进行公证保全的计算机并未进行清洁性检查，且是由公证申请人实际操作电脑形成，该公证程序存在瑕疵，不具合法性，不能采信。

通过前述案例不难看出，影响电子数据公证保全证据能力的因素，主要体现在以下几个方面：

（一）申请人是否适格

根据《办理保全互联网电子证据公证的指导意见》第六条[②]、《公证程序规则》第九条[③]的规定，申请人必须是与保全事项有利害关系的当事人，如何认定“利害关系”，目前尚无明确规定。但值得探讨的是，律师作为当事人的诉讼代理人，是否系适格申请人？司法实务中对此意见不一，江苏、北京的法院、公证机构持反对态度，浙江高院、重庆高院的态度则比较宽松。前述案例即认为作为诉讼代理人的律师，并非适格申请人。

---

① 参见湖南省高级人民法院（2009）湘高法民三终字第19号民事判决书。

② 《办理保全互联网电子证据公证的指导意见》第六条：当事人申请办理保全互联网电子证据公证，应当提交与保全事项有利害关系的证明材料，申请保全的互联网电子证据本身足以证明其与保全的事项有利害关系的除外。

③ 《公证程序规则》第九条：公证当事人是指与公证事项有利害关系并以自己的名义向公证机构提出公证申请，在公证活动中享有权利和承担义务的自然人、法人或者其他组织。

根据《中华人民共和国公证法》第二十六条[①]、《公证程序规则》第十一条[②]的规定,在不涉及人身关系的案件中,律师受当事人委托,以当事人名义申请公证保全应无争议;但律师作为诉讼代理人,能否以自己名义申请公证保全,笔者认为,基于以下原因,应适当允许律师以自己名义对电子数据申请公证保全:

第一,从委托关系角度来看,根据《中华人民共和国合同法》第四百零二条、第四百零三条的规定,代理人有权以自己名义从事代理行为且代理人行为直接约束委托人。

第二,从律师法定权利来看,律师享有《中华人民共和国律师法》第三十五条第二款[③]规定的独立调查取证权,而《关于办理保全证据公证的指导意见》第二条[④]规定的保全证据公证,就包括了对申请人取证行为的真实性予以证明。[⑤] 故律师以自己名义对电子数据申请公证,可视为对律师取证行为真实性的证明。

第三,应对"利害关系"做广义解释,律师作为案件的诉讼代理人,申请公证保全是为了及时有效地维护委托人的合法权益,属于"与保全事项有利害关系"的申请人。

(二)公证机构是否具有管辖权

根据《中华人民共和国公证法》第二十五条[⑥],除申请办理涉及不动产的公证必须向不动产所在地公证机关提出外,其他事项,申请人均可以向住所地、经常居住地、行为地或者事实发生地的公证机构提出。

对于公证机构超越执业区域办理的公证书的效力如何,国内外的理论实务界存在争议:《德国证书法》第二条规定超越执业区域办理的公证书仍然有

---

① 《中华人民共和国公证法》第二十六条:自然人、法人或者其他组织可以委托他人办理公证,但遗嘱、生存、收养关系等应当由本人办理公证的除外。

② 《公证程序规则》第十一条:当事人可以委托他人代理申办公证,但申办遗嘱、遗赠扶养协议、赠与、认领亲子、收养关系、解除收养关系、生存状况、委托、声明、保证及其他与自然人人身有密切关系的公证事项,应当由其本人亲自申办。公证员、公证机构的其他工作人员不得代理当事人在本公证机构申办公证。

③ 《中华人民共和国律师法》第三十五条第二款:律师自行调查取证的,凭律师执业证书和律师事务所证明,可以向有关单位或者个人调查与承办法律事务有关的情况。

④ 《关于办理保全证据公证的指导意见》第二条:保全证据公证是指公证机构根据自然人、法人或者其他组织的申请,依法对与申请人权益有关的、有法律意义的证据、行为过程加以提取、收存、固定、描述或者对申请人的取证行为的真实性予以证明的活动。

⑤ 王静:《电子证据保全法律问题报告—以公证保全为例》,东南大学2015年硕士论文,第4页。

⑥ 《中华人民共和国公证法》第二十五条:自然人、法人或者其他组织申请办理公证,可以向住所地、经常居住地、行为地或者事实发生地的公证机构提出。申请办理涉及不动产的公证,应当向不动产所在地的公证机构提出;申请办理涉及不动产的委托、声明、赠与、遗嘱的公证,可以适用前款规定。

效[①]，而美国则倾向于认为在执业区域以外执行公证职务的行为无效，中国台湾地区有观点主张“如超区公证书，则其文书仅具有私文书之效力”[②]。

在国内，有人认为，根据《中华人民共和国公证法》和《公证程序规则》的规定，超越执业区域办理的公证书在程序上存在瑕疵，由此认定公证书无效；也有人认为，不能简单机械地否定其法律效力，原则上应以此来认定案件事实，但以侵害他人合法权益或者违反法律、行政法规强制性规定的方法取得的证据，或者有相反证据足以推翻的除外。

笔者认为，管辖是公证行业内部管理问题，是公证机构之间的业务分工和权限问题，对当事人的权利义务并无影响，故不应以超越执业区域否认公证书的效力；有关公证机构执业区域的规定，在性质上属于单纯的强制性条款，如有违反，仅属于是否受行政处罚的问题，不影响公证书的效力。

（三）公证程序是否合法

目前我国法律法规并未对电子数据公证保全的特殊程序进行明确规定，仅中国公证协会发布《办理保全互联网电子证据公证的指导意见》及附件《保全互联网电子证据常用操作程序》、中华全国律师协会信息网络与高新技术专业委员会发布《律师办理电子数据证据业务操作指引》，但其均为行业自律组织制定的自律规则，并不具有法律效力，不能成为公证机构进行公证或法院进行裁判认定的依据。

在司法实务中，绝大多数公证员缺乏计算机系统、网络通信技术以及网络安全方面的知识。大多公证机构，特别是内陆地区公证机构，仍采用传统的公证方式进行电子数据保全，即由公证员监督申请人操作计算机，登录目标网站，进行下载或打印。绝大多数公证员在对电子数据进行公证时，没有意识到检查网络连接、电脑硬件清洁度[③]等步骤对确保证据真实性方面的重要性，导致目前公证机构出具的公证书只能保证该电子数据在公证时及公证后状态的稳定性，而不能确定公证前电子数据是否经过篡改。

二、电子数据公证保全的建议

（一）立法层面

(1) 在不涉及人身关系的领域，对申请人的“利害关系”做广义解释。中国台湾地区公证理论认为，“所谓其他关系人，不限于利害关系人，更不限于法律上的利害关系人，此似认公证制度具有保全证据之功能，并无民事诉讼有确定私权关系之效力，故就请求人之资格不作严格限制……”[④]电子数据公

① 参见张文章：《公证制度新论》，厦门大学出版社 2008 年版。

② 参见郑云鹏：《公证法新论》，元照出版社 2005 年版。

③ 参见江苏省高级人民法院(2009)苏民三终字第 0210 号民事判决书。

④ 参见郑云鹏：《公证法新论》，元照出版社 2005 年版。

证保全中,公证机构只对电子数据的提取、固定过程进行公证,并不涉及申请人对自身权利义务的处分,故无需对利害关系作严格要求,即只要与申请事项具有法律上、经济上、亲属上或事实上的关联关系,均可作为申请主体。

(2) 由全国人大常委会或最高人民法院制定电子数据公证保全的实体与程序规范,对电子数据设备的选择、公证地点、操作人员、开机前的网络连接和硬盘清洁度检查、域名解析方法、具体操作过程、证据固定方法等进行明确规定,以便形成公证机构业务指引,并作为法院认定其证明效力的依据。

(二) 实务层面

(1) 加大对公证人员培训力度,对需从事电子数据公证业务的公证员,进行包括网络技术、电子商务、计算机硬件知识等方面的培训;同时,公证机构可建立电子数据公证的技术专家咨询库,邀请具有电子数据知识的专家就专业问题出具专家意见。

(2) 创新公证方式,例如“安存语录”、“公证邮”、“凭证宝”等公证服务,由具备资质的网络科技公司与电信运营商、网络服务商、第三方支付平台等合作,包括对通话内容进行实时录音保全,对收发邮件实时保全服务,对电子支付凭证的交易时间、交易金额、收付款人信息等实时同步至实时保全云存储。

软件专利司法保护的主要困境

徐棣枫　南京大学法学院/国浩律师(南京)事务所

邱奎霖　国浩律师(南京)事务所

近年来,在我国,随着一批有影响力的软件专利诉讼案件的不断涌现,理论界和实务界对软件专利保护问题的研究重心也在悄然发生改变,研究视角已从软件专利立法选择(软件专利存废)转向软件专利司法保护。本文特以近年来软件专利侵权纠纷中的典型案例——诺基亚公司诉上海华勤通讯技术有限公司侵害发明专利权纠纷案[①](以下简称华勤案)为例,对当前软件专利司法保护的主要困境作出分析,期待有助于此类问题的解决。需要指出的是,软件专利并非我国法律术语,专利法领域与之最为接近的概念应当是《专利审查指南》中的"涉及计算机程序的发明专利"。除另做说明之外,两者在本文中可相互指代。

一、装置权项:实体装置与虚拟装置的识别与解释

根据《专利审查指南》的规定,软件专利的权利要求既可以写成方法权利要求,也可以写成产品权利要求。方法权利要求主要是描述计算机程序的执行步骤;而产品权利要求则是描述实现该方法的装置结构。一般而言,产品专利主要涉及硬件结构的创新,是一种实体装置。

然而,在涉及计算机程序的发明专利中,除了有实体装置的产品专利(即发明内容包括计算机装置硬件结构的改变)之外,还存在一种特殊的虚拟装置产品专利。实体装置与虚拟装置有本质区别,两者的保护范围并不相同。因此,在涉及软件专利的侵权纠纷中,对于作为权利主张基础的装置权项,法院应当首先查明是实体装置还是虚拟装置,否则无法准确地界定涉案专利权的保护范围。

(一)装置权项并不必然是实体装置

华勤案中,诺基亚据以主张权利的权利要求7为:"如权利要求6所述的终端设备,其特征在于:所述终端设备被配置为:将所述数据传送方法选择应用于输入消息的消息编辑器;所述终端设备被配置为:基于在所述消息编辑器中执行的所述数据传送方法的选择,将所述消息传送到支持所选择的数据传送方法的数据传送应用程序;以及所述终端设备被配置为:根据所述数据

---

① 上海市高级人民法院民事判决书(2013)沪高民三(知)终字第96号民事判决书。

传送应用程序所使用的数据传送协议,将所述消息传送到电信网络。”

二审法院的裁判思路是:首先认定涉案专利权利要求 7 包含功能性技术特征,其次根据功能性特征的解释规则(对于权利要求中以功能或者效果表述的技术特征,人民法院应当结合说明书和附图描述的该功能或者效果的具体实施方式及其等同的实施方式,确定该技术特征的内容),以案涉专利的说明书及附图中没有记载终端设备、消息编辑器“被配置为”实现相应功能的具体实施方式为由,对案涉权利要求 7 的保护范围不予确定。

在前述裁判思路中,法院虽没有对权利要求 7 保护的终端是实体装置还是虚拟装置作出认定;但从判决书中可以看出,法院认为权 7 保护的终端是实体装置,因而需要以具体实施方式来确定功能性特征的保护范围。然而,应该注意到,诺基亚公司主张,根据说明书的描述,本领域普通技术人员可以清楚地知道,要实现权利要求 7 描述的“被配置为”的步骤,可以通过软件、硬件或软硬件结合的方式来实施。也就是说,在诺基亚看来,权 7 保护的终端可以通过硬件、软件以及软硬件结合来实现,并不限于硬件方式。

如果是通过硬件方式实现,则权 7 保护的终端即为实体装置,二审判决以此作为前提进行认定,并无大碍。但是,如果权 7 保护的终端是通过软件方式实现的,即该终端并非实体装置。在此情况下,二审判决是否仍然妥当,则不无疑问。因为,只有实体装置的功能性特征,才需要通过实施方式中的结构特征进行确定。而虚拟装置不然,其保护范围完全可以根据说明书中公开的计算机程序流程以及方法步骤进行确定。

(二) 虚拟装置的判别

根据审查指南的规定,虚拟装置权利要求是全部以计算机程序流程为依据,按照与该计算机程序流程的各步骤完全对应一致的方式,或者按照与反映该计算机程序流程的方法权利要求完全对应一致的方式撰写的,即这种装置权利要求中的各组成部分与该计算机程序流程的各个步骤或者该方法权利要求中的各个步骤完全对应一致。例如,方法权要中某一步骤是“将 A 发送给 B”,则虚拟装置权要一般会相应写成“发送装置,用于将 A 发送给 B”。

华勤案中,通过阅读权利要求书及说明书,不难发现,涉案权利要求 7 保护的终端实际上是靠软件实现的,发明内容并不涉及硬件层面的改变。此外,权 7 装置权项也完全是以权 2 方法专利的各步骤为依据,并按照与权 2 各步骤完全对应一致的方式进行撰写的。因此,涉案权利要求 7 应当被认定为虚拟装置,其保护范围根据说明书中关于方法步骤的描述是可以确定的。

虽然审查指南例示的虚拟装置权利要求附加的是“用于”一词,但这并不意味着虚拟装置权项在撰写时必须使用该词。判断虚拟装置的核心标准在于,装置权项是否全部以计算机程序流程为依据,并采用与方法步骤完全对应一致的方式进行撰写。

（三）虚拟装置的理解：本质上仍是方法权利要求

关于虚拟装置的理解，我国专利法及相关的司法解释并未予以明确，《专利审查指南》在“关于涉及计算机程序的发明专利申请审查的若干规定”一节中认为，这种装置权利要求中的各组成部分应当理解为实现该程序流程各步骤或该方法各步骤所必须建立的功能模块，由这样一组功能模块限定的装置权利要求应当理解为主要通过说明书记载的计算机程序实现该解决方案的功能模块构架，而不应当理解为主要通过硬件方式实现该解决方案的实体装置。

可见，虚拟装置是由实现方法专利必须建立的功能模块组成的，这些功能模块与实体装置的组成部分不同，没有物理结构。因此，虚拟装置权利要求不能认定为具有物理结构的产品专利，而只能划入方法专利的范畴。换言之，在涉及计算机程序的发明专利申请中，虚拟装置权项只是方法权项的另一种表达形式而已，本质上并未发生改变。

（四）虚拟装置权项存在的价值

虚拟装置权项本质上仍属于方法权利要求，为何审查指南还要允许这种撰写方式呢？有观点认为①：软件专利的发明点更多地体现在软件上，而非硬件上；申请的专利大多是方法专利而非产品专利；然而方法专利权人只能禁止他人擅自使用方法专利，却无法直接控制那些包含软件的产品制造、进口、销售行为；为了克服这一障碍，审查指南允许软件专利权人通过撰写虚拟装置权项，获得产品专利的保护，从而可以禁止内置软件产品的制造、销售等行为。

然而，产品专利中的“产品”，一般均应具有物理结构，是有形的实体。虚拟装置是由功能模块组成的，并无具体的、稳定的物理结构，本质上并不属于产品专利，自然不能获得产品专利的保护。

简言之，虚拟装置权项无法解决计算机程序流程的产品专利保护问题。如果我国基于政策考量，需要加强软件专利的保护力度，那么借鉴美国软件专利撰写方式则不失为一条捷径。在美国，软件专利既可申请方法专利，也可申请产品专利。其产品专利权利要求一般撰写为“实体结构＋存储计算机程序流程”。以华勤案为例，其权利要求 7 如果在美国可以撰写为：一种终端，该终端由哪几个硬件组成，其存储器中存有一段程序，然后用自然语言描述这一计算机程序的流程。这种产品权利要求可以有效解决方法专利在软件专利保护方面的短板。即只要在产品中发现存在为软件专利保护的计算机程序流程，权利人就可追究其侵权责任。

---

① 复旦大学知识产权研究中心：《〈软件专利侵权纠纷的司法解决〉调研报告》，http://www.ipcenter.fudan.edu.cn/07/a2/c5582a67490/page.htm。

(五)解释软件专利权利要求的前提:查明装置权项属性

在软件专利侵权案件中,如专利权利人以装置权项主张权利,人民法院在解释权利要求之前应当让其明确该装置是虚拟装置还是实体装置,并根据权利人的主张适用不同的解释规则。在华勤案中,二审判决实际上是以权7保护的是实体装置为裁判起点的,但如果诺基亚主张权7保护的是虚拟装置,试想二审判决还会认定保护范围无法确定吗?由此可见,在解释权利要求之前,查明装置权项是实体装置还是虚拟装置,对正确解释权利要求以及准确界定保护范围至关重要。

二、软件专利间接侵权的认定

在软件专利侵权案件中,最令专利权人苦恼的是,如何追究在产品中内置其软件专利保护的计算机程序的制造商以及产品销售商的责任,尤其是在产品的最终使用者不构成侵权的场合。这实际上涉及到专利法领域一个颇具争议的问题,即专利间接侵权。

(一)软件方法权利要求在维权中的困境

以前述华勤案为例,在该案中,涉案侵权产品为手机。如果诺基亚以权利要求2方法专利主张权利,那么实际上使用该方法的行为主体是开机后使用手机的普通消费者。这些最终用户很难满足专利直接侵权所要求的生产经营目的,因此并不构成直接侵权。此外,华勤公司也可抗辩,其在制造手机时并未使用该方法专利。因为,权利要求2保护的方法涉及终端与电信网络的交互,所有步骤、流程只有在手机开机之后才有可能得到运行。换言之,使用该方法的是最终消费者,而非手机制造者。方法专利只有在终端工作(动态运转)后才有可能被使用到,仅仅将其静态存储于硬件产品中,并不会直接侵害该方法专利。也许正是因为预见到方法专利在诉讼中可能遇到前述困境,诺基亚公司才最终选择以权利要求7,即产品专利权项主张权利。

(二)最新司法解释的态度

专利间接侵权制度虽在历次专利法修订中被多次提出,但因种种原因至今仍未进入专利法。直到今年3月份,新公布的《最高人民法院关于审理侵犯专利权纠纷案件应用法律若干问题的解释(二)》(以下简称解释二)第二十一条才首次对专利间接侵权制度作出规定,即"明知有关产品系专门用于实施专利的材料、设备、零部件、中间物等,未经专利权人许可,为生产经营目的将该产品提供给他人实施了侵犯专利权的行为,权利人主张该提供者的行为属于侵权责任法第九条规定的帮助他人实施侵权行为的,人民法院应予支持"。

明知有关产品、方法被授予专利权,未经专利权人许可,为生产经营目的积极诱导他人实施了侵犯专利权的行为,权利人主张该诱导者的行为属于侵权责任法第九条规定的教唆他人实施侵权行为的,人民法院应予支持。"

与之前的征求意见稿相比，发布稿可谓中规中矩，可能还多少令人有些失望。首先，发布稿第二十一条规定的两款，在尚未出台前已是司法实践形成的共识，此次不过是通过司法解释方式予以明确而已。其次，根据征求意见稿，专利间接侵权并不以专利直接侵权发生为前提，在最终用户依法不构成侵权的情况下，专利间接侵权仍有可能成立。然而发布稿不仅删除了“依法不承担侵权责任的人”，还明确要求他人实施了侵犯专利权的行为。

（三）专利间接侵权必须以直接侵权发生为前提？

难道在没有最终用户侵权时，软件专利权人将无法追究预装软件的产品制造商的责任？本文认为，仅根据《解释二》第二十一条的规定，还无法得出专利间接侵权必须要以直接侵权发生为前提的结论。从文义上看，该条只是规定在专利直接侵权行为发生时，专利权人可以根据《侵权责任法》关于帮助、教唆侵权的规定追究帮助者或教唆者的责任，并没有规定在无专利直接侵权行为发生时，就无法追究帮助者或教唆者的责任。

正如最高人民法院民三庭王闯副庭长在《解释二》新闻发布会上谈到的那样[①]：“有些问题在征求意见稿中曾有所反映，比如专利抵触申请抗辩、生产经营目的等，最终由于现行专利法的限制等原因，未再写入《解释二》，但不意味着征求意见稿在某些问题上的观点是错误的，有些可能在今后的司法政策、典型案例中予以体现，有些可能需要进一步研究论证、统一认识，还有些是专利法本身的深层次问题，需要在本次或以后的专利法修订中予以重点关注。”

专利间接侵权制度是强化专利保护下的产物，但因有可能打破专利权人与社会公众之间的利益平衡，因而自产生之初就一直备受争议。发布稿相对于征求意见稿作出更为谨慎的规定，一方面是避免在现行法律框架之外给予专利权人额外的保护，另一方面也是避免对专利权人与公众之间的利益平衡造成重大冲击。

三、结语

软件专利在司法保护中遇到的困境并不限于前述讨论的两种情形，其根源在于，原本在硬件时代运行正常的专利制度，一时还难以全面应对软件时代的挑战。另外，知识产权制度深受一国政策的影响，毕竟我国并非软件技术强国，目前仍处于跟踪、模仿阶段。相信随着我国计算机行业的发展，软件专利司法经验的积累以及产品观念的转变，前述困境终将会得到圆满解决。

---

① http://www.chinacourt.org/article/subjectdetail/id/MzAwNEhLNIABAA==.shtml.

原告在计算机软件著作权纠纷案中的举证难点分析

——从A公司诉B公司侵犯计算机软件著作权案谈起

马立文　北京天达共和律师事务所

一、案情摘要

原告:A公司

被告:B公司

案由:侵犯计算机软件著作权纠纷

结果:原告一审撤诉

原告的权利情况及其诉称的被告侵权事实:

原告分别于2006年2月、2009年10月对名为"某某正电子发射断层扫描仪(PET)影像采集系统v1.0"、"某某工作站正电子发射断层扫描仪(PET)影像采集系统v1.0"进行过软件著作权登记。为原告办理著作权登记的人员,即为后来跳槽到被告的软件研发人员。

被告于2013年7月对"2013XXX68231 PET扫描软件v1.0"、"2013XXX 68129PET扫描协议编辑软件v1.0"、"2013XXX67982 PET数据校正软件v1.0"、"2013XXX68036 PET图像重建软件v1.0"进行软件著作权注册登记。这4款软件在采集功能实现上、采集协议编辑、数据校正和图像重建功能上,与原告已登记的2个软件极其相似。

被告还利用各种手段吸引原告公司员工加入,以获取原告计算机软件中的技术秘密。被告公司中50%的股东、技术人员曾为原告公司中的高级管理人员,或是(PET)影像采集系统v1.0功能数据校正、扫描软件、采集软件等部门中掌握原告核心技术的员工。他们在竞业禁止期满后,加入被告公司,利用原告的软件技术,制造与原告相似度极高的产品,涉嫌侵犯原告的计算机软件著作权,使原告的市场认可度下降,商业声誉受到影响,销售工作一度前景堪忧。

原告提供以下证据证明被告侵犯原告计算机软件著作权:

(1) 员工档案、《劳动合同书》、《保密协议书》、《竞业禁止协议》以证明被告的专利发明人、软件设计人均系原告软件研发部门及相关部门掌握原告核心技术的员工,被告接触过原告的涉案软件,具有复制、模仿、改编原告计算机软件源代码的客观条件。

(2) 原告"某某正电子发射断层扫描仪(PET)影像采集系统v1.0"、"某某工作站正电子发射断层扫描仪(PET)影像采集系统 v1.0”软件产品的著作权登记证书。

(3) 中国版权在线查询到的被告涉嫌侵权的软件登记信息;国家知识产权局网站上被告的专利信息。

(4) 被告公司网站信息:证明被告涉嫌侵权软件的 PET-CT 设备正在北京某医院被实际使用。

同时,原告还申请法院委托专业机构对“某某正电子发射断层扫描仪(PET)影像采集与处理软件 v1.0”中的影像采集部分,与被告著作权登记号“2013XXX68231PET 的扫描软件 v1.0”源程序的近似性进行司法鉴定。

经鉴定,原告提交给法院用以鉴定的源代码,与其著作权登记的源代码不同。法院以“无法确定原告提交的源代码真实性及合法来源”为由,只同意用原告进行著作权登记的源代码进行鉴定。鉴定机构通过对原告 C++语言编写的 45 个代码文件和被告 C++语言、C 语言编写的 67 个代码文件(其中 C 语言编写的代码文件占到 54 个)进行对比,最终认定:原、被告的软件没有明显相同或实质性相同的代码段。

至此,原告因无法进一步提供证据证明被告的计算机软件与原告的软件存在“实质性相似或相同”,无奈之下撤回起诉。

二、原告的举证难点分析

正如在上述案例中,原告由于无法进一步举证而不得不撤诉,在计算机软件著作权侵权纠纷中,原告举证难是一个突出问题。

根据法院审理时所遵循的“接触+实质性相似或相同”的原则,在对计算机软件侵权行为进行举证时,原告应从以下四个方面着手:

(1) 证明软件权利人资格的证据。

(2) 侵权人有机会接触权利人的软件的证据。

(3) 侵权人实施侵权行为的证据。

(4) 权利人因侵权行为而遭受的损失或侵权人因侵权行为而获得的非法利润的证据。

其中又以第三项“侵权人实施侵权行为”的证据最为关键,收集难度亦最大。

从取证方式上看,为了保证证据的有效性,原告往往依靠公证机关进行“陷阱取证”或是由法院进行证据保全。但这两种方式在取证过程中,都会面临影响证据效力的问题。如果原告依靠公证机关利用“陷阱取证”,由于公证机关在参与取证过程中身份的不同,或是由于取证操作不当,证据的合法性可能得不到法院的认可。而如果原告申请法院进行证据保全,首先要满足法律规定的证据保全的前提,并非所有情况下,法院都能够通过证据保全措施对计算机软件权利人的合法权利进行保护。

从举证的程度上来看,只有符合“接触+实质性相似或相同”的原则,才能证明侵权行为的存在。而对于“实质性相似或相同”的审查,往往需要依靠鉴定机构对权利人与侵权人所持有的计算机软件相似程度的鉴定报告。但由于鉴定的过程完全由鉴定机构主导,且利用第三方软件作出的鉴定结论并不一定具有科学性,导致法院以此为基础作出的判决,不能够合理维护原告的合法权益。

因此,我们亟需进一步对原告在举证过程中所遇到的难点问题进行分析,以便其能够在诉讼过程中更好地主张自身权利。

(一)公证机关协助下的陷阱取证

由于计算机软件的侵权行为具有隐蔽性,容易被实施、被掩盖等特点,故为了防止被告在诉讼过程中否认原告证据的真实性而导致证据缺乏关联性,原告通常采用由公证员陪同见证的“陷阱取证方式”,收集被告侵权的证据。公证机关作为中立的第三方,对相关证据进行固定和保存,使其更具有证明力。

部分学者,甚至部分法院在判决中都会质疑“陷阱取证”的效力。在其看来,“陷阱取证”的合法性不能得到保证,即使公证机关参与,其在原告“陷阱取证”的过程中也只能起到对其取证行为进行证明的作用,并不涉及取证行为的合法、合理性。实际上,这种说法割裂了公证机关的公证行为与原告的取证行为。

之所以会出现这种说法,笔者认为,主要是由于在原告“陷阱取证”过程中,公证机关有时只起到了次要、辅助,甚至只是记录者的作用。例如:公证员未亲临第一现场,或未对原告购买、安装侵权软件进行现场演示,这种情况下,原告很难证明取证过程是完整有效的,更谈不上依靠公证机关来提高证据的公信力。

(二)证据保全

根据我国《民事诉讼法》第八十一条、《著作权法》第五十一条、《计算机软件保护条例》第二十七条、《最高人民法院关于审理著作权民事纠纷案件适用法律若干问题的解释》第三十条规定,证据保全要在“证据可能灭失或以后难以取得”的情况下进行。为了能够更加准确的把握这一标准,法院在原告申请证据保全时,一般都会先要求其初步提供证据,证明侵权事实的存在;其确有难以取得证据的正当理由;且证据存在可能灭失而以后难以取得的现实风险。如原告不能提供有关证据,法院通常不会贸然进行证据保全。

(三)对“存在实质性相似或相同”的证明程度

判断是否构成实质性相似或相同也就是对原、被告所持有的计算机软件的相似程度进行判断,其本质是对二者计算机软件的源程序、源代码进行比对。但事实上,鉴定机构对二者源程序、源代码相似程度的对比,并不能完全说明二者是否存在实质性相似或相同。

一方面鉴定机构利用第三方软件鉴定出的数据并不一定具有科学性。在“北京豪杰纵横网络技术公司(以下简称豪杰纵横公司)与北京邦丰网络通信公司关于计算机软件著作权纠纷”一案中,鉴定机构利用第三方软件对比的结果是,二者相同比率最低只有 11.5%,大部分相同比率集中在 30%~70%之间,但豪杰纵横公司运用同一软件自行检验的结果确是二者相同比率高达 92%~99%。这是由于在计算机软件中,并非每一行代码,每一个功能模块都具有独创性,都应当受到《著作权法》的保护,但鉴定人员并不能对计算机软件中具有独创性的内容进行鉴别,导致鉴定的内容必然包含了很多不具有独创性、不受《著作权法》保护的部分。且在两种软件程序设计所使用的编写语言不同的情况下,二者不具有可比性,鉴定机构将两者直接进行比较,使得鉴定数据不具有合理性。

另一方面,鉴定机构并不了解案件实际情况,却在整个鉴定过程中完全占据主导地位,法院依赖其鉴定结论做出的判决不能保证具有合理性。例如本文开篇提到的案例,被告 50%的股东、技术人员均曾系原告的员工,原告计算机软件著作权登记事宜由其全权负责办理,那么原告提交给法院的、用以鉴定的源代码与其进行著作权登记的源代码不同,是否可能是这些员工早有打算而故意为之?当原告进行著作权登记的源代码与原告实际使用的源代码不同时,法院以不能确定原告自行提供的源代码的真实性为由,放弃尝试将其他来源的源代码进行对比,仍只将原告进行著作权登记的源代码作为鉴定数据,难免会缺乏合理性。

三、对原告取证方式的提示

(一) 运用“陷阱取证”的限制

“陷阱取证”的方式能够便于原告收集证据,但如果滥用,也会侵犯被告的合法权益,甚至影响市场秩序。因此,原告应当事先掌握初步证据证明被告实施或将要实施侵权行为,再基于合理怀疑,运用“陷阱取证”的方式进一步收集被告侵权的证据。

(二) 注意公证机关在取证过程中的地位

为了避免出现上文中提到的公证机关的公证行为与原告的取证行为割裂,原告无法证明“陷阱取证”过程的有效性,公证员应在原告取证的过程中全程在场,甚至可以对其取证行为进行监督和规范。此时,在公证机关协助进行的“陷阱取证”应当被认定为是由双方共同完成的。虽然整体的取证行为由原告完成,但其行为却始终由公证员进行约束,即:公证员在此过程中起到半主导、主导作用。只有这样才能保证取证行为的合法有效,增加其公信力、

（三）加强对证据的合理保管

在“苏试公司诉东菱公司计算机软件著作权侵权案”中，苏试公司通过“陷阱取证”的方式取得了证明被告侵权的关键性证据——SVC-1 正弦振动控制仪，但在其撤诉后，应法院要求取回了该控制仪。几个月之后，当苏试公司再次提起诉讼并重新提交证据后，被告却对该证据的真实性表示质疑，导致苏试公司不得不申请法院采取证据保全措施，以弥补证据瑕疵。通过这个案例可见，无论证据的来源是在公证机关协助进行的“陷阱取证”，还是在法院主导下进行的证据保全，原告都要避免自行保管、提取有关证据，以防被告对证据的有效性提出抗辩。

四、法院审理原告提交的证据时应注意的问题

（一）陷阱取证中的瑕疵证据

当在公证机关协助下利用“陷阱取证”方式取得的证据存在瑕疵时，法院不宜直接认定公告书无效或撤销公证书，而是应当先对公证书所载明的内容、瑕疵对公证书所公证内容的影响进行判断。在该公证书的真实性、合法性、关联性能够得到保证的前提下，即使存在部分瑕疵，法院也可以根据案件实际情况、公证书所公证内容对查明案件事实所起到的作用之效力予以确认。

（二）软件鉴定程序由法院主导

软件鉴定只是判断原、被告计算机软件在程序代码上相似程度的工具，法院应当避免过于依赖软件鉴定结论，而是应当在鉴定过程中发挥主导作用。

从鉴定内容上看，法院应当在相关技术人员的协助下，积极主动地对鉴定内容进行判断。比如源程序、源代码的来源可能是著作权登记；原、被告自行提交给法院用于软件鉴定或是通过公证或证据保全而获取的。当某种来源可能存在瑕疵时，法院应对其他来源的源程序、源代码是否真实，可否作为鉴定依据进行判断。在不能确定来源真实性的情况下，可尝试通过多次对比来保证鉴定结论的科学性。再比如本文开篇案例所涉及到的问题，当原、被告的计算机软件在程序设计上利用不同的语言进行编写（原告运用 C＋＋语言，被告大部分运用 C 语言），二者是否还具有可比性？或许此时，只对二者的可执行代码进行对比更加科学合理。

从鉴定程序上看，通常是原、被告提交了鉴定材料后，就不再参与鉴定过程，但鉴定人员本身对双方的源程序并不熟悉，更无法对其中提取具有独创性的内容进行判断。为了避免其结论的机械化，鉴定程序应当由法院进行主导，当事人参与其中，根据鉴定需要随时提供补充素材，或进行相关说明。

总而言之，软件鉴定结论的得出，绝不能只依靠鉴定机构。为了保证其具有实际参考价值，法院应当主导整个鉴定程序，而不是只依赖鉴定结论做出判决。

参考文献

[1] 寿步:《计算机软件著作权保护》,清华大学出版社 1997 年第 1 版。

[2] 寿步:《软件网络和知识产权——从实务到理论》,吉林人民出版社 2001 年第 1 版。

[3] 王旺林,王劲松:《知识产权诉讼中的证据保全》,《人民司法》2002 年第 2 期。

[4] 李维:《浅析计算机软件著作权技术鉴定》,《科技与法律》,2008 年第 6 期。

[5] 徐昱春:《计算机软件著作权侵权行为认定》,北京工业大学学报(社会科学版),2007 年第 2 期。

[6] 刘凌云,赵俊林:《侵犯计算机软件著作权行为的认定与研究》,《中国司法》, 2001 年第 1 期,第 37 - 38 页。

[7] 付婷:《计算机软件著作权侵权认定案例研究》,《上海交通大学》,2011 年。

[8] 宣炀:《苏试诉东菱案述评》,《软件产业知识产权保护研讨会论文集》,2010 年 4 月 20 日,第 102 页。

[9] 吕炳斌:《计算机软件著作权保护和盗版问题研究》,《科技与法律》,2002 年第 3 期。

数据为王：大数据时代数据的法律属性及保护

瞿　森　金杜律师事务所上海分所

随着互联网技术对社会各行各业产生意义深远的撼动，甚至颠覆性的变革，大数据成为出现频率最高的词条之一。笔者认为，“大数据”这一概念的提出以及揭示出的一种信息存在，构成人类对客观世界认知的再一次重大挑战和撼动，引发人类的哲学思考，并重新审视那些最基本的哲学问题，我们的世界由什么构成？我们的存在由什么来决定？随之而来的是，对我们现行法律框架的重新审视及思考。

一、“数据”与“信息”：有区别吗？

数据(data)和信息(information)有区别吗？在一些英文字典中，大家试图区分数据和信息的区别，并解释为数据多半指原始的数据，而信息指经过处理后得到的有意义和价值的东西。①

这一区分在中文的语境中似乎并不符合实际。例如，我们把原始的个人数据也习惯性地称为“个人信息”或“隐私信息”。数据库和信息库，在中文语境中也常常并没有什么不同的含义。

更进一步，这些区分似乎在互联网和大数据的时代更没有什么意义。当数据量达到一定的程度而能够被称为大数据之后，数据本身就是信息。同时，数据可能会被多次处理和利用，而这些被处理利用的数据可能直接成为对实际生活产生意义和价值的“信息”，这些所谓“信息”也可能成为再次被分析利用的“数据”。

在法律层面，我们在法律行文中可以见到“数据”和“信息”都被进行使用，但并不存在显著的含义差别。

二、“大数据”及“数据”：一个字造成的大不同

数据和信息作为一种存在已有久远的历史。部分数据类型被法律所特别界定，成为法律关系客体的一种形态，被纳入法律体系中进行特定的规范

① 根据 OXFORD DICTIONARY 的解释，“Data”的意义为 Facts and statistics collected together for reference or analysis，而“information”的意义为 Facts provided or learned about something or someone。

或保护。例如人类智力劳动的产物——知识产权,以及与人类主体密切相关的隐私信息等。除此之外,普通数据并未成为法律制度中一个独立的客体被加以规制和保护。

承认人类智力活动的结果(智慧成果)可以作为一种区别于物质以及人类自身的独立存在,并构成客观世界的一部分,这在哲学层面体现了人类社会认知世界的重大进步和突破。而知识产权法律制度只是在这一哲学框架下被随之设计出来以处理相应法律关系的规范。但是知识产权体系所规制的数据类型非常特定,仅仅限于人类智力活动的成果。

而另一些类型的数据,被作为与人类自身主体特征相关的信息被加以保护和调整,例如个人隐私信息。随着互联网的出现,更出现了与隐私信息相关却不完全重合的"个人信息"的概念及其相应的保护和规制。

然而这一状况将随着大数据的出现而发生改变。随着数据产生的规模呈现爆炸性、持续的增长,收集及处理数据的新技术的不断成熟完善,数据的存在价值渐渐得以验证和彰显。数据本身可以作为一种独立的客观存在,难以被人忽略。

但是,虽然仅仅是在"大数据"概念出现后,人们才开始热烈地讨论和正视数据这样一种客观存在。但是,大数据是一个技术及商业概念。在我们审视法律制度的时候,是不是只有"大数据"才是重要的并且应当得到法律的规范和调整呢?大数据是否具有必要的法律含义呢?笔者认为并非如此。数据,应该才是我们应当关注的法律客体。"大数据",应当只是法律客体的一种存在形式。但同时,是大数据这样一种存在方式第一次引发了我们对数据的财产价值进行承认和保护的思考。

笔者认为,在目前法律体系中很多未能得到很好解决的问题,其实都可以纳入数据的范畴进行调整和规范。例如争论已久的虚拟财产问题,网络个人信息问题,遗传信息问题等等。认识到数据将持续成为人类未来世界的一个重要组成部分,现行法律体系需要在体系上确认和承认"数据"作为一种与传统财产如"土地"、"设备"、"知识产权"等并列存在的财产形式,并设计一套适应于其特征的有关获取、交易、处分等的法律规则,而并非"头痛医头"地针对部分数据进行救火式的补丁单项立法(例如针对个人信息出台互联网信息保护法、针对虚拟财产进行单独立法、针对遗传信息进行单独立法),以避免立法缺乏应有的内在逻辑性和整体有序性。

三、物权、债权、知识产权、人身权?——数据的法律属性

关于"大数据"的内涵与外延,存在多种解释和定义。这些定义多半是从人类通过技术感知、并通过技术处理之后产生的商业价值等人类对其的使用和处理手段的角度进行界定。例如最常被引用的 IBM 对大数据给出的 4V 特征,即大数据量(Volume)、快速变化(Velocity),庞杂内容(Variety)和(不)

精确性（Veracity）。Gartner 所定义的“需要新处理模式才能具有更强的决策力、洞察发现力和流程优化能力的海量、高增长率和多样化的信息资产”；

麦肯锡所定义的“一种规模大到在获取、存储、管理、分析方面大大超出了传统数据库软件工具能力范围的数据集合，具有海量的数据规模、快速的数据流转、多样的数据类型和价值密度低四大特征。”

这些定义基本都是从数据本身的存在特性来进行描述，例如数量、内容等，并未从数据的产生方式、所描述的对象，以及其法律属性进行描述和定义。

从法律视角审视，目前我们在大数据时代所面临的“数据”将具有如下几个特征：

（1）数据外延无限广泛，可以包括人自身、人的行为、心理、精神世界、智力活动、其所产生的成果，以及物质世界（包括除人之外的任何生物及物质存在）等所有范畴。

（2）数据规模和数据量巨大。

（3）具有财产价值及属性，具有使用价值和交换价值。

（4）具有与知识产权等类似的可复制、传播和重复利用性。

当我们审视具有以上特征的一个新的独立存在时，不禁愕然发现在现有的法律制度体系中竟然没有它的容身之处：我们目前的民事法律制度在关于财产的相关制度中并无安放这样一种特殊存在的地方。无论诉诸哪一种制度，仅仅只能覆盖到数据中的某一种类型或存在，而不能给予数据一个完整全面的规制和保护，更不能适应以上“大数据”概念中所描述的数据新特点，例如低密度价值、不精确性等。

首先，数据显然不具备有形财产的特征。虽然数据的载体都属于法律体系中的有形财产范畴，并可以通过物权规则进行规范。但数据本身并没有有形物的特征，难以通过物权法进行调整和规范。

数据也不能很好地利用现有知识产权制度来进行规范和调整。如前所述，知识产权只能覆盖数据中一些非常特定的类别，如符合条件规定的商业秘密信息，或者符合“数据库”定义的著作权下的汇编作品。对于一些具有高度创新性的数据发现，例如人类 DNA 信息是否能授予专利权保护，也因为其“发现”属性与专利制度天生设计初衷相违背而饱受争议与纠结。此外，这些法律概念的出现都是根据大数据出现之前的环境和模式进行规定的，在今天的社会背景下很难适用。例如，大部分数据并不能符合商业秘密的高门槛保护，包括“保密性”、“不为公众所知悉性”等要求。而著作权体系下“数据库”作品，一般仅能享受到汇编作品所享有的对于信息的“选择”和“编排”方面的权利，而难以延及数据本身。

在 6 月 27 日十二届人大常委第二十一次会议最新公布的民法总则草案第一百零八条第二款中，将“数据信息”明确列为知识产权的客体范围。但是，尚不知该等“数据信息”内涵和外延如何。但是，无论是否在民法总则中将“数据信息”明确列为知识产权客体，一些特定数据信息都一直是知识产权的客体（如前述分析）。而这些相关的部门法如果不进行相应调整的话，仍然无法解决笔者提出的上述问题。

数据当然也不能在人身权的范围内解决。因为只有那些属于个人隐私的信息，才能在人身权的范畴内得以纳入保护和调整。甚至传统的隐私权因为范围如此狭窄和有限，中国不得不通过立法的方式另行创设了“个人信息”这样的概念，来对此进行规范和保护。但是，根据现行《全国人大常委会关于加强网络信息保护的决定》，获得保护的信息范围仅限于“能够识别公民个人身份和涉及公民个人隐私的电子信息”。

目前，数据得以纳入法律调整的方式是作为债权的客体。这也是目前数据在收集、加工、分析、交易环节中主要采取的法律规制方式。例如，《全国人大常委会关于加强网络信息保护的决定》规定，在采集个人信息的时候，需要征得被收集者的同意，一般理解为可以通过合同的方式获得该同意。此外，大量数据在协议的约束下进行商业的传输、处理、加工和分析。而数据进行汇集处理后产生的大数据集合或者数据加工后产生的结果信息，也通过协议的方式进行自由交易和流动。

然而仅在债权范畴对数据进行规制和调整显然并不能满足数据产业未来的发展。例如，债权的调整仅仅具有主体相对性，而缺乏对世权的绝对保护。因为没有确认数据的财产属性和地位以及相应的所有权制度，因此，如果发生数据财产被复制、窃取、截获等情形，将难以诉诸现行法律的保护。而数据在被进行加工和处理后所产生的数据商品，由于没有确认数据在法律上的财产属性，其评估、交易、作价等方面都将缺少法律依据及相应的会计规则。争论已久的虚拟货币、虚拟财产问题，其实本质上也都可以归因于现行法律体系对于“数据”这一客观存在的缺位。

四、你的，我的，还是他们的？——数据的所有权问题

数据的所有权问题十分复杂。就以个人信息而言，个人的信息属于个人吗？那么，如果征得被收集者同意后进行收集的数据，数据收集者享有数据所有权吗？个人给予数据收集行为的同意，是否具有数据权转让或许可性质上的法律意义？

在界定数据所有权问题上，需要与现行法律制度中的人身权制度对接，并可借鉴知识产权制度的设计。

在数据中与个体主体相关的特定信息（例如遗传信息、个人信息、医疗信息、隐私信息等），仍然可以在人身权的范畴内进行保护和调整，这取决于社会总体价值取向中对于主体人权的保护是何种状况。而数据中的其他类型，例如关于客观物质世界的信息、人类行为的信息、人类智力劳动成果的信息，则可以考虑比照知识产权制度中的专用权制度进行人为设计。既能够保障

数据的收集者、处理者、分析者能够因为自己的投入和付出获得相应的财产权利保障,又能够保障社会公众利益及他人自主进行收集、处理、分析的自由权利。

此外,鉴于某些数据的产生和收集具有唯一性和不可重复性,随着数据产业的不断成熟发展,未来可能还需要对某些数据的所有权保护及许可、流转等设定相应的类似反垄断的规则,确保数据信息能够最大程度地被利用和开发,防止数据垄断的情形出现。

五、结语

小说《三体》中有这样一个情节,只携带了生物遗传信息的云天明大脑,能够被人类发射到未知的宇宙空间,并据此被外星生物以普通物质重新生成一个“云天明”复制人。这其实并非什么奇谈怪论。从另一个角度来审视我们世界,我们的世界构成除了基本的物理组分,也许就是“数据”或“信息”这样一个存在。它能够使相同的碳原子、氢原子、氧原子,在不同的遗传信息的指挥作用下变化生成为不同的物种、物质、人类。而当你能够掌握的“数据”逼近无限时,你就能够逼近还原、重现一切历史及现实,包括所有的人、行为、思想、物质环境、一切的一切。一直潜藏在人类意识深处模糊不清的、我们奉为最高的的所谓的“造物主”、“神”或“罗格斯”,是否就是那个最终的数据集合的本源?

从数据到大数据,在这个数据为王的时代,数据第一次以一种独立存在的面目引起世人关注。我们世界的本质到底是什么?这是数据带给今天人类的哲学迷思。

浅谈我国APP软件开发中用户隐私权的保护原则与措施

赵伯生　北京隆安律师事务所

移动互联网应用程序(APP)指可以捕捉流动装置的位置信息、查询通讯录、日历或照片簿,或经互联网或流动电话网络支援语言/多媒体通讯的流动装置应用程序。这类装置一般包括智能电话、平板电脑、电视盒子、智能穿戴设置等。

国家互联网信息办公室2016年6月28日发布《移动互联网应用程序信息服务管理规定》,其中明确定义移动互联网应用程序(APP)为通过预装、下载等方式获取并运行在移动智能终端上、向用户提供信息服务的应用软件。

而隐私权是指自然人享有的私人生活安宁与私人信息秘密依法受到保护,不被他人非法侵扰、知悉、收集、利用和公开的一种人格权,而且权利主体对他人在何种程度上可以介入自己的私生活,对自己的隐私是否向他人公开以及公开的人群范围和程度等具有决定权。隐私权是一种基本人格权利。

1993年,最高人民法院在《关于审理名誉权案件若干问题的解答》中第七条第三款规定:"对未经他人同意,擅自公布他人的隐私材料或以书面、口头形式宣扬他人隐私,致他人名誉受到损害的,按照侵害他人名誉权处理。"这一司法解释对隐私权采用间接保护的方式;2001年3月10日起施行《最高人民法院关于确定民事侵权精神损害赔偿责任若干问题的解释》第一条规定,违反社会公共利益、社会公德侵害他人隐私或者其他人格利益,受害人以侵权为由向人民法院起诉请求赔偿精神损害的,人民法院应当依法予以受理;我国《侵权责任法》第2条已经明确规定:"本法所称民事权益,包括生命权、健康权、姓名权、名誉权、荣誉权、肖像权、隐私权、婚姻自主权……"这一法律明确规定了隐私权是侵权法的保护对象;2016年6月27日,提交全国人大常委会审议《中华人民共和国民法总则(草案)》中已明确规定隐私权数据信息将成为新型民事权利保护客户。

我国《移动互联网应用程序信息服务管理规定》中规定,互联网应用程序提供者(APP应用程序开发商及其委托人)需对注册用户进行真实身份信息认证,有关用户信息收集遵循合法、正当、必要的原则。读取用户重大隐私信息如位置信息、通讯录、短信息和通话记录,甚至调取摄像头、读取用户隐私信息等需通知并经用户同意,防止隐私信息被互联网应用程序提供者过度采集和滥用行为,并明确要求APP提供者应保障用户的知情权和选择权。

国外对于互联网应用程序提供者收集、使用用户隐私信息的规定,有美国《电子通信隐私法》(The Electronic Communication Privacy Act,简称ECPA)、格雷姆-里奇-比利雷法(Gramm-Leach-Bliley Act,GLB Act)、《儿童在线隐私权保护法案》(The Children's Online Privacy Protection Act)等法规,除此之外,通常采取行业自律政策对网络隐私权提供保护。行业自律形式有三类:建议性的行业指引、网络隐私认证、技术保护模式。最常见的一种模式是由互联网协会推出的个人隐私选择平台(Platform for Privacy Preferences Project ,简称 P3P)。P3P 能让互联网应用程序提供者指明对用户数据使用和公布的状况,让用户选择个人数据是否被公布,以及哪些数据能被公布,并能让软件代理商代表双方达成有关数据交换的协议。而中国香港则为全亚洲唯一立法《个人资料〈私隐〉条例》的地区,同时设有个人资料私隐专员公署监管与指引互联网应用程序提供者收集用户信息,要求政府、企业、社会遵守保障个人资料的责任和采纳良好的保障私隐行事方式,保障中国香港地区市民的个人资料不会被人误用或滥用,否则会面临刑事追究与高额的罚款。

虽然我国的互联网应用程序隐私权保护刚刚起步,但我们借鉴境外关于APP 应用隐私权保护,结合相关法律法规,认为互联网应用程序提供者在设计流动应用程序时,应采取"保障私隐、全面贯彻"的理念(即从开始设计便纳入保障私隐的 理念)。包括对用户隐私保障应是主动(而并非被 动)及预防性(而并非补救性)的;用户隐私保障应纳入到流动应用程序的设计之中,而不是待设计后才额外装置的;应用程序的功能或安全上的设计应与私隐设计的考虑具有互补性,而不是因此有所牺牲;用户隐私保障应涵盖由收集以至删除个人资料的整个流程;用户隐私设计的考虑应监管及兼具透明度之间的平衡;用户隐私设计的考虑应以良好体验为基础。

依据《移动互联网应用程序信息服务管理规定》第七条中关于互联网应用程序提供者(APP 应用程序开发商及其委托人)义务的约定,收集用户隐私信息不仅是义务亦是责任,但其收集应评估其未来或有侵害用户知情权、选择权或有监管风险与司法诉讼风险,我们认为对于用户隐私权的保护,互联网应用程序提供者必须遵守以下规范:

(1)收集认证用户隐私的目的及方式。由 APP 应用程序装置收集或传输个人资料的目的必须合法及与用户使用目的直接有关;所收集的用户隐私信息必须适当且适合;向用户发信息通知并得到确认,技术方式合法、公平、透明。应明确告之用户隐私信息是否可以查阅及改正,是否可用于促销与其他推广活动、收集转发或分享。通常我们建议程序中必须有《收集个人资料声明》、《应用程序声明》及《权限模式》。

(2)收集认证用户隐私信息准确性及保留期间。互联网应用程序提供者必须采取所有切实可行的步骤确保用户个人认证信息的准确性,以保证符合我国实名认证的规定,如手机号码认证、身份证信息核实等;同时必须采取所有切实可行的步骤确保所保存的用户隐私信息不会超过规定的必要并实际用于程序使用目的;应采取通知并同意方式告之用户上述隐私信息保存时间符合国家规定及处理该信息所需的期间,即当不再需要用户隐私信息时,尽快将已上载或储存于后端服务器的相关用户信息删除或弃置,如程序在每次开启前,必须把通讯录的最新复制上载到服务器,则旧的已上载的副本就当在完成其功能后删除。

(3) 用户隐私信息的使用与安全。基于用户知情权的赋予,如没有用户明确的授权与同意,其隐私信息不得用于收集认证资料当时所提及的目的或有关目的以外的其他用途,如上述用户信息新使用目的与程序认证收集的目的并非直接有关,亦应按规范通知用户并取得用户确认同意。上述信息的网络存储安全责任,互联网应用程序提供者应采取合理切实可行的步骤保障用户隐私信息不受未获准许的意外查阅、处理、删除、丢失的影响,为保证用户隐私信息安全,应确保软件开发程序使用可靠或官方版本的软件开发工具并引入安全编码规则、加密保护、代码审查及测试规则,以免引入未经授权的木马或后门程序导致隐私外流。

(4) 用户隐私信息查阅权、知情权、选择权。用户有权要求互联网应用程序提供者确定是否持有其个人资料,及要求互联网应用程序提供者提供其所持有隐私信息资料的副本权利,基于选择权的使用,用户亦有权要求改正有关信息资料的权利。上述权利的行使,要求互联网应用程序提供者于 APP 中提供联络资料(包括姓名、地址、联络方式),让用户就查阅、改正其隐私信息提出要求,并在合适时间内获得处理。

综上所述,为合理地使用与保护用户隐私信息,开发相应 APP 程序时应有如下技术措施保障用户隐私权益:

(1) 互联网应用程序提供者在开发相应的 APP 应用程序时,应只在必要时才读取、收集和使用用户隐私数据。如若互联网应用程序提供者的程序需要知道使用用户的位置,互联网应用程序提供者可考虑要求用户在知情的前提下在简图上指出其位置,而不是自动(及持续地)提取其位置数据;如互联网应用程序提供者必须自动取得位置数据,则应考虑取得必要的位置数据已可达致互联网应用程序提供者的目的,而毋须精细位置;当 APP 程序需要传送具有验证码的 SMS 短信到移动互联网装置以认证用户电话号码时,程序可能需要读取 SMS 短信以协助使用用户自动地填上一次性的验证码。此技术措施无疑方便了用户,增加了用户体验。但用户需要键入验证码,此举亦令 APP 程序可以持续读取用户隐私 SMS 信息此时需要向用户说明其安全性,不会超额持续默认读取短信验证码;对于 iOS 程序需要读取一些并未受其私隐设定独立保障的数据,或 Android 程序需要读取数据时,APP 开发者应考虑在程序收集每类数据时,征求用户的准许(及准许用户事后改变主意)或每次都通知用户（例如透过闪烁图标），以向用户表明该程序只会在有需要时才收集和使用有关隐私信息数据。

（2）互联网应用程序提供者在开发相应的 APP 应用程序时，只在有必要时才传输和上载数据。若互联网应用程序提供者需要把数据上载到后端服务器，以查阅其他数据继而再下载至程式（例如根据使用用户位置查阅最近分店地址），互联网应用程序提供者可考虑（如速度及数据容量许可）先下载数据到流动装置再进行查阅；或取而代之，互联网应用程序提供者亦可考虑先审阅数据（例如把精细位置转换成城市的其中一区）再上载区域数据到服务器查阅。若要传输敏感数据，而需要加密保护时，互联网应用程序提供者应该确保妥善加密，例如使用复杂的加密运算、检查电子证书是否依然生效并由认可的机关核证，亦要考虑加设证书鉴定技术，以确保传输数据受到应有的保护。

（3）互联网应用程序提供者在开发相应的 APP 应用程序时，只有在必要时，才把数据储存和保留在流动装置以外的地方。若程序在每次运作时，都会上载用户最新的通讯录到服务器中使用，互联网应用程序提供者应考虑把服务器中不再需要的通讯录数据尽快删除；若互联网应用程序提供者需要保存用户最新的通讯簿在服务器内，但只使用其电话号码，应考虑删除已保存于通讯簿中的姓名和名称栏目；互联网应用程序提供者应考虑向用户提供途径以删除储存在流动装置及后端服务器的数据（包括任何账户或账户相关数据），以确保用户的选择权行使。

（4）互联网应用程序提供者在开发相应的 APP 应用程序时，把使用用户的数据与从别处取得的有关同一用户数据结合和串联，互联网应用程序提供者应告知使用用户有关的详情，并容许使用用户可选择不同意此结合和串联的安排；互联网应用程序提供者应考虑容许使用用户匿名地使用互联网应用程序提供者的程序（即毋须先登入账户）；及互联网应用程序提供者应顾及到用户有可能更改电话号码，因此互联网应用程序提供者不应只用电话号码以提取储存的用户的数据，以免某人的数据因其更换电话号码而被他人提取。

（5）互联网应用程序提供者在开发相应的升级 APP 应用程序时，Android 操作系统应在更新前向用户指出这些收集认证用户隐私信息间差异，及要求程序用户确认使用并接受。互联网应用程序提供者应向用户说明需要读取更多数据的原因，向用户解释不是因为他们惯于使用该程序的旧版本而“走后门”地利用更新版本去读取用户更多的个人隐私资料；以符合用户隐私知情权的规定。

（6）互联网应用程序提供者在开发相应的 APP 应用程序时，在程序中有时会使用或加入第三方工具。第三方工具提供商在没有告知互联网应用程序提供者的情况下会自行读取和收集用户隐私数据（因此用户亦会不知情），此类读取和收集或会出乎意料地出现在用户的“权限”页面上。互联网应用程序提供者应做相应检查，有责任与义务确保第三方工具不会侵犯用户隐私权与数据安全。

（7）互联网应用程序提供者在开发相应的 APP 应用程序时，有时会采用第三方提供者的内置广告。互联网应用程序提供者应该有责任就第三方提供者的内置广告会否透过 APP 程序对用户隐私信息进行追踪、变更、替换并建立个人资料数据档案等情况进行核查。如有，APP 提供者应该了解详情，并向用户解释广告网络会作什么形式的追踪和建立怎样的个人资料档案互联网应用程序提供者亦应该向第三方了解使用用户是否可以不同意此安排；APP 开发商应知道，由于是互联网应用程序提供者间接选择及决定采用某广告网络，故此有可能会因此承担相应侵权法律责任。

根据《全国人民代表大会常务委员会关于加强网络信息保护的决定》、《国务院关于授权国家互联网信息办公室负责互联网信息内容管理工作的通知》、《移动互联网应用程序信息服务管理规定》的规定，互联网应用程序提供者如侵害用户隐私权，用户可以向地方互联网信息办公室投诉举报，可以向当地公安机关报案，亦可以向司法机关提起侵犯知情权、选择权诉讼，其救济手段主要有民事责任、刑事责任及行政责任。其中应用商店提供者对 APP 提供者的管理责任也可以作为权利救济方式之一，即用户向应用商店提供者提出投诉与举报，要求应用商店提供者对违反规定的 APP 提供者，采取警示、暂停发布、下架应用程序等措施，以维护用户隐私权益。

随着我国网络立法的加快，对于现实社会与网络社会中的隐私权的保护将随着各项法律法规的实施变得日益紧迫，加强对移动互联网应用程序（APP）开发过程中的用户隐私信息服务的规范管理，促进移动互联网应用程序的技术开发路线与策略合法有序发展，将会对我国移动互联网的发展起到关键的作用。

企业信息系统安全治理思考

姜晓亮　江苏广浩律师事务所

每年都有许多企业发生服务器被挟持，网络瘫痪，密码被盗等网络信息安全案件。企业的正常营运离不开信息系统的支持，而信息安全案件一旦发生，可能会对企业造成灾难性的后果。企业应加强网络运行安全与信息安全的防范，做好应对网络与信息安全突发公共事件的应急处理工作，从而最大限度地减轻或消除网络与信息安全突发事件的危害和影响，确保网络运行安全与信息安全。企业网络和信息安全主要是设备的信息安全，涵盖网络系统、计算机操作系统、数据库管理系统和应用软件系统；涉及计算机病毒的防范、入侵的监控；涉及以用户（包括公司职工和外部相关机构人员）为中心的安全管理，包括用户的身份管理、身份认证、授权、审计等等。

一、信息安全案件的风险分类

（一）网络安全风险

（1）网络体系结构的安全风险。网络平台是一切应用系统建设的基础平台，网络体系结构是否按照安全体系结构和安全机制进行设计，直接关系到网络平台的安全保障能力。企业的网络由内网与外网组成。内网与外网之间理应进行隔离但如何进行隔离，外网的路由是否正确，网络的容量、带宽是否考虑客户上网的峰值，网络设备有无冗余设计等都与安全风险密切相关。

（2）网络通信协议的安全风险。网络通信协议存在安全漏洞，网络黑客就能利用网络设备和协议的安全漏洞进行网络攻击和信息窃取。例如未经授权非法访问内部网络和应用系统；对其进行监听，窃取用户的口令密码和通信密码；对网络的安全漏洞进行探测扫描；对通信线路和网络设备实施拒绝服务攻击，造成线路拥塞和系统瘫痪等。

（3）漏洞及后门的安全风险。网络操作系统都存在安全漏洞；一些重要的网络设备，如路由器、交换机、电脑、其他存储设备、防火墙等，由于操作系统存在安全漏洞及后门，导致网络设备的不安全。

（二）系统安全风险

（1）操作系统安全风险。操作系统的安全性是系统安全管理的基础。数据库服务器、中间层服务器，以及各类业务和办公客户机等设备所使用的操作系统，都存在信息安全漏洞，由操作系统信息安全漏洞带来的安全风险是较为普遍的安全风险。同时，计算机病毒的传播会破坏数据信息，占用系统资源，影响计算机运行速度，引起网络堵塞甚至瘫痪。

(2) 数据库安全风险。所有的业务应用、决策支持、行政办公的信息管理核心都是数据库，而涉及企业运行的数据都是需要安全保护的信息资产，不仅需要统一的数据备份以及高可用性的保障机制，还需要对数据库的安全管理，包括访问控制，敏感数据的安全标签，日志审计等多方面提升安全管理级别，规避风险。各种应用系统软件在数据的安全管理设计上也不可避免地存在或多或少的安全缺陷，需要对数据库和应用的安全性能进行综合的检测和评估。

(3) 应用系统的安全风险。为优化整个应用系统的性能，无论是采用 C/S 应用模式或是 B/S 应用模式，应用系统都是其系统的重要组成部分，不仅是用户访问系统资源的入口，也是系统管理员和系统安全管理员管理系统资源的入口，桌面应用系统的管理和使用不当，会带来严重的安全风险。例如当口令或通信密码丢失、泄漏，系统管理权限丢失、泄漏时。

(4) 黑客入侵风险。有的入侵者利用嗅探程序通过网络探测、扫描网络及操作系统存在的安全漏洞，如网络 IP 地址、应用操作系统的类型、开放那些 TCP 端口号、系统保存用户名和口令等安全信息的关键文件等，并采用相应的攻击程序对内网进行攻击。入侵者通过拒绝服务攻击，使得服务器超负荷工作以至拒绝服务甚至系统瘫痪。有的入侵者通过网络监听、用户渗透、系统渗透、拒绝服务、木马等综合手段获得合法用户的用户名、口令等信息，进而假冒内部合法身份进行非法登录，窃取内部网重要信息，或使系统终止服务。

(三) 管理层安全风险

安全的网络设备要靠人来实施，责权不明、管理失控、安全管理制度不健全及缺乏可操作性等都可能引起管理安全的风险。有些企业，当网络出现攻击行为或网络受到其他一些安全威胁时(如内部人员的违规操作等)，无法进行实时的检测、监控、报告与预警。当故障发生后，也无法提供黑客攻击行为的追踪线索及破案依据，即缺乏对网络的可控性与可审查性。这样是不行的，必须对站点的访问活动进行多层次的记录，及时发现非法入侵行为。

二、风险管理

(一) 完善网络与信息安全突发公共事件监测、预测和预警制度

加强对各类网络与信息安全突发事件和可能引起突发网络与信息安全突发公共事件的有关信息的收集、分析、判断和持续监测。企业的网管当检查到有网络与信息安全突发事件发生或可能发生时，应及时对发生事件或可

能发生事件进行调查核实、保存相关证据,并立即向应急安全生产管理委员会报告。报告内容主要包括信息来源、影响范围、事件性质、事件发展趋势和采取的措施建议等。

(二)将外包纳入企业的风险管理体系

对涉及公司商业秘密和客户隐私等敏感信息系统内容进行外包时,应根据风险控制和实际需要,进行评估审核与监督管理。定期对承包方财务状况、技术实力、安全资质、风险控制水平和诚信记录等进行评估,确保其设施和能力满足外包要求。定期更新完善信息外包服务合同,特别是合同中的安全保密、知识产权、服务连续性要求、争议解决、违约责任等条款,应当有利于企业的信息安全管理。

(三)设定信息安全等级保护,实行信息安全风险评估

通过相关设备实时监控网络工作与信息安全状况。各基础信息网络和重要信息系统建设要充分考虑抗毁性和灾难恢复,制定并不断完善信息安全应急处理预案。针对信息网络的突发性、大规模安全案件,建立制度优化、程序化的处理流程。

(四)做好服务器及数据中心的数据备份及登记工作,建立灾难性数据恢复机制

对于重要网络与信息系统,在建设系统时应事先预留一定的应急设备,建立信息网络硬件、软件、应急救援设备等应急物资库。在网络与信息安全突发公共事件发生时,由应急工作组负责统一调用。

重要信息系统均应建立容灾备份系统和相关工作机制,保证重要数据在遭到破坏后,可紧急恢复。各容灾备份系统应具有一定的兼容性,在特殊情况下各系统间可互为备份。

(五)网络安全检查

聘请有资质的信息安全服务商,对企业的信息系统安全进行检查,包括:

(1)系统漏洞检查:扫描企业网络系统,检测存在的弱点与漏洞,并提出相应的修补方案。

(2)数据库安全检查:对数据库配置的安全进行检测。

(3)主机安全检查:提取操作系统的关键机制,如系统服务、注册表,启动进程,检测操作系统的访问控制、授权与审计;反馈系统的安全配置,文件访问,引导等系统深度信息。

(4)网络安全检查:通过对目标网站进行完整扫描,检测 WEB 应用安全弱点;对网页木马和各类网页被篡改后植入恶意代码进行检测分析等。

(六)法律风险管理

按照《计算机信息网络国际联网管理暂行规定》、《计算机信息网络国际

联网安全保护管理办法》、《商用密码管理条例》、《计算机信息系统国际联网保密管理规定》、《刑法》等法律法规的规定，完善企业与客户的用户协议、与供应商的采购合同、信息系统服务合同、企业与职工的保密协议与竞业限制协议，预防信息安全的法律风险。

三、信息安全案件的处置流程

（一）预案启动

在发生网络与信息安全案件后，信息中心应尽最大可能迅速收集事件相关信息，鉴别事件性质，确定事件来源，弄清事件范围和评估事件带来的影响和损害。一旦确认为网络与信息安全案件后，立即将事件上报工作组并着手处置。

（二）应急处理

1. 局域网中断紧急处理措施

（1）信息安全负责人员立即判断故障节点，查明故障原因，及时汇报。

（2）若是线路故障，重新安装线路。

（3）若是路由器、交换机等设备故障，应立即从指定位置将备用设备取出接上，并调试畅通。

（4）若是路由器、交换机等配置文件损坏，应迅速按照要求重新配置，并调试畅通。

2. 广域网线路中断

（1）信息安全负责人员应立即判断故障节点，查明故障原因。

（2）如是我方管辖范围，由信息安全负责人员立即维修恢复。

（3）如是电信部门管辖范围，应立即与电信维护部门联系修复。

（4）做好事件记录。

3. 核心交换机故障

（1）检查、备份核心交换机日志。

（2）启用备用核心交换机，检查接管情况。

（3）备份核心交换机配置信息。

（4）将服务器接入备用核心交换机，检查服务器运行情况，将楼层交换机、接入交换机接入备用核心交换机，检查各交换机运行情况。

（5）联系维修核心交换机。

4. 计算机病毒爆发

（1）关闭计算机病毒爆发网段上联端口。

（2）隔离中病毒计算机。

（3）关闭中病毒计算机上联端口。

（4）根据病毒特征使用专用工具进行查杀。

(5)系统损坏计算机在备份其数据后,进行重装。

(6)通过专用工具对网络进行清查。

(7)做好事件记录,及时上报。

5. 服务器设备故障

(1)主要服务器应做多个数据备份。

(2)如能自行恢复,则立即用备件替换受损部件,如:电源损坏更换备用电源,硬盘损坏更换备用硬盘,网卡、主板损坏启用备用服务器。

(3)若数据库崩溃应立即启用备用系统,并检查备用服务器启用情况。

(4)对主机系统进行维修并做数据恢复。

(5)如不能恢复,立即联系设备供应商,要求派维护人员前来维修。

(6)汇报有关领导,做好事件记录。

6. 黑客攻击事件

(1)若通过入侵监测系统发现有黑客进行攻击,立即通知相关人员处理。

(2)将被攻击的服务器等设备从网络中隔离出来。

(3)及时恢复重建被攻击或被破坏的系统。

(4)记录事件,及时上报。若事态严重,应及时向信息化主管部门和公安部门报警。

7. 数据库安全案件

(1)平时应对数据库系统做多个备份。

(2)发生数据库数据丢失、受损、篡改、泄露等安全案件时,信息安全人员应查明原因,按照情况采取相应措施,如更改数据库密码,修复错误受损数据等。

(3)如果数据库崩溃,信息安全人员应立即启用备用系统,并向信息安全负责人报告;在备用系统运行期间,信息安全人员应对主机系统进行维修并作数据恢复。

8. 关键人员不在岗的紧急处置措施

(1)对于关键岗位平时应做好人员储备,确保一项工作有两人能够操作。对于关键账户和密码进行密封保存。

(2)一旦发生系统安全案件,关键人员不在岗且联系不上或1小时内不能到达机房的情况,首先应向安全生产管理委员会汇报情况。

(3)经安全生产管理委员会批准后,启用企业备份管理员密码,由备用人员上岗操作。

(4)如果备用人员无法上岗,请求软件公司技术支援。

(5)关键人员到岗后,按照相关规定进行密码设定和封存。

(三)后续处理

安全案件进行应急处置以后,应及时采取行动,抑制其影响的进一步扩大,限制潜在的损失与破坏,同时要确保应急处置措施对涉及的相关业务影响最小。安全案件被抑制之后，通过对有关事件或行为的分析结果，找出其根源，明确相应的补救措施并彻底清除。在确保安全案件解决后，要及时清理系统、恢复数据、程序、服务，恢复工作应避免出现误操作导致数据丢失。

网络与信息安全案件发生时，应及时向网络与信息安全应急处置工作组汇报，并在事件处置工作中作好完整的过程记录，及时报告处置工作进展情况，保存各相关系统日志，直至处置工作结束。

（四）法律保护

根据刑法的相关规定，及时固定证据，并向司法机关报案。刑法中关于网络信息安全的罪名主要有以下三种：

（1）非法侵入计算机信息系统罪，是指违反国家规定，侵入国家事务、国防建设、尖端科学技术领域的计算机信息系统的行为。

（2）非法获取计算机信息系统数据、非法控制计算机信息系统罪，是指违反国家规定，侵入前款规定以外的计算机信息系统或者采用其他技术手段，获取该计算机信息系统中存储、处理或者传输的数据，或者对该计算机信息系统实施非法控制，情节严重的行为。

（3）提供侵入、非法控制计算机信息系统程序、工具罪，是指提供专门用于侵入、非法控制计算机信息系统的程序、工具，或者明知他人实施侵入、非法控制计算机信息系统的违法犯罪行为而为其提供程序、工具，情节严重的行为。

总之，企业应加强安全性风险和薄弱环节的评估及管理，分析信息系统所可能面临的威胁，制定并实施正确的应对策略，组织力量用以管理各种风险，预防和减少信息安全案件的发生。

论信息网络诈骗中运营商的过错责任及合同附随义务

李伟相　那书怡　广东知恒律师事务所

一、背景概述

近几年，淘宝网、京东商城、亚马逊等电商如雨后春笋般迅猛发展，伴随成长的还有支付宝、快捷支付等网上支付平台，网购这种高效便捷的消费模式为我国零售业市场注入了新鲜的血液，可同时也出现了网络用户信息被泄露、财产被窃取等诸多风险。据猎网平台[①]统计数据显示，2015 年 1 月到 9 月，全国网民举报网络诈骗案件 20 086 起，涉案金额高达 8 901 万元，人均损失 4 431 元，然而，这一数字也仅仅是全国网络诈骗案件的冰山一角。《现代网络诈骗产业链分析报告》显示，网络诈骗从业者至少有 160 万人，年产值超过 1 100 亿元，已成为继赌博和色情产业之后的中国第三大黑色产业。

二、典型案例解析及启示

（一）特殊号段改号电信诈骗案

案情介绍[②]：2014 年 4 月 7 日，深圳市移动用户张女士先后接到来电显示为 095555、0755－95555 的来电，对方自称是招商银行信用卡中心，称张女士的身份证被他人盗用，办了信用卡，必须于当天下午 4 点前还清欠款。同日，张女士接到来电显示为 021－62588800 的电话，自称是“上海市公安局静安分局”的杨荣警官，称张女士的信用卡涉嫌诈骗案件。随后号码转接到一个自称是最高人民检察院的姚旭辉检察官处，对方以核查为由，引导她对银行卡进行多项操作，张女士银行卡里的 442 892 元钱全被转走。案发后，张女士一纸诉状将中国移动深圳分公司告上法庭，要求对方赔偿。2015 年 11 月 19 日，福田区法院作出一审判决，判决被告运营商承担 20%的赔偿责任，赔偿原告损失 88 578.4 元。

案件分析及启示：通常，手机通讯服务运营商与用户签订的服务协议中

---

① 猎网平台，北京市公安局网络安全保卫总队与 360 互联网安全中心共同发布的网络诈骗全民举报平台。

② 深圳特区报，《市民遭改号诈骗，运营商被判承担 20%赔偿责任》，腾讯大粤网，http://gd.qq.com/a/20151120/024415.htm，访问时间：2015 年 11 月 21 日。

包含来电显示业务，运营商应该按照合同约定的义务以及注意义务提供正确安全的来电显示，改号诈骗正是利用了该服务存在的缺陷和漏洞，对此电信运营商存在明显的过失，给用户造成了严重的财产损失，应依法承担违约责任。本案中法院认为，一方面原告自身疏于防范和缺少合理的警惕，另一方面手机服务运营商相关产品存在缺陷和漏洞，根据双方当事人的过错程度以及造成损失的主次要原因，运营商应承担相应的20%赔偿责任。笔者认为，就该案而言，犯罪分子通过改号软件伪装成公安局甚至是检察院号码，导致受害者难以辨认出诈骗行为，电信运营商则有能力也有义务进行防范和控制，所以应当承担更高的赔偿责任。

（二）假冒卖家客服诈骗案

案情介绍[①]：近日，重庆市一女大学生接到一个自称淘宝卖家的陌生电话，说她之前买的鞋子没货了，只能办理退款，卖家发来退款链接，要求其按照链接的步骤填好收款银行卡信息。打开链接填完信息后，“店主”打来电话，称其银行卡有问题，审核失败，无法退款，要求另提供一张。于是她再次进入链接，输入信息。不久便收到银行客服发来的短信，提示银行卡支出9 230元，她这才恍然大悟被骗了。

案件分析及启示：在此类假冒卖家客服诈骗案中，事实上存在两个侵权责任主体，一是直接侵权主体，即假冒客服盗刷消费者银行卡的骗子；二是间接侵权主体，即泄露消费者个人信息的真实卖家。因卖家与消费者有合同关系存在，根据诚实信用原则，卖家没有妥善履行保密义务，故意将受害者个人信息泄露，应承担违约责任。那么电子商务经营者在此类诈骗中的责任该如何认定？笔者认为，电子商务经营者与受害消费者之间并没有合同关系存在，无法适用违约责任，电子商务经营者作为管理人或组织者，参照《侵权责任法》第37条对违反安全保障义务的侵权责任的规定，管理人或者组织者未尽到安全保障义务的，承担相应的补充责任。

三、运营商法律地位的认定——以电信运营商为例

关于运营商的法律地位认定，主要有以下两种观点，一种观点认为运营商只为用户提供通讯、技术支持，没有参与网络用户的实际交易，属于中立的技术服务提供者，电信运营商往往也是以该理由进行抗辩；另一种观点，将运营商视为信息网络的居间人。笔者认为，两种观点均有偏颇，虽然运营商并未主动参与信息网络诈骗，但是在对互联网、电信通信网络的管理上存在疏忽，没有对风险进行预测和控制，才会给不法分子以可乘之机，因此运营商对诈骗案件的发生有不可推卸的责任。

---

① 中国电子商务研究中心，《网上购物警惕“淘宝店主”各类退款诈骗》，http://www.100ec.cn/detail-6281250.html，访问时间：2015年11月22日。

电信运营商作为基础电信业务的运营者,与其用户之间具有合同关系,运营商为用户提供网络接入、代理收费等业务,用户使用移动终端必须要通过运营商的系统中转。也就是说,只有电信运营商对信息进行接入后,信息才能传送。

按照“谁接入谁负责”、“谁经营谁负责”、“谁收费谁负责”的原则,基础电信企业作为SP(Service-Provider 信息服务企业)的网络接入者、代理收费者和业务合作者对SP企业的接入内容、资费与收费、合作行为等方面的违规行为应当承担规范管理责任。2015年,三大运营商加大管制SP企业[①],从该篇报道中可简要归纳出运营商在监管方面可以实现的手段,一加强事前监管,要求服务商签订《信息安全承诺书》,二加大清查力度,逐项审核,涉嫌不良内容的网站一律关闭。可见,在维护信息网络安全的战役中,运营商的监管力量至关重要。

四、我国现行法律、法规、司法解释中的相关规定

(1)《侵权责任法》第36条规定:网络用户、网络服务提供者利用网络侵害他人民事权益的,应当承担侵权责任。……被侵权人有权通知网络服务提供者采取删除、屏蔽、断开链接等必要措施,……未及时采取必要措施的,对损害的扩大部分与该网络用户承担连带责任。网络服务提供者知道网络用户利用其网络服务侵害他人民事权益,未采取必要措施的,与该网络用户承担连带责任。

(2)《消费者权益保护法》第44条:消费者通过网络交易平台购买商品或者接受服务,其合法权益受到损害的,可以向销售者或者服务者要求赔偿。网络交易平台提供者不能提供销售者或者服务者的真实名称、地址和有效联系方式的,消费者也可以向网络交易平台提供者要求赔偿。网络交易平台提供者……未采取必要措施的,依法与该销售者或者服务者承担连带责任。

(3)《全国人民代表大会常务委员会关于加强网络信息保护的决定》:(四)网络服务提供者和其他企业事业单位应当采取技术措施和其他必要措施,确保信息安全……在发生或者可能发生信息泄露、毁损、丢失的情况时,应当立即采取补救措施。(六)网络服务提供者为用户办理网站接入服务,办理固定电话、移动电话等入网手续……要求用户提供真实身份信息。(十一)对有违反本决定行为……侵害他人民事权益的,依法承担民事责任。

(4)2011年3月1日最高人民法院、最高人民检察院《关于办理诈骗刑事案件具体应用法律若干问题的解释》第七条:“明知他人实施诈骗犯罪,为其提供信用卡、手机卡、通讯工具、通讯传输通道、网络技术支持、费用结算等帮

---

① 阿里云资讯,《三大运营商加大管制SP:全部屏蔽或全停计费》,http://www.aliyun.com/zixun/content/2_6_853245.html,访问时间:2015年10月26日。

助的，以共同犯罪论处。”

五、运营商法律责任的分类

司法实践中运营商承担的责任主要有以下三种类型[①]：一是合同违约责任。二是一般侵权责任，由于运营商违反了法定的注意义务，主观上可能是故意也可能是过失，对用户的人身或财产权益造成损害，应承担一般过错责任的侵权责任。三是违反安全保障义务的侵权责任，运营商作为网络服务的提供者和经营者，应该提供一定的技术保证，承担违反安全保障义务的补充责任。

六、运营商的侵权责任

依据《侵权责任法》第 36 条规定，网络服务提供者的侵权责任包括直接侵权责任与间接侵权责任[②]，前者是指网络服务提供者利用网络侵害他人民事权益而应依法承担的侵权责任，后者是指网络服务提供者未尽到法定义务避免网络用户利用网络实施侵权行为致他人民事权益受害而应依法承担的侵权责任。间接侵权是目前信息网络诈骗中比较常见的形式，因运营商主观存在过错，事前未尽合理注意义务，事后未采取必要措施，客观上对损害后果的扩大起到了一定的帮助作用，根据该条第二、三款规定，运营商不直接向受害者承担侵权责任，而是与实际侵权责任人承担连带责任。

七、运营商过错责任的法理分析

目前学界对网络服务提供者间接侵权行为的归责原则存在争议，主要可分为无过错责任说和过错责任说两种观点。

无过错责任原则是一种加重责任，依据法律特别规定，不论行为人是否有过错，只要其行为与损害后果之间具有因果关系，即应承担民事责任的一种归责原则，该原则的使用范围受到法律的严格限制，只针对法律规定的某些特殊侵权行为领域。如果适用无过错责任原则，运营商义务过重会打击运营商的积极性，也会大大提高网络运营成本，不利于网络技术和经济的发展。

过错责任说则认为网络服务提供者在提供服务时，对侵权行为的发生或者损害的扩大时，才承担侵权责任。杨立新教授[③]认为，采用过错责任原则是目前各国立法的趋势，过错责任的适用会加强网络服务提供者的注意义务，同时也避免了因其自身无法预见或控制的过错或第三者的侵权行为而承担侵权责任。

---

① 张新宝：《互联网上的侵权问题研究》，中国人民大学出版社 2003 年第 1 版。

② 韩松：《民法分论》，中国政法大学出版社 2014 年第三版，第 745 页。

③ 杨立新：《侵权责任法规定的网络侵权责任的理解与解释》，《国家检察官学院学报》2010 年 4 月第 2 期。

大部分国家的立法都秉持着对运营商不赋予过重义务的原则,最大限度地鼓励网络信息产业的顺利发展。例如,欧盟于 2000 年 5 月通过的《电子商务指令》(Directive on electronic commerce),其中第 15 条规定了运营商没有管理其传输或存储的信息的一般性义务,也没有积极地搜寻侵权行为事实和情形的一般性义务。

八、运营商的合同附随义务——法理分析和法律适用

现代合同法呈现出合同义务来源多元化的趋势[①],合同义务不仅仅来源于约定的义务还包括法定的义务以及依据诚实信用原则产生的附随义务。

附随义务[②],依诚实信用原则确立,附随义务的不履行,构成不适当履行合同,产生不安全给付,即债务人虽然履行了义务,但其履行有瑕疵或给债权人造成了损失。在此情况下,债权人可以就产生的损害请求损害赔偿。

我国《合同法》第 60 条第 2 款规定:当事人应当遵循诚实信用原则,根据合同的性质、目的和交易习惯履行通知、协助、保密等义务。第 107 条规定:"当事人一方不履行合同义务或者履行合同义务不符合约定的,应当承担继续履行、采取补救措施或者赔偿损失等违约责任。但是,这一规定所罗列的附随义务并不完全,在不同的合同中所包含的附随义务远不止这些,例如运营商的保密义务、审查义务、协助义务等等,下面将详细阐述几类典型的合同附随义务:

1. 保密义务

在网上交易流程中,如果卖方将个人信息数据泄露给他人,可能会导致消费者手机收到垃圾短信、广告短信甚至是诈骗短信,还有可能会传送附有病毒和木马程序的邮件给消费者等等,为了保障消费者安全防止其个人信息泄露,网络卖方对于消费者的个人资料负有保密义务。

2. 协助义务

通常情况下,网络运营商的服务器中存储着其注册用户个人情况资料,以及登陆、运行数据等内容,相比受害者运营商更容易掌握有关的侵权证据,在举证过程中,运营商应负担一定的协助义务,帮助其找到侵害人,协助其维护自身的权益。

3. 安全保障义务

运营商作为电信平台的经营管理者,基于对平台技术、操作管理的熟悉程度使其较其他人具备了更强的风险控制能力,同时,消费者使用通讯业务必须以加入基础网络为前提,运营商据此收取了一定的通信费用。因此,运营商应主动采取预防危险发生的监管措施,例如异常监控、关键词过滤等技

---

① 王利明:《违约责任和侵权责任的区分标准》,《法学》2002 年第 5 期。

② 张琪:《论附随义务理论在我国司法中的适用》,中国政法大学 2014 年硕士论文。

术措施，以保障网络环境的安全。

4. 注意义务

作为网络中信息提供者与信息接受者之间的桥梁，网络服务商是互联网诞生后新出现的一种服务主体，所从事的是一种营利性活动。[①] 因此，根据收益与风险均衡原则，网络服务商作为信息在网络上传播力的媒介，既然从中获利，也就应承担网络服务中所产生的风险，即用户可能利用其提供的设施、服务从事侵权行为，网络用户对于这种侵权行为负有合理的注意义务。

在美国《反不正当竞争法重述》27(b)中对注意义务作出了规定："网站可以预见到不法分子可利用该平台来销售侵权产品。为此，网站应采取一定的防范措施。"其次，在DMCA[②] 中也规定了"红旗标准"来对网络服务提供者的注意义务予以规定。网络服务提供者只有在不知道或者没有收到权利人通知知晓服务对象侵权时，才能适用"避风港"原则。

---

① 王栋、眭鸿明：《论网络服务商的合理注意义务》，南京邮电大学学报（社会科学版），2009年第6期。

② DMCA是"Digital Millennium Copyright Act "的简称，即美国《千禧年数字版权法》。

论我国移动游戏著作权的保护

马治国　杨峥峥　陕西汉典律师事务所

一、移动游戏与 PC 端游戏的区别

移动游戏,目前尚无统一定义,但根据其运行原理可以简单理解为一种“通过软件支撑而运行在移动终端,由一系列文字画面等组合而成的实体”[1]。从本质上看,移动游戏与 PC 端游戏都是搭载于终端设备上的游戏程序。但是,移动游戏作为伴随移动设备及互联网技术发展产生的新型游戏,与 PC 端游戏仍有显著区别,而正是这些区别使得移动游戏所面临的著作权保护困境相对更为紧迫。

(一)依托硬件及配置要求不同

PC 端游戏只能依托传统计算机①,而移动游戏则依托移动设备,如手机、平板等。另外,基于技术限制,移动设备的硬件配置上限尚无法与传统计算机相比。

(二)研发投入及周期不同

PC 端游的开发是一个巨大的工程,一般研发团队至少在 10 人以上,有些巨制需要百人以上的团队也并不稀奇,资金投入按照游戏规模几百万元到上千万元不等,平均研发时间为两到三年甚至更长。而移动游戏一般 3 到 5 人即可组成一个研发团队,很多时候设计者和编程者是同一个人,资金投入一般在几万元或几十万元上下。一般数月即可完成。

(三)游戏内容及效果不同

PC 端游戏的内容一般比较丰富,游戏逻辑更为复杂,感官效果更佳。而通常程序包 1G 以上的移动游戏大多是从 PC 端移植而来的重度游戏,但经过程序弱化,在内容和游戏效果上“根本无法与原版游戏同日而语”[2]。

(四)游戏寿命及推广渠道不同

PC 端游的游戏寿命一般较长,有些早期研发的经典游戏经久不衰,基于较长的游戏寿命,PC 端游戏可以通过销售游戏光盘的方式进行推广。而移

---

① 尽管现阶段移动设备上也搭载了提供网页游戏界面的浏览器,但从游戏体验上来看,网页游戏更适合在电脑上运行。

动游戏因为主要针对玩家的碎片时间，且行业竞争十分激烈，对玩家的吸引力仅能维持很短的时间，游戏寿命一般少则 2～3 个月，多则 6～12 个月[3]。游戏推广主要通过网站或虚拟平台免费提供客户端下载服务。

二、移动游戏著作权的内涵及常见的侵权表现形式

（一）移动游戏著作权的内涵

游戏是多种创作元素有机融合而成的实体，其著作权自然也具有多维内涵。就移动游戏而言，其著作权内涵包括：

1. 移动游戏软件著作权

根据我国《计算机软件保护条例》第 2 条、第 3 条对于计算机软件概念的阐释①，结合移动游戏的运行原理来看，移动游戏与一般计算机程序仅存在运行环境上（终端及操作系统）的不同，并不影响其计算机软件的性质，依法享有软件著作权。

2. 内含作品元素著作权

移动游戏汇集了人物造型、游戏情节、游戏数据、美术作品、游戏音乐等众多作品元素，每一个原创作品元素的开发过程都凝聚着设计者的智慧，而这些作品元素只要具有独创性，均应受到法律保护。

3. 移动游戏依托的上游作品著作权

值得注意的是，市面上很多移动游戏的开发均依托于某些经典、时兴文学著作或知名电影、漫画等作品当中的经典人物或故事情节，我们称之为上游作品。移动游戏开发商为了提高产品知名度、增加吸引力，往往借用这些上游作品的知名度，将游戏产品与这些作品进行各种形式的融合。当然，这种借用需要取得上游作品著作权人的许可，业内称之为“移动游戏 IP”。

（二）常见的侵权表现形式

1. 移动游戏软件侵权

与 PC 端游戏一样，移动游戏同样遭受着盗版、外挂和私服等软件侵权行为。近几年针对移动游戏软件的侵权行为日渐肆虐，其中不乏具有影响力的移动软件侵权案例，如 Lilith Games 诉 uCool 手游《Allstar Heroes》抄袭案、

---

① 《计算机软件保护条例》第二条：本条例所称计算机软件（以下简称软件），是指计算机程序及其有关文档。第三条：本条例下列用语的含义：（一）计算机程序，是指为了得到某种结果而可以由计算机等具有信息处理能力的装置执行的代码化指令序列，或者可以被自动转换成代码化指令序列的符号化指令序列或者符号化语句序列。同一计算机程序的源程序和目标程序为同一作品。（二）文档，是指用来描述程序的内容、组成、设计、功能规格、开发情况、测试结果及使用方法的文字资料和图表等，如程序设计说明书、流程图、用户手册等。（三）软件开发者，是指实际组织开发、直接进行开发，并对开发完成的软件承担责任的法人或者其他组织；或者依靠自己具有的条件独立完成软件开发，并对软件承担责任的自然人。（四）软件著作权人，是指依照本条例的规定，对软件享有著作权的自然人、法人或者其他组织。

《刀塔传奇》私服案等。这些行为无疑极大地损害了著作权人的经济利益,削弱了权利人的创作动力,从而破坏了著作权制度的激励机制,打破了创新机制的平衡,最终会遏制移动游戏行业的快速发展。

2. 移动游戏的艺术类著作权侵权

移动游戏所包含的具有独创性的人物造型、故事情节、美术设计以及游戏音乐等艺术作品依法受著作权保护。其中对移动游戏美工作品的抄袭是现实中最常见的侵权表现形式。美工作品一般指图像,如移动游戏中包含游戏地图、场景、建筑设计、人物造型、动画及特效等。美工作品的精良度决定着一款游戏能从视觉上对玩家产生多大的吸引力。现阶段,随着移动游戏趋于重度化,3D 效果的渲染要求大量制作精良的美工作品,而美工作品本身是极易被复制侵权的。

三、我国司法实践中关于移动游戏著作权保护的主要争议

(一)移动游戏的法律界定之争

移动游戏著作权保护首先面临的问题在于移动游戏是否属于著作权法保护对象,也即是否属于作品。《著作权法》第 3 条明确规定了八种法定作品类型[①],但移动游戏显然无法归属于任何一种。而游戏完全符合构成作品的条件这一点是毋庸置疑的。但从移动游戏本身的特点来看,其更像是软件、文字、图像、视频、音频等多种元素的组合,这种组合该如何保护,在理论界争议颇多。现阶段我国司法实践中采取的是拆分保护方式,根据侵权元素不同确定保护方式,但这种方式是否最佳值得商榷。

(二)移动游戏"玩法"保护之争

"玩法"通常指游戏规则或实现游戏功能的方法步骤,以及与游戏规则与功能密切相关元素的统称。相比端游和页游,移动游戏对玩法的依赖性更强,市面上很多简单但玩法新奇的小游戏比 PC 端移植过来的大型重度游戏更受玩家追捧。关于游戏"玩法"保护的争议,涉及对思想与表达的精确界定这一世界性的法律难题。在我国司法实践中,对于游戏"玩法"通常都是一刀切式地界定为思想而不予保护,这就造成移动游戏同质化问题日益严重。现阶段市面上有太多玩法相似的移动游戏,只需要对美工作品稍加修改,加入一点新元素,就是自己的了。这无疑严重威胁着权利人的利益,不利于精品创新。

---

① 《中华人民共和国著作权法》第三条:本法所称的作品,包括以下列形式创作的文学、艺术和自然科学、社会科学、工程技术等作品:(一)文字作品;(二)口述作品;(三)音乐、戏剧、曲艺、舞蹈、杂技艺术作品;(四)美术、建筑作品;(五)摄影作品;(六)电影作品和以类似摄制电影的方法创作的作品;(七)工程设计图、产品设计图、地图、示意图等图形作品和模型作品;(八)计算机软件;(九)法律、行政法规规定的其他作品。

（三）“避风港”原则的适用条件之争

美国 1998 年的《千禧年数字版权法》最早确定了避风港原则。有人提出该原则主要是站在网络服务提供商的角度考虑问题。该原则认为不应对网络服务提供商苛以不可行的审查义务，除非其事前已经知道或应当知道侵权事实的存在。在著作权人知晓的情况下，对侵权内容进行删除，则可不承担侵权责任。“避风港”原则可谓是移动游戏渠道商最强的保护伞，由于该规则在适用方面条件并不严格，造成滥用“避风港”原则的现象屡见不鲜。实践中运营商在接到通知之前往往已经达到其商业目的，只需通过产品下架便可轻松驶入“避风港”。有些网络服务提供者甚至会利用网络的虚拟性，通过注册小号上传内容，网站再提供相关链接，以此来规避侵权风险。

四、我国移动游戏著作权保护面临的困境

移动游戏本身具有创新难复制易的特点，加之产业发展迅速致使我国的知识产权立法难以快速跟进对其进行专门规制，与移动游戏著作权保护相关的一些法律问题如侵权的移动游戏的法律性质界定、游戏创意的法律保护等又存在不小的争议，同时行业及玩家的知识产权意识相对也比较薄弱，这些因素导致现阶段我国移动游戏著作权保护面临不小的困境。

（一）产品生命周期与侵权诉讼周期的冲突

一款移动游戏的平均生命周期仅有 6—12 个月，而我国完整的知识产权诉讼周期一般都在半年以上甚至更长，侵权方往往会选择采取拖延战术，造成诉讼尚未结案，侵权产品已经赚的盆满钵满后从容退市，而原创作品即便胜诉也难以夺回失去的市场。

（二）侵权成本与维权成本的落差

一款山寨移动游戏省去了中间的版权费，通过“换皮”还能大大缩短研发周期，国内知识产权司法败诉的赔偿额普遍仅在数十万，侵权成本还没有原创游戏研发成本的十分之一。而对于维权方来讲，由于诉讼周期、证据公证、调查费用等方面的因素，维权成本始终居高不下。

（三）侵权产品吸金量与渠道商利益的契合

一款有盈利潜力的山寨移动游戏，尤其是依托知名 IP 的移动游戏，其吸金能力往往不俗。而目前国内移动游戏的发行对渠道商的依赖很大，现阶段国内移动游戏渠道商的盈利模式大部分都采用“收入分成”模式，在宽松的“避风港”保护下，渠道商为了获取利益，往往会对其销量出色的侵权产品睁一只眼闭一只眼。

（四）计算机网络技术对侵权行为的辅助

在实践操作中，侵权方或者网络服务提供者会利用网络的虚拟性，先用

虚假信息注册小号,然后向平台或网站上传游戏客户端,以此来规避侵权风险。另外,随着侵权技术手段不断更新升级,有的侵权行为根本无法辨认和识别,即便能及时发现侵权,也无法找到罪魁祸首。

五、关于我国移动游戏著作权保护的建议

(一)将游戏类作品纳入法定作品范围予以独立保护

1. 拆分保护存在的问题

首先,拆分保护不符合现阶段对游戏作品的整体认同性,现实中人们对于游戏是一个完整实体已经形成固定的认同,极少有人关注游戏是哪些元素的组合。其次,拆分过细不合理地提高了侵权认定的标准,拆分过细有可能忽视游戏的整体性。再次,拆分保护产生新的法律难题,如对游戏作品中的视听动画特效场面的界定。最后,拆分保护使得维权更加艰难,拆分保护加大了侵权认定的复杂性,权利人将面临长时间的诉讼周期和较高的维权成本。

2. 将游戏类作品纳入法定作品范围的可行性

从法定的作品要求来看,游戏类作品具备构成作品的一切要素且与其他作品种类显著不同。从游戏类作品自身特性来看,游戏作为多种作品元素有机结合而成的实体,通过个性化操作,给玩家带来时刻不同的感官享受,这一点显著区别于其他种类的作品。从合法性来看,我国《著作权法》及《伯尔尼公约》关于法定作品种类的兜底条款为游戏类作品留下了空间。从历史经验来看,1944 年的《中华民国著作权法》首次将电影作品列为著作权保护的对象正是基于电影行业的繁荣发展和电影作品的特殊性考虑。

(二)对与游戏规则或功能相关但不构成混同的创意元素予以保护

1.“一刀切”模式的片面性

以著名的《炉石传说》案为例,法院经审理认为原告要求保护的“卡牌和套牌的组合”属于思想而不应给予著作权保护,其理论基础显然就是“与游戏目的和功能相关的元素都不构成表达”。但是正如原告所主张的,设计过程中原告对卡牌进行了取舍和平衡,并且基于此平衡性的取舍,确定了卡牌总数为 382 张,这样的选择,显然不是基于实现游戏功能所必然的,无疑具有独创性。

2. 不与游戏规则和功能混同的元素可以构成表达

在著作权的保护范围上应当坚持思想与表达二分法是毋庸置疑的,但是该原则适用的前提是区分思想与表达的界限。以《俄罗斯方块》案为例,法院认为并非与功能有关的一切表达都不受版权保护,只是放弃那些与功能相混同表达。任何表达都与游戏的思想有关,如果实现该思想的方式只有有限的几种,那么这种实现方式就被认定为与规则或功能相混同,不属于表达。本案中被告在自己研发的游戏中使用了与原告相同的长 20 格,宽 10 格的游戏

界面，使用了相同的方块形状，相同的旋转下落方式，设置了相同的提示下一方块形状的提示格，复制了原告为增加游戏难度而设置的障碍。即使这些元素都与俄罗斯方块的游戏目的和规则有关，但因为表现这一规则的方法有无数种，几乎所有图形都能够拼出4个相同的正方形，原告的特定选择就构成了受版权保护的表达。

（三）将严格的事前审查义务作为渠道商驶入“避风港”的前提条件

1. 对移动游戏渠道商的法律性质进行重新界定

现行《信息网络传播权保护条例》及《最高人民法院关于审理涉及计算机网络著作权纠纷案件适用法律若干问题的解释》实际上规定了5种网络服务提供商。但随着互联网产业的发展，网络服务的类型不断向多元化发展，移动游戏分发平台可以提供网络游戏的宣传、推广，客户端下载安装以及提供支付通道等服务，是集存储、搜索、链接、内容等服务于一体的经营者，且从交易中获取利益，已经超出了传统法定网络服务提供商的界限。

2. 移动游戏渠道商应当对上线游戏著作权进行严格的事前形式审查

要求移动游戏渠道商对上线游戏著作权进行事前审查并非不合理地加重其负担，而是根据权利义务对等原则及合理预防原则。如果渠道商采用的是收入分成的盈利模式，直接从交易中获取利益，那么此时“渠道商就与提供游戏的开发商或运营商处于相同的法律地位”[5]，依法应当对其直接获取经济利益的特定交易信息进行事前审查，承担权利瑕疵担保责任。

考虑到移动游戏渠道商对上线游戏著作权进行实质审查过于苛刻，法律只能要求其进行形式审查，但务必进一步严格。例如所有分发游戏，都应当要求开发者注册有效账号，并提供相关的资质文件，包括但不限于该产品的软件著作权证书以及产品运营的资质文件（如文号、版号）。对于代理游戏，还应当提供开发商的代理授权盖章文件；对于依托上游IP开发的游戏，则应提供版权方的版权授权盖章文件。如果渠道商未尽到事前审查义务或审查不严，则不受“避风港”原则的保护。

参考文献

[1] 冯晓青、孟雅丹：《手机游戏著作权保护研究》，《中国版权》2014年第6期，第34-37页。

[2] 熊伟红：《网络游戏版权侵权问题探析》，《商界论坛》2014年第5期，第210-214页。

[3] 胡燕、史烽：《移动游戏使用意愿问题研究综述》，《企业科技与发展》2011年第7期，第59页。

[4] Antonio Rodríguez Andrés. The relationship between copyright software protection and Piracy: Evidence from Europe [J]. European Journal of Law and Economics, 2006(1):9.

[5] 洪燕鹭：《网络中的“善良家父”——论网络服务商侵权行为的归责原则》《法制与经济》，2008年第8期，第6-9页。

网络游戏直播的法律问题探讨

侯铁芳　北京隆安(太原)律师事务所

所谓游戏直播，是指将游戏玩家操作各类电子游戏的过程通过电视或互联网等媒体向公众进行同步传播，使公众实时地了解该玩家运行游戏的过程，从而了解该玩家使用的游戏策略和在游戏中的进展的一种直播方式。随着网络游戏行业的逐渐繁荣，斗鱼、战旗、熊猫 TV 等游戏直播平台迅速发展并逐渐形成了较为完善的行业生态。

在网络游戏较为发达的韩国，"文化、体育和观光部"批准成立了以推广和规范电子竞技为职责的"韩国电子竞技协会"(The Korea e-Sports Association，简称 KeSPA)，该协会目前管理着"星际争霸"、"英雄联盟"和"反恐精英"等 25 种游戏的电子竞技项目，并对游戏直播进行管理。

然而，许多游戏直播并未经过游戏著作权人的授权，这引起了著作权人的不满。例如我国首例涉及游戏直播的案例——上海耀宇文化传媒有限公司诉广州斗鱼网络科技有限公司案，网络游戏"星际争霸"的权利人美国暴雪公司对韩国电子竞技协会和两家韩国电视台提起诉讼的案例。如此争议若得不到解决，网络游戏直播行业的良性发展势必遭受到不利的影响，所以有必要厘清网络游戏直播过程中相关权利归属，加强对网络游戏平台的规范和保护。

一、游戏直播与电子竞技的困境

游戏产业的"体量巨大"对 GDP 的贡献有目共睹，其中电子竞技产业的发展高度依赖于游戏直播所吸引的巨大观众群体。同时，电子竞技类游戏也因直播带来的大量观众而获利。关于网络游戏直播过程中的著作权问题，有不同的观点。

一种观点认为，与游戏直播相关的产业利益虽然重要，但这并非否定游戏著作权人行使权利的理由。如果一种产业的建立与他人著作权的行使产生冲突，则该产业的利益并不值得保护。各类歌唱选秀节目在多个国家各大电视台层出不穷，也形成了一种产业，但并不能因为观众喜爱选秀节目，而且音乐作品是选秀比赛和相关产业的基础，就认为音乐作品著作权人无权禁止各电视台未经许可组织参赛歌手进行现场表演并进行现场直播的行为。

另一种观点认为，为了保障电子竞技产业的发展，不允许用著作权阻止游戏直播。如韩国电子竞技委员会在与美国暴雪公司的争议中就提出:"如果游戏开发商在其游戏已经成为电子竞技核心项目之后,还要主张其权利以实现其利益的最大化,将构成对电子竞技产业这一面向未来的娱乐产业的严重威胁"。美国也有评论者支持这一观点:如果作品已经成为新兴竞技项目或产业的基础,且作者未尝意图以相同的方式使用作品,则作者无权禁止以此种方式进行的使用。以在韩国经久不衰的《星际争霸》为例,《星际争霸》应当被认为是一种准公共产品,即使暴雪公司应当获得许可费,也不能允许其轻易禁止游戏直播,以保护此种公共产品持续存在的权利和相关各方的利益。

笔者认为,第二种观点更具有现实意义。法律作为一种社会规范,其本身具有滞后性。游戏直播作为一种新兴行业,在法律规范的制定与适用上有许多不确定的地带。但从我国立法的精神层面而言,法是梳理社会矛盾维护社会不断前进的一种社会规范。游戏直播不论是在网络游戏相对发达的韩国,还是在我国,都已经形成了一个相对完善的产业生态链。如果仅仅因为游戏制作商的意志而较为随意的一概加以禁止,明显不利于整个社会的向前发展。而且,网络游戏直播行业因全球网络游戏产业的迅猛发展以及网络游戏周边衍生效应而快速崛起,吸引了众多产业资本投资。如 2014 年亚马逊以 9.7 亿美元收购 Twitch,占领了国外网络游戏直播的半壁江山,视频巨头 YouTube 在 2015 年 8 月 27 日上线了自己的游戏直播平台。在国内,红杉、软银等投资公司也纷纷注资网络游戏平台,斗鱼、战旗、熊猫 TV 等等众多网络游戏直播平台如雨后春笋般快速崛起,有人戏称"全民直播的时代已经到来"。这其中不仅涉及到游戏制造商的利益,而且还涉及包括游戏主办方、游戏直播平台、游戏主播、玩家等的多方主体,认为其是一种准公共产品,明显更为妥当。应当支持游戏著作权人获得许可费,但不应该轻易授权其可以随意禁止游戏直播。

同时需要了解的是,有些游戏直播与电子竞技无关,未参与任何游戏竞赛的用户也可以通过网络对其运行游戏的过程进行直播。各种游戏直播平台,例如国内的斗鱼、战旗、熊猫 TV 等大多数直播属于此列,这种游戏直播与电子竞技中的游戏直播在基本特征上没有区别。在此,游戏直播已经成为一种产业基础的情况下,那么如果"(游戏)作品已经成为新兴竞技项目或产业的基础"作为法院认定游戏直播不构成侵权的理由无法得到支持,则电子竞技中的游戏直播构成侵权,更不必说这些日常性游戏直播。那么这些游戏直播平台难逃关停下场,带来的是大量从业人员的失业与游戏直播行业的消亡。如此社会效应明显不符合法律应该维护社会公众利益的基本价值取向和追求。

由此可见,对于游戏直播是否构成对著作权的侵权,以及游戏著作权人是否有权禁止未经许可的游戏直播,不能仅从保护游戏制造商的著作权方向去考虑,而是应当兼顾社会大众的共同利益和共同需求。

二、游戏直播本身能否享有著作权

在网络游戏直播行业发展中,还有另一个法律保护的困境,即网络游戏直播节目是否构成著作权法意义上的作品,是否可以得到著作权法的保护?支持者认为:"网络游戏赛事基于游戏展开,游戏比赛画面来源于游戏作品本身,为直接呈现在计算机屏幕上的、具有可感知性和可复制性的连续画面","网络游戏画面应当构成作品",进而受到著作权法的保护;与此相对,另一方观点以网络游戏直播节目侵权第一案的"耀宇诉斗鱼游戏直播侵权案"为例,法院判决书认为:"我国著作权法保护的对象是在文学、艺术和科学领域内具有独创性并能以某种有形形式复制的智力成果。由于涉案赛事的比赛本身并无剧本之类的事先设计,比赛画面是由参加比赛的双方多位选手按照游戏规则、通过各自操作所形成的动态画面,系进行中的比赛情况的一种客观、直观的表现形式,比赛过程具有随机性和不可复制性,比赛结果具有不确定性,故比赛画面并不属于著作权法规定的作品,被告使用涉案赛事比赛画面的行为不构成侵害著作权",但是可以以反不正当竞争法予以保护。

笔者认为,著作权法和反不正当竞争法是目前保护相关权益两种模式,著作权法作为一种设权性模式,是事前、积极、主动的保护。反不正当竞争法作为一种禁止性模式,是事后和消极的保护。如果拿这两种保护模式来做一个对比,显然著作权法的保护更加积极和完善,更能有效保护网络游戏直播行业的各方利益。对网络游戏直播节目予以著作权法上的保护,有利于实现著作权人利益与公众传播的各方利益平衡,保护游戏直播生态各方的利益诉求。

三、结语

随着科学技术的发展,会有越来越多形式多样的新型行业与新作品诞生,本文所讨论的网络游戏直播节目就属此列。这些新型作品往往与新技术的趋势以及新行业的发展密不可分,代表了未来的发展趋势,因此我们在法律上应该积极地对这些作品予以认定,提供有效的保护,以免妨碍技术的创新、朝阳产业的发展。在法律暂时难以修改的情况下,我们可以通过扩大解释、体系解释等方式将其纳入现行法律的框架内,而不是以法律否认新型作品或拒绝提供法律保护。

谭某某、徐某与合肥某公司专利权权属纠纷案案例评述

沈国庆　安徽力澜律师事务所

一、案情简介

2012 年 9 月 12 日，谭某某、徐某被合肥 XL 动力科技有限公司起诉至合肥市中级人民法院。

（一）XL 公司起诉

徐某自 2010 年 6 月 1 日至 2011 年 6 月 1 日期间担任 XL 公司的总经理，谭某某经人介绍，自 2010 年 9 月后成为 XL 公司职工。徐某、谭某某在 2010 年 11 月 29 日、12 月 2 日、12 月 9 日分别向国家专利局申请的 3 件实用新型专利（均为发动机技术领域）中的技术方案均属职务发明，专利权应归属 XL 公司。为此，起诉要求法院判令 3 件专利属于 XL 公司所有。见图 1。

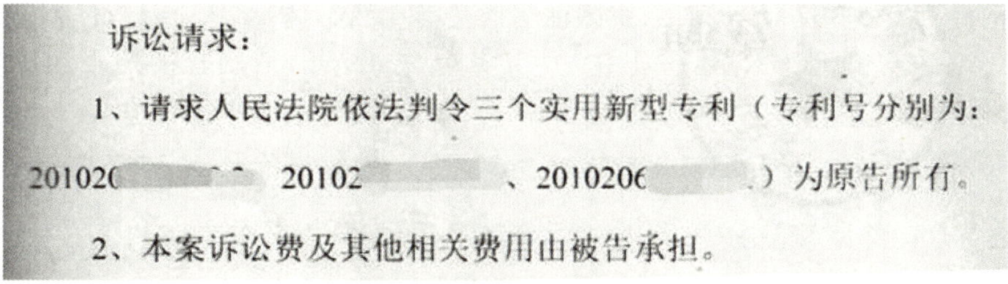

诉讼请求：

1、请求人民法院依法判令三个实用新型专利（专利号分别为：201020　　　　　　、20102　　　　　　、201020　　　　　）为原告所有。

2、本案诉讼费及其他相关费用由被告承担。

图 1　起诉状诉讼请求

（二）被告答辩

徐某辩称，自己是中国科学技术大学的在职职工，不是 XL 公司的总经理。案涉专利技术方案均是谭某某独立研发发明，自己只是挂名，但与 XL 公司无关。

谭某某辩称，因自己的专业能力在业界知名，由 XL 公司通过徐某主动联系，双方曾在 2010 年 9 月之后有过短暂的技术合作，自己曾为 XL 公司在发动机技术领域的研发工作上提供过一些帮助和咨询，虽然双方曾达成过劳动合同的初步意向，但从来没有真正建立实际的劳动关系。2010 年 11 月以后，双方不再合作，也未再有其他交集。所诉的 3 件专利均为自己自行研究的成果。

为证明各自主张,双方均向法院提交了相应的证据。

其中,XL 公司向法院提供了一份股东会决议和一份承诺书,意图证明徐某在 2010 年 6 月 1 日后是 XL 公司的总经理,约定每月工资 3 200 元。见图 2。

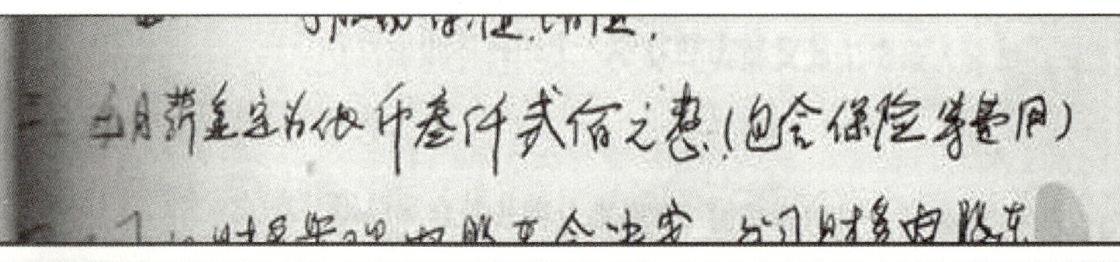
每月劳务费为人民币叁仟贰佰元整(包含保险等费用)

……由股东会决定 公司财务由股东

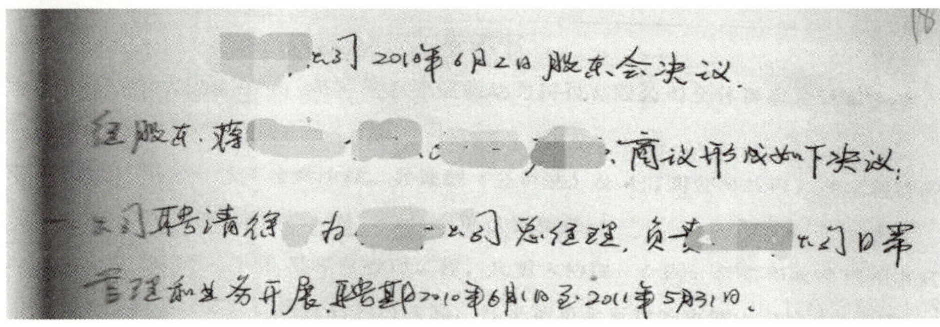
公司2010年6月2日股东会决议。

经股东:徐……商议形成如下决议:

一、公司聘请徐……为……公司总经理,负责……公司日常管理和业务开展,聘期自2010年6月1日至2011年5月31日。

图 2 XL 公司的股东会决议和被告徐某的承诺书

提供了一份劳动合同书,意图证明谭某某在 2010 年 9 月后是 XL 公司的员工,在“发动机技术”岗位工作,月工资为 2 500 元,劳动合同期限约定为 2010 年 9 月 14 日至 2012 年 9 月 14 日。见图 3。

根据《中华人民共和国劳动法》和《中华人民共和国劳动合同法》等有关法律、法规规定,甲乙双方平等自愿、协商一致签订本合同,共同遵守本合同所列条款。

合同期限

第一条 本合同期限采取下列第 一 种形式:

(一)固定期限,合同期自 2010 年 9 月 14 日起,至 2012 年 9 月 14 日止。其中,试用期自 2010 年 9 月 14 日起,至 2010 年 11 月 14 日止。

(二)无固定期限,合同期自____年____月____日起。其中,试用期自____年____月____日起,至____年____月____日止。

(三)以完成____工作为期限,合同期自____年____月____日起,至____工作(任务)完成时终止。

工作内容

第二条 乙方同意根据甲方需要,从事 发动机技术 岗位(工种)工作,乙方工作地点在 本公司 。

第七条 甲方应以货币形式按月支付乙方的劳动报酬,每月 8 日为发薪日。

第八条 乙方在试用期工资为 1300 元/月。

乙方试用期满后,甲方应根据本单位的工资分配制度,确定乙方实行下列第 1 种工资形式。

图 3 劳动合同书

提供了案涉3份专利的检索打印件，意图证明徐某、谭某某二人申请专利的时间和技术方案的内容。见图4。

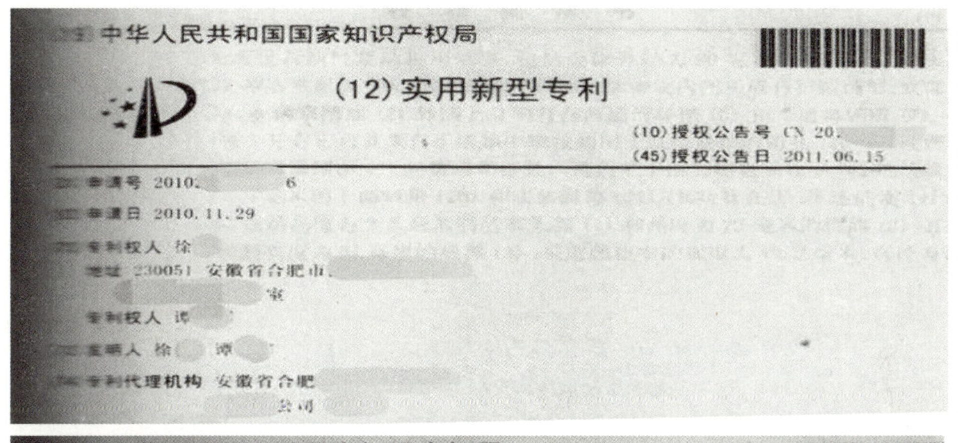

中华人民共和国国家知识产权局

(12)实用新型专利

(10)授权公告号 CN 20

(45)授权公告日 2011.06.15

申请号 2010 6

申请日 2010.11.29

专利权人 徐

地址 230051 安徽省合肥市

室

专利权人 谭

发明人 徐 谭

专利代理机构 安徽省合肥

公司

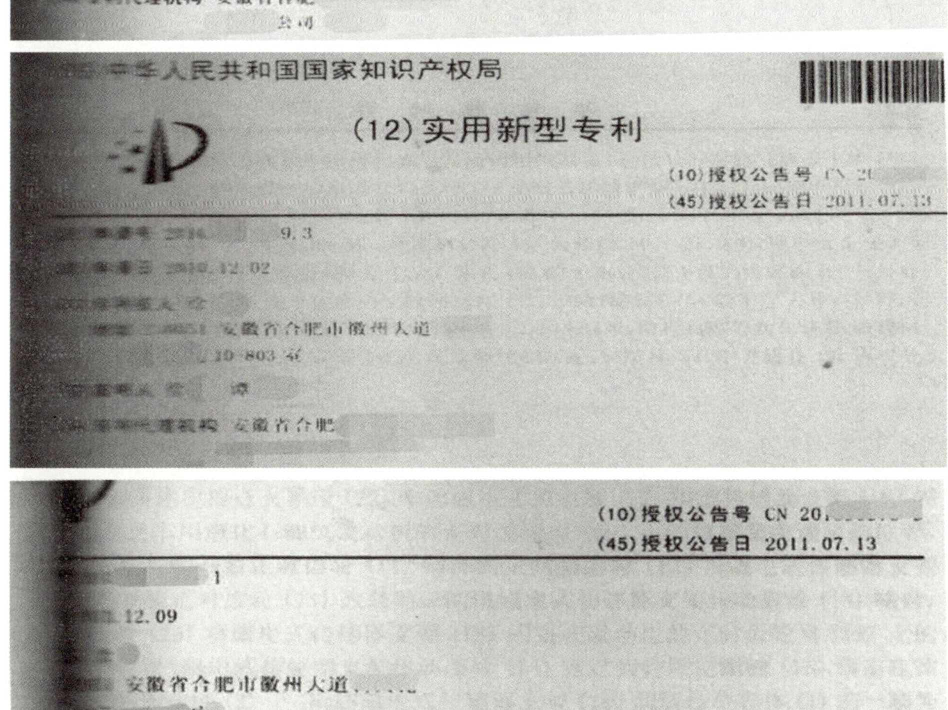

中华人民共和国国家知识产权局

(12)实用新型专利

(10)授权公告号 CN 20

(45)授权公告日 2011.07.13

9.3

2010.12.02

安徽省合肥市徽州大道

10-803室

谭

安徽省合肥

(10)授权公告号 CN 20

(45)授权公告日 2011.07.13

1

12.09

安徽省合肥市徽州大道

室

谭

安徽省合肥 有

图4　案涉3份专利的检索打印件

提供了工资发放表(银行付款回单)，意图证明XL公司与二人间具有劳动合同关系且已经发放工资。见图5。

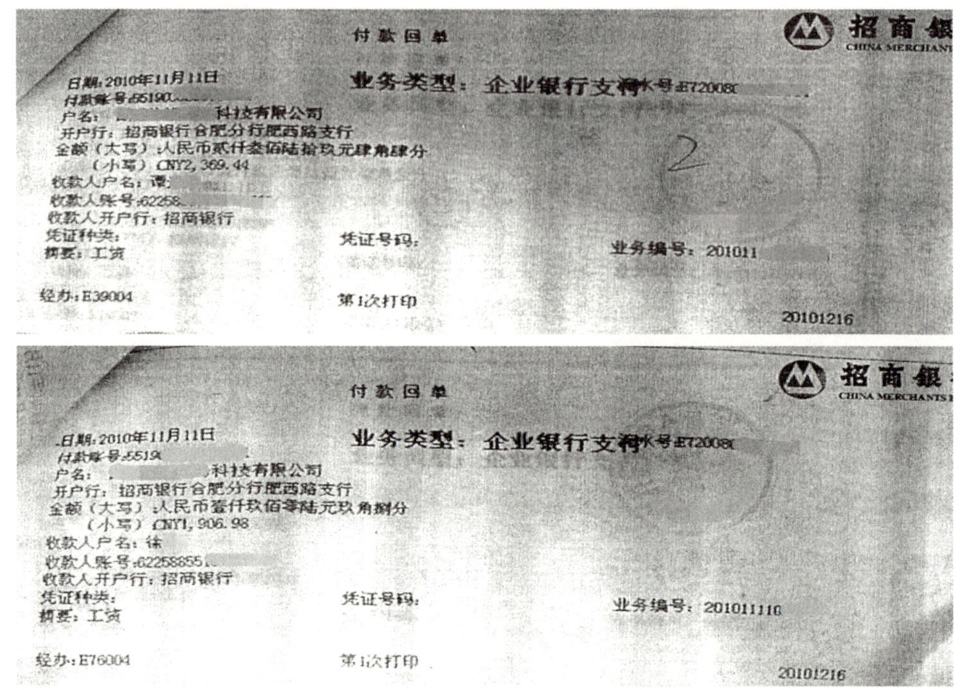

付款回单

招商银

CHINA MERCHANT

日期：2010年11月11日
付款账号：55190
户名：科技有限公司
开户行：招商银行合肥分行肥西路支行
金额（大写）：人民币贰仟叁佰陆拾玖元肆角肆分
（小写）：CNY2,369.44
收款人户名：谭
收款人账号：62258
收款人开户行：招商银行
凭证种类：
摘要：工资

业务类型：企业银行支付 账号：E72008

凭证号码：

业务编号：201011

经办：E39004

第1次打印

20101216

付款回单

招商银

CHINA MERCHANTS

日期：2010年11月11日
付款账号：5519
户名：科技有限公司
开户行：招商银行合肥分行肥西路支行
金额（大写）：人民币壹仟玖佰零陆元玖角捌分
（小写）：CNY1,906.98
收款人户名：徐
收款人账号：62258855
收款人开户行：招商银行
凭证种类：
摘要：工资

业务类型：企业银行支付 账号：E72008

凭证号码：

业务编号：20101111

经办：E76004

第1次打印

20101216

图5　工资发放表

徐某、谭某某二人对XL公司起诉的事实和理由提出了反驳：其中谭某某认为，虽然XL公司手里有一份劳动合同，但当时劳动合同仅有签字，并无印章；在劳动合同上签名仅仅只是一种意向，并未实际履行；XL公司所持的劳动合同上当时并未写有工资标准和工作期限等内容，对工资标准、工作期限等也从来没有作出协商和约定，上面现在的手写内容是XL公司自己添加的，公章是XL公司自己补盖的。为证明其观点，谭某某向法院提交了一份自己所持有的劳动合同，其上显示由XL公司法定代表人签字，并无印章，且合同中的工作期限、工资标准等栏目均为空白，谭某某未在该份合同上签字。见图6。

根据《中华人民共和国劳动法》和《中华人民共和国劳动合同法》等有关法律、法规规定，甲乙双方经平等自愿、协商一致签订本合同，共同遵守本合同所列条款。

合同期限	第一条 本合同期限采取下列第___种形式： （一）固定期限，合同期自____年____月____日起，至____年____月____日止。其中，试用期自____年____月____日起，至____年____月____日止。 （二）无固定期限，合同期自____年____月____日起，其中，试用期自____年____月____日起，至____年____月____日止。 （三）以完成____工作为期限，合同期自____年____月____日起，至____工作（任务）完成时终止。
工作内容	第二条 乙方同意根据甲方需要，从事 发动机技术 岗位（工种）工作，乙方工作地点在 本公司 。

其它事项	款与国家、省、市有关新规定不符的，按新规定执行。 第二十四条 本合同一式叁份，甲、乙双方各执一份，另一份存入乙方档案。 第二十五条 本合同是甲乙双方建立劳动关系、办理用工备案、处理劳动争议、续订合同或办理社会保险及流动转移手续的依据，甲乙双方应妥善保管。	
签章	甲方（单位公章） 法定代表人或委托代理人 （主要负责人） 签章 蒋 2010年9月14日	乙方（签字） 年 月 日

图6 谭某某向法院提交的劳动合同

徐某也否认劳动关系的存在，认为虽然有股东会决议和承诺书，但该协议和承诺书均未实际履行。决议和承诺书均为XL公司骗取徐某与其合作的工具，意欲无偿占有徐某及其介绍的谭某某的技术方案和成果。同时，徐某并提交了其本人在中国科学技术大学的工作证，以证明其与XL公司不存在劳动合同关系。见图7。

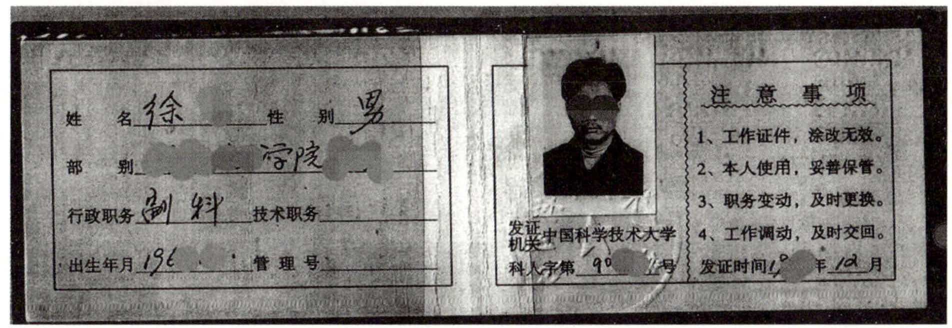

姓名 徐 性别 男
部别 学院
行政职务 副科 技术职务
出生年月 196 管理号
发证机关 中国科学技术大学
科人字第 90 号
注意事项
1、工作证件，涂改无效。
2、本人使用，妥善保管。
3、职务变动，及时更换。
4、工作调动，及时交回。
发证时间 年 12 月

图7 徐某在中国科学技术大学的工作证

对于XL公司提交的银行付款回单上的“工资”字样，两人均抗辩认为摘要上的“工资”字样，是XL公司财务汇款时填写，二人无法左右。两份回单上的“工资”款“1 906.98”元与“2 369.44”元的数字既与股东会决议和劳动合同书约定的数字不相一致，又有小数，不符合工资的正常数额，与常理不符，且无合理说明。两人均解释该两笔款是合作期间两人经手购买物品的花费报销，并非工资。

二、律师观点

结合以上证据和徐、谭二人的主张，徐、谭的代理律师认为，虽然XL公司的证据有一定的瑕疵，二人的反驳也具有很强的合理性，但如无其他更加充分的证据，本案二人的抗辩仍然存在极大的不予采信风险。尤其是劳动合同关系能否推翻存在很大的不确定性。而一旦劳动合同关系存在，认定为职务发明的可能性就会很大。

经反复交谈询问，代理律师了解到，谭某某坚持，案涉两件专利的技术方案在2010年9月份之前就已经形成，完全没有借助XL公司的物质技术条件；而徐某在申请专利时将其作为专利申请人和发明人，完全只是挂名，徐某并未参与到该技术方案的实际构思和研发工作中。但非常遗憾的是，案涉3个专利技术方案形成时并未产生纸质的或者有形化的材料或者证据，方案底稿在谭某某的个人电脑中。而当时使用的电脑早已经作为旧物处理变卖，不可能再找到当时原始的数据信息。

但仍存一线希望的是，旧电脑在处理前，所有的数据均有硬盘备份。这里值得说明的是，本案徐、谭的代理律师沈国庆，是全国律协信息网络与高新技术法律专业委员会的委员，也是安徽省律协信息网络专业委员会的副主任。其长期执业过程中接触到、关注到和研究过的电子数据证据知识和经验告诉他，电子数据证据的系统性特征，使得电子数据的产生、修改、复制、访问等行为均会产生大量的附属信息和关联信息，并成为一个庞大的系统。也就是说，电子数据信息即使经过复制备份，载体转移，仍然会在系统中保存或留下痕迹。谭某某保存的这个备份的数据，有可能成为救命稻草，发挥拨云见日的意外价值。

拿到保留数据的硬盘后，律师对相关数据先进行复制备份。然后检查其“属性”信息，发现这些数据的“修改”时间均在2010年9月份之前，其中最关键的图纸等文件的“修改”时间为2010年5月份。电子数据信息的修改时间的属性信息，在正常情况下，该文档属性里显示的“修改”时间就是该份文档最后修改的时间，除非事前（事后更改不影响数据记录）更改数据载体自身的时间信息。也就是说，案涉专利完整的技术方案在2010年5月份就已经形成于谭某某个人电脑的硬盘里，其后再也没有修改过。详见图8。

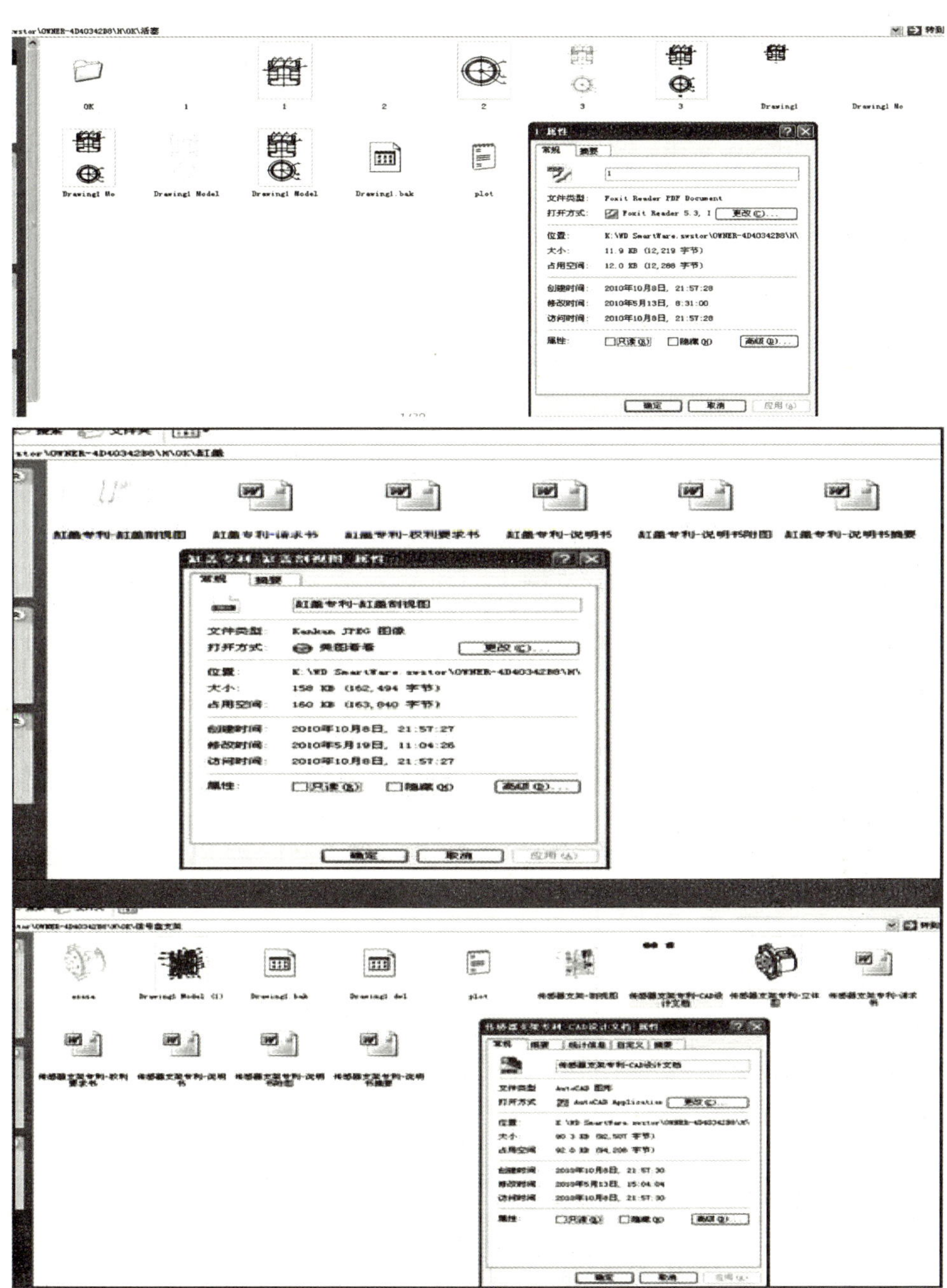

图 8　电脑硬盘截图

至此，案涉证据已经可以证实，案涉专利的技术方案最晚形成于 2010 年 9 月份之前。也即，即使 XL 公司提供的所有证据均无法推翻，仅凭此电子数据已经足以证实，案涉专利的技术方案早在 2010 年 9 月份之前已经形成，既非利用 XL 公司的物质技术条件，也非执行 XL 公司的工作任务完成，案涉技术发明不可能是职务发明。

同时，通过检查该硬盘的其他技术文件，与检索专利数据库获得的相关信息进行技术分析和比对，发现 XL 公司分别以其公司和其法定代表人蒋某名义各申请了一件专利并获得授权，而该两项专利公开的技术方案与谭某某分别完成于 2010 年 5 月 13 日和 2010 年 8 月 20 日的两个尚未公开的技术方案完全相同！见图 9。

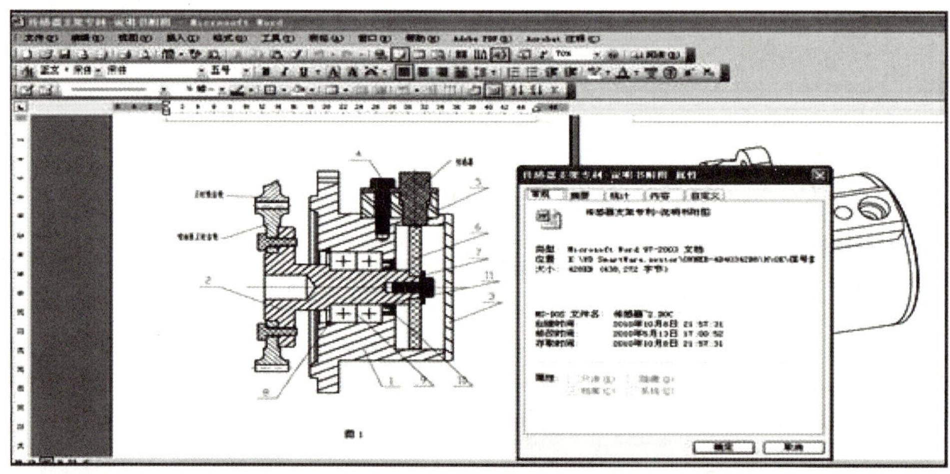

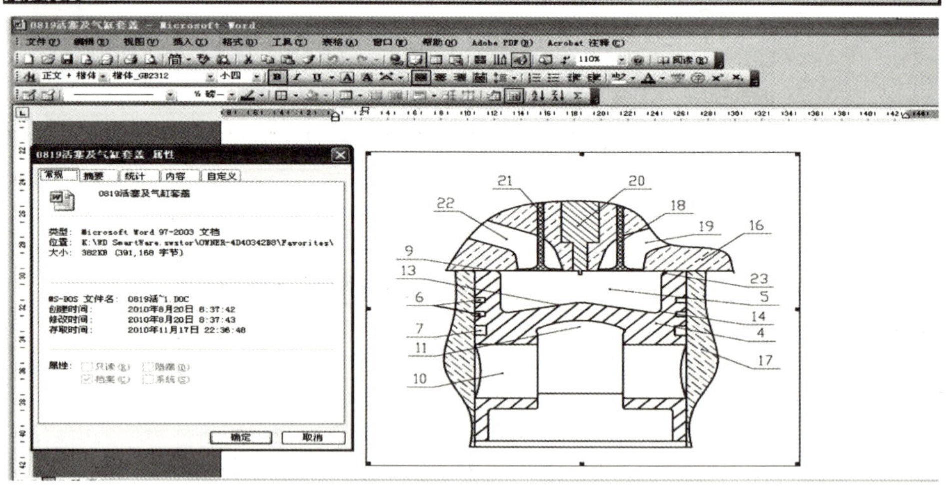

图 9　公开技术方案对比

也就是说，在谭某某与 XL 公司合作期间，XL 公司极有可能利用接触谭某某电脑和移动硬盘的机会，盗取了谭某某的技术秘密。代理律师将以上电子数据及属性信息复制提交法庭，并提交截屏打印件。同时打印提交了专利检索的以 XL 公司和其法人代表名义申请的完整专利公开信息，并打印了谭某某尚未公开的技术方案的打印件以供比对。

开庭时，XL 公司及其代理人提出，电子数据信息是不可靠的、易篡改的等观点，反驳谭某某代理人的主张，认为谭某某提交的移动硬盘信息不足以证实案涉技术方案的真实形成时间。但谭某某的代理律师从电子数据信息的系统性、隐蔽性等方面，对电子数据的相关特征进行了详细的论证，并进行当庭演示。同时提出，如果对方仍然认为该证据存在伪造或篡改的可能性，可以申请对该证据进行司法鉴定。

至此，XL 公司不得不在严酷的证据和事实面前，重新评估该案的前景，同时其感受到了其面临的可能被反向起诉的巨大压力。2012 年 11 月 15 日，XL 公司向法院撤诉。详见图 10。

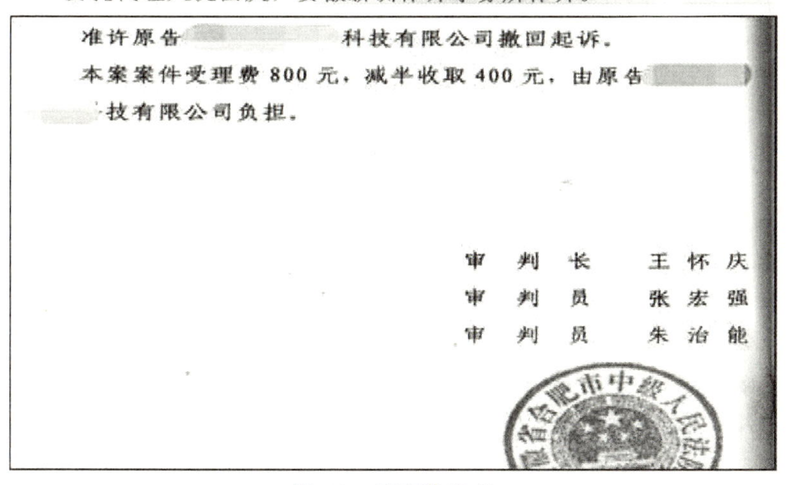

民事裁定书

（2012）合民三初字第 0[illegible] 号

原告合肥[illegible]科技有限公司，住所地合肥市蜀山区产业园[illegible]312 室，组织机构代码：[illegible]。

法定代表人[illegible]，总经理。

委托代理人[illegible]，北京[illegible]师事务所律师。

被告徐[illegible]男，19[illegible]年 9 月出生，汉族，中国科学技术大学职工，住合肥市徽州大道科大花园[illegible]室，公民身份号码：340[illegible]055。

被告谭[illegible]，男，19[illegible]年 8 月出生，汉族，[illegible]有限公司员工，住[illegible]，公民身份号码：[illegible]78。

委托代理人沈国庆，安徽新洲律师事务所律师。

准许原告[illegible]科技有限公司撤回起诉。

本案案件受理费 800 元，减半收取 400 元，由原告[illegible]技有限公司负担。

审 判 长　王 怀 庆
审 判 员　张 宏 强
审 判 员　朱 治 能

图 10　民事裁定书

本案完全依靠电子数据的强大证据功能,拨开层层迷雾,完整再现了本案的事实真相,还当事人以公正和清白。

三、结语

随着科技的发展,越来越多的数据信息存在和存储于虚拟空间。短信、电子照片、录音、视频、电子文档、网页、电子邮件、网上聊天记录等等以电子数据形式存在的信息,在社会生活中,尤其是在诉讼中,将发挥越来越重要的作用。除了计算机、软件、互联网这些高新技术已经在我们身边无处不在,更加现代的 VR、AR 技术、量子通信技术也正向我们走来!我们不得不改变态度,认真对待新技术的学习和探寻。作为律师,我们更要及时适应科技的飞速变化。技术将可能改变一切,包括法律。

电子商务法

电子商务立法的功能等同方法

刘　颖　暨南大学法学院/北京市东卫(广州)律师事务所

一、功能等同方法的概念与起源

功能等同方法,是指在电子商务立法中,将法律上具有相同功能的行为或制度赋予相同的法律效力的方法。

1996年联合国国际贸易法委员会《电子商务示范法》(UNCITRAL Model Law on Electronic Commerce)首次使用了"功能等同方法"。《电子商务示范法》第6条规定,如法律要求信息须采用书面形式,则若一项数据电文所含信息可以调取以备日后查用(accessible so as to be usable for subsequent reference),即满足了该项要求。《电子商务示范法》的这项规定,对书面的含义进行了扩充解释。即只要"所含信息可以调取以备日后查用",而不论其采用"纸面"(paper-based)形式,还是"电子"(electronic)形式,都是"书面"形式。换言之,"书面"之功能无非是确保"所含信息可以调取以备日后查用",如果数据电文能够做到这一点,即为纸面的"功能等价物"(functional equivalent),从而符合"书面"的要求。《电子商务示范法》的此项规定,为将计算机中存储和传输的数据电文解释为书面形式提供了可能。此即电子商务立法上的"功能等同方法"。

我国《合同法》第10条规定:"当事人订立合同,有书面形式、口头形式和其他形式。法律、行政法规规定采用书面形式的,应当采用书面形式。当事人约定采用书面形式的,应当采用书面形式。"第11条规定:"书面形式是指合同书、信件和数据电文(包括电报、电传、传真、电子数据交换和电子邮件)等可以有形地表现所载内容的形式。"第11条兼采列举和概括的方式,列举了合同书、信件、数据电文三种书面形式,概括了书面形式为能"有形地表现所载内容"的形式。所谓"有形地表现所载内容"是相对于口头形式而言的。口头形式的合同只有当事人自己内心知道,如果合同的当事人不告诉外界,外界是无法知道合同的内容的。而书面形式的合同则不同,人们只要看到了书面合同的载体,即合同书、信件、数据电文等,就会了解到合同的内容,即合同的书面形式能"有形地表现所载内容"。《合同法》第11条的规定与《电子商务示范法》第6条的规定是一致的。能"有形地表现所载内容"的合同,其与"所含信息可以调取以备日后查用"具有类似的意思,即"有形地表现所载内容"的合同，其“所含信息可以调取以备日后查用”；而“所含信息可以调取以备日后查用”的合同，其内容一定不只合同当事人自己内心知道，而是采用“有形地表现所载内容”的形式。我国《电子签名法》第 4 条规定：“能够有形地表现所载内容，并可以随时调取查用的数据电文，视为符合法律、法规要求的书面形式。”

《电子商务示范法》第 7 条第 1 款规定：“如果法律要求有一个人签名，则对于一项数据电文而言，倘若情况如下，即满足了该项要求：①使用了一种方法，鉴定了该人的身份，并且表明该人认可了数据电文内含的信息；以及②从所有各种情况看来，包括根据任何相关协议，所用方法是可靠的，对生成或传递数据电文的目的来说也是适当的。”《电子商务示范法》认为手书签名的功能是鉴定签名人的身份，表明签名人认可所签文件的内容，而任何在数据电文上所为的具有此功能的方法都满足了法律的签名要求。《电子商务示范法》未就电子签名进行定义，所谓“电子签名”（electronic signature），只是对传统手书签名的扩大解释。如果说手书签名是纸面的认证方法，则数据电文的认证方法就叫“电子签名。”根据《电子商务示范法》，任何计算机口令、对称密钥加密、生物笔迹辨别法、眼虹膜网等技术，只要其达到与手书签名同样程度的认证功能，都可以是“电子签名”甚至是“签名”。正因为如此，有学者指出：“电子签名与传统的手书签名虽然都叫签名，但二者的差别非常大，甚至没有多少内在联系。此处只是借鉴传统签名对签名人的辨认功能，来指称在电子商务中对交易人进行识别的鉴别手段，而称之为电子签名，其实这是一种修辞学上的借代法。依照鉴别功能来判断的话，凡是能够对电子商务中交易人身份予以识别的电子技术手段，都可称作电子签名，其范围很广。”[①]《电子商务示范法》第 7 条将能鉴定当事人的身份且可靠、适当的方法视为满足签名要求的做法，也是“功能等同方法”。

功能等同方法立足于分析传统的书面要求的目的和作用，以确定如何通过电子商业技术来达到这些目的或作用。功能等同方法跳出书面形式要求中的基本作用，以其作为标准，一旦数据电文达到这些标准，即可同起着相同作用的相应书面文件一样，享受同等程度的法律认可。[②] 例如，我国《合同法》第三十二条对合同成立时间的规定：当事人采用合同书形式订立合同的，自双方当事人签字或者盖章时合同成立。该条要求当事人采用书面形式订立合同的，需签字或盖章合同才成立。在纸面环境下，在纸面合同上签字或盖章自然不生疑问；但在数据电文环境下，当事人若想订立合同，如何进行签字，采用何种技术进行签字才为有效？这些问题如果无法得到解决，无疑会影响当事人采用电子形式进行商业活动的热情和信心，同时也会阻碍新技术

① 张楚：《电子商务法初论》，中国政法大学出版社 2000 年版，第 64 页。

② 参见《贸易法委员会电子商业示范法颁布指南》，第 16 段。

的研发。在这种情况下,《电子商务示范法》的立法者们首先考虑签字所具有的功能:确定一个人的身份;肯定是该人自己的签字;使该人与文件内容发生关系;证明一个当事方愿意受所签合同的约束;证明某人认可其为某一案文的作者;证明某人同意一份经由他人写出的文件的内容;证明一个人某时身在某地的事实。[①] 接着,其侧重于签字的两种基本功能:一是确定一份文件的作者,二是证实该作者同意了该文件的内容。[②] 在电子环境中,只要使用一种方法来鉴别数据电文的发端人并证实该发端人认可了该数据电文的内容,就可达到签字的基本法律功能。这样,一项数据电文就可通过与手书签字功能等同的手段来签署,为当事人间的商务行为提供了法律保障。同时,也将不同于传统以纸面环境为基础的电子商务置于法律的调控之下,保证了法律的顺利实施。现今大部分电子商务立法,都是依靠功能等同方法进行的。

二、联合国国际贸易委员会对"功能等同方法"的使用

1996 年贸易法委员会颁布的《电子商务示范法》是第一部以功能等同为原则的法律文件。正如上文所提到的,其借助于功能等同方法的条文主要有以下几条:第 6 条关于书面形式,规定法律要求信息须采用书面形式的,如一项数据电文所含信息可以调取以备日后查用,即满足了该项要求。第 7 条关于签名,规定法律要求要有一个人签字的,则对于一项数据电文而言,如使用了一种方法,鉴定了该人的身份,并且表明该人认可了数据电文内含的信息,并且所用方法是可靠的,对生成或传递数据电文的目的来说也是适当的,即满足了该项要求。第 8 条关于原件,如法律要求信息须以其原始形式展现或留存,则对于一项数据电文而言,如可靠地保证自信息首次以其最终形式生成,作为一项数据电文或充当其他用途之时起,该信息保持了完整性;和如要求将信息展现,可将该信息显示给观看信息的人,即满足了该项要求。第 10 条关于数据电文的留存,如法律要求某些文件、记录或信息须予留存,则对于一项数据电文而言,如其中所含信息可以调取,以备日后查用;并按其生成、发送或接收时的格式留存了该数据电文,或以可证明能使所生成、发送或接收的信息准确重现的格式留存了该数据电文;同时留存可据以查明数据电文的来源和目的地以及该电文被发送或接收的日期和时间的任何信息,即满足了该项要求。

《电子商务示范法》的颁布,极大程度地帮助了各国利用电子商务技术进行各类商业活动,许多国家以国内法的形式颁布了示范法。然而,由于功能等同方法是跳出书面形式要求中的基本作用,以其作为标准,给予达到同样标准的数据电文与相应书面文件一样程度的法律效力。与前文所提到的签

---

① 参见《贸易法委员会电子商业示范法颁布指南》,第 53 段。

② 参见《贸易法委员会电子商业示范法颁布指南》,第 56 段。

名的功能等同，《电子商务示范法》只提供了一种基础性的功能等同，凡是能够鉴定当事人身份并表明当事人认可的方式，即视为满足了签名的要求。《电子商务示范法》所提供的这一标准过于灵活，依其标准，只要当事人在网页上点击确认框表示确认，或者直接在合同后附上名字的字符，既可认定满足了签名的要求。但在现实中，这种签名方式一旦出现纠纷往往会产生争议。电子认证技术的日益普遍使用，表明需要有一项专门的法律框架，以减少因使用电子手段而可能产生的法律效力上的不确定性。鉴于此，有必要在《电子商务示范法》第 7 条所建立的灵活性的标准之上增加该标准可操作的确定性，以便更好地在电子商务中对于签名赋予一个确定性的标准，从而方便当事人选择签名手段。

在这样的背景下，联合国贸易法委员会于 2001 年颁布了《电子签名示范法》（UNCITRAL Model Law on Electronic Signatures）。《电子签名示范法》在《电子商务示范法》第 7 条关于签名的功能等同规则的基础上加以扩充，以期在电子签名功能等同于手写签字的情况下，促进电子签名产生法律效力。《电子签名示范法》在《电子商务示范法》的基础上增加了“可靠的电子签名”的概念。该法第 6 条规定，就电子签字而言，符合下列条件的视作可靠的电子签字：①签字制作数据在其使用的范围内与签字人而不是还与其他任何人相关联；②签字制作数据在签字时处于签字人而不是还处于其他任何人的控制之中；③凡在签字后对电子签字的任何篡改均可被觉察；以及④如签字的法律要求目的是对签字涉及的信息的完整性提供保证，凡在签字后对该信息的任何篡改均可被觉察。作为《电子签名示范法》中最为核心的条款，其目的是确保如果使用手写签字会带来任何法律后果，那么使用可靠的电子签字也应带来同样的后果。该条以数字签名（digital signature）系统为典型情况，从中抽象出核心的几项特征，从而试图在提供签名可靠性操作标准的同时维持技术中立原则。以数字签名系统为例，凡是私钥（private key）只由签名人掌握且签名后对其签名的任何篡改都可被察觉，则该数字签名为可靠的签名，与书面签名享有同样的法律效力。我国《中华人民共和国电子签名法》以《电子签名示范法》为蓝本制定，其第 13 条规定，电子签名同时符合下列条件的，视为可靠的电子签名：①电子签名制作数据用于电子签名时，属于电子签名人专有；②签署时电子签名制作数据仅由电子签名人控制；③签署后对电子签名的任何改动能够被发现；④签署后对数据电文内容和形式的任何改动能够被发现。第 14 条规定，可靠的电子签名与手写签名或者盖章具有同等的法律效力。可见，关于可靠电子签名的规定，我国电子签名法与联合国贸易法委员会如出一辙。

从《电子商务示范法》到《电子签名示范法》的颁布，可以看出，由于功能等同方法立足于纸面环境最基础的功能替代之上，因此当要求在基础之上的更高级纸面功能时，更为详尽的限制条件也成为必然。尽管为了不限制与不偏向任何一种技术的使用,《电子签名示范法》第7条关于可靠的电子签名的4项要求以一种抽象的方式规定了可靠的电子签名的一般标准。但就目前的实践而言,数字签名技术可能是唯一完全符合第7条要求的签名技术,同时数字签名技术也是当今使用最为广泛、公认最为可靠的签名技术。如美国犹他州的《数字签名法》,就直接规定了数字签名技术可等同于纸面签名,并就数字签名技术的具体标准进行了规定。可见,尽管不歧视(non-discrimination)、技术中立(technological neutrality)和功能等同三个原则是电子商务立法的基本原则,但并不意味着功能等同必须与技术中立同时存在,有时为了达到更高纸面要求,如可靠的签名、特殊的格式等功能,技术特定可能是必要的。

2005年颁布的《联合国国际合同使用电子通信公约》(United Nations Convention on the Use of Electronic Communications in International Contracts,以下简称《电子通信公约》)同样使用了功能等同方法。《电子通信公约》以贸易法委员会以前草拟的文书为基础,特别是《电子商务示范法》和《电子签名示范法》。除电子通讯的发出时间、电子通讯的收到时间、电子通讯中的错误等规则外,在对电子通信的法律承认、书面形式要求、自动电文系统在合同订立中的使用等方面,《电子通信公约》仍使用了"功能等同"和"技术中立"的立法方法。[①] 第9条使用了功能等同方法,其中第2款关于书面形式,如果一项电子通信所含信息可以调取以备日后查用,即满足了书面形式要求。第3款关于签名,对于一项电子通信而言,在下列情况下,即满足了该项要求:(a)使用了一种方法来鉴别该当事人的身份和表明该当事人对电子通信所含信息的意图;而且(b)所使用的这种方法:(i)从各种情况来看,包括根据任何相关的约定,对于生成或传递电子通信所要达到的目的既是适当的,也是可靠的;或者(ii)其本身或结合进一步证据事实上被证明已履行以上第(a)项中所说明的功能。第4款关于原件,规定对于一项电子通信而言,在下列情况下,即满足了该项要求:(a)该电子通信所含信息的完整性自其初次以最终形式——电子通信或其他形式——生成之时起即有可靠保障;而且(b)要求提供电子通信所含信息的,该信息能够被显示给要求提供该信息的人。

《电子通信公约》目的是为涉及国际合同使用电子通信手段的问题提供可行的解决办法。因此在功能等同方法的运用上与《电子商务示范法》基本一致。对于需要实体规则以确保电子通信有效性的情况,公约载有若干实体规则,不仅仅是重申功能等同原则。[②]

联合国贸易法委员会正在编纂并即将通过的《电子可转让记录示范法草

---

① 刘颖、何其生:《〈国际合同使用电子通信公约〉对我国电子商务立法的启示》,暨南大学学报(哲学社会科学版)2009年第4期。

② 参见贸易法委员会秘书处关于《联合国国际合同使用电子通信公约》的解释性说明,A/CN.9/608,第4段。

案》(Draft Model Law on Electronic Transferable Records)同样采用功能等同方法进行编写。其中关于书面形式和签名的功能等同于《电子商务示范法》相同。第 9 条关于电子可转让记录(electronic transferable record),规定法律要求使用可转让单证或票据的,如果符合下列条件,该要求即由电子记录得到满足:①该电子记录包含必须被载入"等同的"可转让单证或票据的信息;②采用了一种可靠方法确定该电子记录是权威的并使得该电子记录能够自其生成至其失去任何效力或有效性期间被置于控制之下;并且保全电子可转让记录的完整性。即包含等同纸质可转让单证的信息并且是权威的、被控制的以及完整的电子记录,则该电子可转让记录是纸质可转让单证的功能等同件。第 17 条关于控制权(control),规定法律要求占有(possession)可转让单证或票据的,就电子可转让记录而言,使用了一种可靠方法证明某人对该电子可转让记录有排他控制权,并且证明该人为有控制权的人,即为满足这一要求。第 18 条关于背书,规定法律要求或允许背书的,就电子可转让记录而言,如果与背书相关的信息与该电子可转让记录有着逻辑联系或以其他方式链接该电子可转让记录,即为满足这一要求。第 19 条关于变更,规定法律要求或允许变更可转让单证或票据的,就电子可转让记录而言,如果使用一种可靠方法变更电子可转让记录中的信息,以便使经变更的信息本身得以辨明,即为满足这一要求。

在《电子可转让记录示范法草案》中,对于功能等同方法的使用进入了一种新的高度:几乎每一条有可能涉及实体性规范的条文都是有关功能等同的规定,贸易法委员会竭力避免可能具有实体法效力的条文出现在《电子可转让记录示范法草案》中。而面对控制权和背书两种行为时,相比起过去示范法对书面、签名以及原件的规定,控制权(占有)的概念本身即具有抽象性,而背书则可分解为书写加签名,因此,背书作为一个基础之上更高要求的功能等同,必然要求更为详尽的限制条件,在这样的情况下,《电子可转让记录示范法草案》仍采用简单的、甚至没有对其目的和作用进行分解的方法寻找电子环境下占有和背书的功能等同方法,其所获得的效果就不足以让人满意了。

三、功能等同方法的局限

可以说,没有功能等同方法,如今各国的电子商务立法将减少很多特色,更不用说在法律层面保障数字签名方式的效力。功能等同方法连接了传统纸面环境下的立法与现代电子环境的新形势,使得传统针对纸面环境的法律,在电子环境下仍然可以有效适用,保护交易双方利益,维持了法律的稳定性,降低了人们对法律的学习成本。

但同时,功能等同方法也存在着不足。首先,正如上文所提及,在面对具有抽象性的行为时,由于功能等同方法首先需要抽象出传统书面要求的目的和作用,并挑出其基本作用作为标准,而抽象性行为本身就难以归纳其目的和作用,因而难以运用功能等同方法对其进行界定。纸面环境下,何为占有不言自明;但在电子环境下,所有票据、合同实质上都是由二进制数字组成的一组数字,何时才为占有?贸易法委员会将控制功能等同于占有。而在电子环境下,控制的概念无疑也需要进行界定。这使得立法者必须穷尽概念,才能避免在实践中造成认识上的不足。

其次,对于基础之上更高要求的功能等同,如果没有像电子签名一样,有详尽的技术标准作为辅助,单纯依靠分析书面要求的功能和目的,如《电子可转让记录示范法草案》中关于背书的规定一样,只规定与背书相关的信息与该电子可转让记录有着逻辑联系或以其他方式链接该电子可转让记录,无疑很难达到较好的效果。

再次,关于非功能等同条文能否存在于电子商务法律中的问题。功能等同原则的使用,本身并不产生具有实体性规定的规范。例如,功能等同只规定符合条件的电子签名具有与书面签名等同的效力。而签名是否有效、具有何种效力仍需由其他实体法规定。在这种情况下,过度追求功能等同可能是一种自缚手脚的行为。即使是《电子商务示范法》中,虽然以功能等同为原则,也不排斥非功能等同条文的制定。例如,《电子商务示范法》第 15 条关于发出和收到数据电文的时间和地点的规定,即规定以数据电文进入该指定信息系统的时间为收到时间,并未规定符合某某条件的视为收到。可以看出,适当的实体性条文对于完善电子商务立法是有必要的。毕竟,之所以电子商务立法以功能等同为原则,很大程度上是为了协调传统以纸面环境为基础的实体法与当前电子环境之间的冲突。书面、签字、原件都是传统纸面环境下已存在的事物,自然有传统法律对其进行规制。而在技术飞速发展的当今世界,技术的进步使得没有传统纸面等同物的电子数据逐渐出现。比特币(bitcoin)、区块链(blockchain)、云计算(cloud computing)等技术,是否存在对应的纸面等同物?对于这类没有纸面等同物、纯粹电子环境下的造物,功能等同原则能否有效对其进行管制无疑值得怀疑。功能等同方法不能成为电子商务立法的唯一方法,创立全新规则和概念的电子商务立法方式同样应予以重视,如美国《统一商法典》4A 篇(Article 4A of Uniform commercial Code)。[①] 当前,电子商务占商事活动的比重越来越大,尤其是中国,得益于网络的普及,电子商务发展速度令全世界都为之侧目。随着电子商务的深入发展,会产生一些新型的法律关系,功能等同规范也会在一定程度上让位于直接调整电子商务实体性权利义务的。

---

① 刘颖:《支付命令与安全程序——美国〈统一商法典〉第 4A 编的核心概念及对我国电子商务立法的启示》,《中国法学》2004 年第 1 期。

"一带一路"背景下跨境电商法律服务浅议

詹朝霞　广州金鹏律师事务所

2016年4月23日，中国"一带一路"规划正式公布，明确投资贸易合作是"一带一路"建设重点内容，提出"拓宽贸易领域，优化贸易结构，挖掘贸易新增长点，促进贸易平衡。创新贸易方式，发展跨境电子商务等新的商业业态。建立健全服务贸易促进体系，巩固和扩大传统贸易，大力发展现代服务贸易。把投资和贸易有机结合起来，以投资带动贸易发展。"作为"一带一路"重要的创新贸易模式，中国跨境电商预计将以每年10%的速度递增，如何为跨境电商提供全方位法律服务，促进跨境电商健康成长，保障电商企业的根本利益，是电商企业法律顾问服务的重中之重。

一、跨境电商简介及其可能遭遇的法律风险

跨境电商是指分属不同关境的交易主体，通过电子商务平台达成交易、进行支付结算，并通过跨境物流送达商品、完成交易的一种国际商业活动。

质检总局2015年11月颁布的《跨境电子商务经营主体和商品备案管理工作规范》规定，跨境电子商务经营主体是指从事跨境电子商务业务的企业，包括跨境电子商务商品的经营企业、物流仓储企业、跨境电子商务交易平台运营企业和与跨境电子商务相关的企业。

无论经营主体有何不同，跨境电商都面临类似的法律问题，主要包括跨境支付、外汇收汇结汇、物流配送、海关通关报关、检验检疫、税收、知识产权问题、用户数据安全性保障、产品质量责任分配、消费者权益保护、交易纠纷、跨境电商企业或平台责任界定、产品售后服务等。跨境电商应提高法律意识增强风险防范能力，比如要注意经营中如何规范对外经营活动、如何与各大合作商(产品供应商、平台经营者、支付、物流商家、海关代理、税务)进行责权利的分配，明确约定诸如产品质量问题应由谁来承担等一系列法律责任，遭遇诉讼时如何应对，如何防范索赔钓鱼圈套等一系列法律问题。

二、目前我国在跨境电商领域的法律法规

目前，我国关于跨境电子商务问题的法律除了传统领域的对外贸易等系列法律法规、合同法、侵权责任法、消费者权益保护法外，还包括电子签名法等，其中，电子签名法规定了电子签名和数据电文的认定方式及法律效力；行

政法规主要包括2000年公布的《互联网信息服务管理办法》,该办法将互联网信息服务分为经营性和非经营性两类,针对服务提供者做出基本要求。国务院各部门主要从网络交易、跨境支付、海关监督、检验检疫、税收等方面对跨境电商进行规范。

(一)网络交易

2014年1月,国家工商行政管理总局公布了《网络交易管理办法》,对网络交易主体、客体和行为进行规范。《办法》对消费者权益保护措施提出详细的要求,明确市场准入规定,列举了网络商品经营者和有关服务经营者的义务等。

(二)跨境支付

国家外汇总局于2015年1月发布了《支付机构跨境外汇支付业务试点指导意见》,在全国范围内开展支付机构跨境外汇支付业务试点。该指导意见规定支付机构办理"贸易外汇收支企业名录"登记后可试点开办跨境外汇支付业务。

(三)海关监管

2014年7月,海关总署发布《关于跨境贸易电子商务进出境货物、物品有关监管事宜的公告》,规定进行注册备案登记后可采取"清单核放、汇总申报",适用条件为:①主体包括境内通过互联网进行跨境交易的消费者、开展跨境贸易电子商务业务的境内企业、为交易提供服务的跨境贸易电子商务第三方平台;②渠道仅指通过与海关联网的电子商务平台交易;③性质为跨境交易。

(四)检验检疫制度

国家质检总局于2015年5月发布《关于进一步发挥检验检疫职能作用促进跨境电子商务发展的意见》,提出加快构建跨境电子商务发展的检验检疫工作体制机制,建立跨境电商清单管理制度,实施跨境电子商务备案管理。该意见还列出八大禁止以跨境电子商务形式入境的包裹。

(五)税收制度

财政部、海关总署、国家税务总局于2016年3月发布《关于跨境电子商务零售进口税收政策的通知》,现有的跨境电子商务零售进口商品按照邮递物品不再征收行邮税,而是按照"货物"征收关税和进口环节增值税、消费税。税额暂按法定应纳税额的70%征收,同时取消免征税额,这意味着跨境电商免税时代终结。

我国电子商务企业尤其是跨境电商企业发展迅猛,国家法律法规相对滞后,如何规范企业运作、减免企业法律风险,将法律缺失带来的潜在经济风险降到最低考验着律师的智慧。

三、律师应如何为跨境电商提供法律服务

在"一带一路"的背景下,律师为跨境电商提供法律服务,应注意以下几个方面。

(一)律师应具备扎实的基本功

首先,律师应具备丰富的法律专业知识。在我国尚未对跨境电商出台专门的法律规制时,需要律师沿用传统的法律或法律原则对跨境交易等行为加以规范或判断。因此,律师首先必须非常精通基础法律,包括民法通则、民事诉讼法、刑法、合同法、物权法、公司法、消费者权益保护法、劳动合同法、商标法、专利法、著作权法、产品责任法、侵权责任法、广告法、反不正当竞争法、担保法、票据法、海关法、海商法、电信条例、电子签名法、网络交易管理办法、互联网信息服务管理办法、非金融机构支付服务管理办法等多部法律法规。

其次,律师要及时关注电子商务的发展,关注国家相关政策的变化,根据业务模式和特性,对交易或运营过程中可能存在的法律风险和法律问题进行前瞻性地预判,才能未雨绸缪,对症下药。

再次,由于跨境电商的运营交易大多通过网络进行,对电子技术依赖大,往往形成大量的电子数据。律师应具备电子数据基础知识,将该等知识和技能贯彻到整体的法律顾问服务之中,包括:电子交易数据的所有权如何界定和保护;电子数据在交易行为中应如何注意开发利用和保存;如何保证储存介质电子数据的安全性、真实性、完整性;如何对电子数据进行公证保全、司法鉴定;如何收集、固定电子数据,防止原始电子数据发生改变;审查、判断电子数据证据的原则和方法;如何对电子数据进行举证、质证等。根据我国民诉法的规定,当电子数据具备合法性、客观性,同时与某交易行为或某个法律关系形成了关联性,就是民诉法意义上的诉讼证据,发生纠纷时就是最直接最有力的证据。跨境电商企业的律师尤其要注意如何保证电子数据的合法性和客观性,注意生成、储存或者传递电子数据以及保持电子数据内容完整性的方法等,杜绝因为缺乏基本常识给企业造成不可避免的损失。

(二)根据跨境电商企业类型提供不同的服务

跨境电商企业多种多样,运营模式千差万别,律师应根据跨境电商企业的运营模式量体裁衣,提供有针对性的法律服务。

1. 为跨境电商商品经营企业提供法律服务

为跨境电商商品经营企业提供法律服务时,出口型跨境电商和进口型跨境电商存在不同的法律需求。

(1)为出口型跨境电商经营企业提供法律服务时,可从以下方面入手:

① 协助企业做好出口商品的知识产权调查,评估是否存在侵权风险;

② 协助定牌加工企业审查委托方是否拥有合法的商标权、专利权等知识

产权；

③ 某些国家对于食品、药品等制定了很高的质量、环保、卫生等强制性标准，这些标准即使在合同中没有载明，也将强制适用，国内出口方无法以合同没有约定为由进行抗辩，律师要事先掌握企业产品出口地的强制性标准，提醒企业严格按照标准生产；

④ 国外买方以货物质量问题为由拖欠货款的现象在国际贸易实务中屡见不鲜，为有效规避此类风险，律师除了应在合同中尽可能明确约定质量检验条款，还应建议企业充分了解相关检验机构；

⑤ 为企业评估出口收汇法律风险；

⑥ 评估出口行为是否存在行政或刑事风险等。

(2) 为进口型跨境电商经营企业提供法律服务时，律师要着重注意协助进口企业防范合同履行中的法律风险，从两个方面入手，一是要保证商品符合原产地的法律法规，二是要保证商品符合国内的法律法规要求，包括质量标准、安全标准、没有侵犯知识产权等，特别要注意进口的预包装食品、食品添加剂应当有符合我国法律规定的中文标签、中文说明书，同时应明确这些责任由生产商承担。

(3) 当然，跨境电商经营企业也存在共性。律师要注意协助跨境电商企业进行贸易相关方的资信调查及交易主体资格审查，规范交易行为时要注意制定明确具体的争议解决条款，同时还要熟悉对外贸易中涉及的国内有关涉外法律法规(包括但不限于对外贸易、海关、检验检疫、税收、外汇、物流运输等)、国际公约、国际贸易惯例等，才能更全面为跨境电商提供法律服务。

2. 为跨境电商交易平台运营企业提供法律服务

(1) 制定平台规则。从某种程度而言，平台规则是另一类格式合同或格式合同条款，设置和使用有自身的技巧和规律，最大限度地设置合法合理的平台规则是电商平台运营的根本。平台规则应尽可能全面完善，涉及的内容主要包括：用户权利义务、跨境电商权利义务、交易规则、知识产权问题、支付、物流、退货流程、赔偿责任限制、消费者权益保护、争议解决方式、用户相关数据保护等。

(2) 捋顺支付关系。支付是跨境电商交易平台运营企业不可忽视的重要问题，在跨境电商的资金收付流程中，相较于境内支付而言涉及更多的监管法规。律师必须提醒平台运营企业选择具有《支付业务许可证》的合格第三方支付机构进行资金收付和结售汇，并确保资金收付和结售汇行为符合我国《支付机构跨境电子商务外汇支付业务试点指导意见》等法律法规的要求，还应该提醒企业严格遵守国家在外汇管理方面的其他法律法规，以实现合法经营。

(3) 理顺其他法律关系。跨境电商交易平台运营企业与平台商家合作时，律师要注意提醒平台运营企业核实对方企业的相关信息，保证商家信息的真实、有效、合法，具备经营相关产品的法定资质，同时要注意设定合同条款，明确平台运营企业的责任及免责情况，要确保商家承担产品质量保证、产品合法性保证、知识产权保证、发布内容合法、售后服务、消费者权益保护等责任，同时注意约定争议解决方式，以降低跨境运营企业的经营风险。

3. 为物流仓储企业提供法律服务

物流服务涉及到多个法律主体的责任与义务的划分和承当，各种运输责任及赔偿等涉及到国际法以及国内多种基本法、单行法和行政规章的应用和规范。如何保障物流运输方的权益，减少降低承运责任期间的风险，是律师的服务重点。

现代物流的发展与信息技术息息相关，律师在为物流仓储企业提供法律服务时，应保障物流信息和数据在参与物流的多个法律主体之间合法、有效的转递，同时有效保护各主体间的商业秘密和合法权益。

跨境交易中的物流领域跨度大，消耗时间长，面临的风险更加复杂，涉及物品本身价值的各种保险如货物运输险、货物仓储险等保险范围越来越广泛，而针对承担不同区间物流服务的专业物流服务商所承担的责任和要求各不相同，律师应为物流企业提供专业的物流保险法律咨询和服务。

（三）在跨境诉讼或仲裁中发挥重要作用

跨境电商企业不了解国外法律和诉讼文化，遇到诉讼时更需要律师为其提供全面到位的法律服务。顾问律师帮助企业设立纠纷解决条款和法律适用条款时，应充分考虑企业的利益，防止因选择了不利于企业的仲裁机构、管辖法院或适用不了解的法律使企业在国际诉讼和仲裁中“输在起跑线上”。

律师应基于对外国法律的全面把握，为企业分析利弊，拟定全面诉讼策略。

律师应事先做好证据收集和保全。企业在跨境诉讼和仲裁中败诉的一个重要原因在于在发生纠纷前或者发生时未能保留好证据或者不注重证据的制作和收集，因此，律师要凭借其专业直觉判断哪些情况是需要通过证据方式加以保留的，为将来争议的解决打下坚实的基础。

律师要为跨境电商企业选择合适的外国律师。专业能力强、责任心重的外国律师对于企业赢得国际诉讼和仲裁具有非常重要的作用。律师应基于其经验帮助企业做出准确的判断，根据不同案件类型选择合适的国外律师。

四、结语

“一带一路”建设是一项系统工程，是开放式的合作，它将欧亚非大陆及附近海洋连接起来。沿线的60多个国家，涉及大陆法系、英美法系，情况复杂，必将面临境内外诸多法律问题和法律风险。因此，“一带一路”应该是法律先行、律师先行。律师必须紧跟时代的步伐，对“一带一路”中的诸多法律问题进行探讨研究，出谋划策，高瞻远瞩，充分发挥中介和保驾护航的作用。

跨境电商贸易分解动作中的法律关系分析
——以跨境进口电商企业为视角

迟桂荣　罗　斌　江苏高的律师事务所

随着互联网的发展，中国进口贸易中的电商渗透率持续增长。2015 年，进口电商市场交易规模达 9 000 亿元，增长率为 38.5%，渗透率为 8.6%。① 国务院先后批复创建杭州、郑州在内的十二个跨境电商试点城市，大量跨境进出口电商企业涌入跨境电商综合实验园区，仅杭州园区入驻跨境进口电商就有 1 328 家。在笔者接受咨询的一些从事跨境电子商务业务的企业中，他们很多认为跨境电子商务是新型的市场活动，对我国现有法律法规能否规制不了解。也有学者持相同或类似观点，他们认为，互联网具有的全球性、互动性、虚拟性和智能性的特征使得网络商务不仅仅是商务手段的改变，而且是商务环境、商务模式、商务运营方式的改变，其法律关系需要重新界定。②

电子商务确实改变了传统的商务模式，因而衍生了大量新生的贸易形态和商业形态，例如 B2B、B2C 等电子商务，大有乱花渐欲迷人眼之态势。无论是跨境电商从业者还是消费者，乃至法律人士，在面对数量繁多的电子商务模式时，条分缕析界定各主体之间的法律关系，确定各自的权利、义务和责任是亟待解决的问题。笔者认为，跨境电商虽是一种新兴国际贸易发展方式，由于电子信息技术的介入，跨境电商在交易方式、物流方式和资金支付方式等方面都发生了改变，这确与传统对外贸易的方式不同，但究其交易模式的本质，仍是外贸进口商。而整个贸易过程中国家相关政策支持和倾斜不过是为了适应新的对外贸易流程和发展模式，其中涉及的法律关系并未超出现行法律的规制规范。笔者本文拟从保税备货的跨境进口电商角度，以现行传统法律体系分解剖析整个交易流程，界定和明确跨境电商交易的法律关系。

一、交易主体

在跨境进口电商交易中涉及多个主体，但万变不离其宗，全部主体应有四类，一是境外供应商，二是电商平台，三是境内需求者，四是买卖交易辅助环节的支持者（如仓储、物流支持者、第三方支付支持者、报关清关支持者

---

① 《2016 年中国跨境进口零售电商行业研究报告》，艾瑞咨询，2016 年 3 月 14 日。

② 高富平：《从电子商务法到网络商务法——关于我国电子商务立法定位的思考》，《法学》2014 年第 10 期。

等)。以上四类主体各自又根据批发、零售的不同,自营或委托代理的不同,而涉及是否有中间贸易商或为完成交易各环节而出现的其他服务商或支持商。本文主要讨论第三类境内需求者中的外贸公司的角色,及其与各其他主体的相互法律关系。

二、跨境进口电商代理销售模式及其法律关系分析

在这种模式中,跨境进口电商交易的具体行为可分解为:①境外供应商授权跨境进口电商代理,跨境进口电商入住电商平台并在电商平台网站上发布交易信息、查询商品和服务信息。②消费者和境外供应商达成购物意向,并在电商平台上下单,形成电子的买卖合同。③消费者通过平台自有的或第三方的网络支付平台进行支付,并或由网络支付平台进行担保交易。④境外供应商确认订单后直接通过集货方式将商品运送至保税区或从保税区直接发货。其中的清关手续和费用由跨境电商代理或其委托其他报关或物流公司办理。⑤待消费者确认收货后,网络支付平台会在扣除平台佣金及相关费用后将款项打给境外供应商。

此种情况下,跨境进口电商与相关主体之间的具体法律关系分析如下:

(1) 跨境进口电商与境外供应商形成委托代理关系,境外供应商为委托人,跨境进口电商为受托人。境外供应商一般授予跨境进口电商以“销售商品的代理权”,在销售代理权限内代理委托人收集订单、代为销售以及办理销售有关事务。除了业务管理外,代理商同时还可能具备品牌管理、促销管理、服务对接、财务管理等各项权限。因而,跨境进口电商只是受托人并不拥有商品的所有权,其行为后果由海外供应商承担。但在与境外供应商签订委托合同时应注意,根据《民法通则》第六十五条、六十七条,应避免出现委托书授权不明、知道被委托代理的事项违法仍然进行代理活动的情况,以免于承担代理人的连带责任,规避不必要的法律风险。

(2) 跨境进口电商与电商平台形成居间合同关系。居间合同是一方当事人为他方报告订阅机会或为定约媒介的合同。[①] 跨境进口电商获得境外供应商授权后,与电商平台签订招商协议以及相关的服务协议,电商平台的信息推送和发布实质是向跨境进口电商报告订立合同的机会或者提供订立合同的媒介服务,促成消费者的购买,成立居间合同关系。

(3) 跨境进口电商与消费者的关系。在跨境电商作为国外供应商的代理人出售商品时,它虽可能是在电子平台下直接或间接与终端消费者进行联络沟通的人,但消费者务必在下单时注意电子合同的卖家是谁,此时不是跨境进口电商,而是境外供应商。消费者是和境外供应商之间形成买卖合同关系,境外供应商是货物出卖人。消费者作为买受人在电商平台上下单,形成

① 崔建远:《合同法》,法律出版社 2016 年版,第 460 页。

电子的买卖合同。这种买卖合同区别于一般网购，有两个特征：其一，合同主体为不同国籍，购买行为发生在境内、销售活动发生在境外，因此具有跨境的性质，如无特别约定，应适用CISG（联合国国际货物销售合同公约）。其二，买受人在下单时，要提交个人身份资料，清关是直接以买受人身份进行。

（4）在跨境进口电商作为国外供应商的代理人身份协助境外供应商销售过程中，其所形成的物流、报关、代收代付等行为，均与上述情形类似，相应合同的直接当事人一方为境外供应商而非跨境电商。如与国内相应物流公司未直接形成运输合同关系，相应运输合同的直接当事人为境外供应商和物流公司。跨境电商仅是国外供应商的代理人，行为后果由境外供应商承担。

此种情形下，跨境电商在交易模式设计时，必须考虑好如果发生代理行为垫付资金时，如何从国外供应商处收回，这涉及的问题与传统外贸中法律风险防控没有实质区别，只是操作过程中要注意约定有效的保障方式。

三、跨境电商代理买入模式及其法律关系分析

与上述跨境电商作为国外供应商的角色不同，外贸公司常常利用已有传统代理进口业务的优势，借助电商平台开始从事跨境电商代理消费者进行采购活动，以收取佣金。此情形下，消费者作为委托人，跨境电商作为受托人，为消费者提供采购商品、通关纳税、物流托运等服务，并从消费者处收取委托事务报酬。

四、跨境电商自行销售模式的法律关系分析

跨境进口电商自行出售货物，与上述模式最大的不同点在于，跨境进口电商直接与消费者和境外供应商形成了买卖关系。具体来讲：①跨境进口电商通过大数据、市场调查等手段对境内市场进行需求分析，再从境外供应商处进行采购，将相关商品运输到保税仓。②消费者和商家达成购物意向，并在电商平台上下单，形成电子的买卖合同。③通过平台自有的或第三方的网络支付平台进行支付，并由网络支付平台进行担保人民币交易。④跨境进口电商确认订单后直接从保税区，委托物流公司发货。⑤待消费者确认收货后，网络支付平台会在扣除平台佣金及相关费用后将款项打给跨境进口电商。

此种交易模式实质可分解为两个动作，一个是跨境电商与国外供应商的国际货物买卖合同关系，相当于传统的外贸公司进口业务；另一个是跨境电商与国内需求者的买卖合同关系，虽主体均为国内自然人或法人，但因交易的货品存在保税仓库，境内需求者购货后，仍涉及清关报税等，只是交易价可能已含这些，由跨境电商直接办理，送货到门。

根据上述自行出售的特征，其法律关系也比较简单，法律关系具体分析如下：

（1）跨境进口电商和境外供应商形成买卖合同关系。在此种模式中，跨

境进口电商是跨境电子商务报关纳税的主体，从货物入境环节和商品流通链来看，它承担的角色实质上是商品的进口商。跨境进口电商根据境内消费者的需求分析，直接由其优势的外贸采购渠道等从境外购货，这其中常会利用其境外子公司进行税务筹划考虑，运用适当的主体转换，但结果表现为跨境电商最后拥有相关货物的所有权。

（2）跨境进口电商和消费者形成买卖合同关系。跨境进口电商作为货物出卖人，消费者作为买受人，其在电商平台上下单直接向跨境进口电商购买商品，形成电子的买卖合同。此时跨境进口电商作为出卖人，承担买卖合同当中的卖方所有责任，包括货物的瑕疵担保义务、权利瑕疵担保义务等，同时也要注意消费者权益保护法中规定的相关经营者的义务。

（3）跨境进口电商和物流公司的运输合同关系。该法律关系是以承运人将约定货物从起运地点运输到约定地点并交付给收货人的合同关系。合同均涉及第三人即消费者，消费者虽不是合同的当事人，但却是合同的利害关系人，因而享有相应的权利，承运人需将货物交付收货人才算履行完毕。

（4）境外供应商和境内消费者可能产生的产品质量责任、侵权责任等法律关系。如若境外供应商为生产者，消费者可以依据我国《侵权责任法》第四十一条、四十三条，《消费者权益保护法》第三十五条，以及相关国际私法规范要求境外供应商承担严格的产品质量责任。

五、结语

跨境电子商务的兴起，一方面源自于国家政策的扶持，另一方面我们无法否认的是，互联网领域的创新成果已经深度渗透到商事活动的每个角落，信息通信技术以及互联网平台的不断跨越式发展，云计算、物联网、大数据等技术手段不断成为商事活动必备的工具，激发了更多经济发展新形态，也创造了更多的机会。非常多的法律人面对电子通信手段应用所带来的新问题，认为这是一种新的法律关系，应当通过立法解决。经笔者分解剖析整个跨境进口电商交易流程，不难发现跨境电商业务实质上还是由传统外贸进口业务或进口代理业务组成，其间涉及委托代理、买卖合同、居间合同、运输合同等法律关系较为明晰，运用现行法律一般能够解决交易中发生的问题。这也是笔者一贯的观点，即在电子信息化发展的今天，电商平台或网络平台等为交易商提供了更为广泛快捷的技术支持，但并没有改变交易实质中的法律关系，尽管电子信息技术带来了很多新型业态，但只要能充分了解各环节中各主体与相对人交易的特征，分解其动作，总可以在传统的法律领域中找到它的影子，参照相应法律规则就可以找到恰当的方向，包括根据自我诉求，选择角色地位、交易模式等，以最大化降低风险。而作为法律人在这样一个无商不电子化、无商不网络化的时代，通过这种观念也可树立起足够的自信，在变化莫测的电子商务时代，从容、理智地应对各种新问题，充分运用理性的法律思维,透过纷繁的现象看清其本质,有效分析和把握住其中的法律关系,以解决各种新型问题,应对更多的挑战。

我国建立统一电子签名认证标准研究

迟　菲　安金芬　山西省恒驰律师事务所

我国《电子签名法》已于2005年开始实施，但至今电子签名依然存在：认知度低；电子签名认证不统一，软件之间相互不能识别，用户使用体验差；各银行等金融机构自建电子签名认证系统，存在极大隐患；电子认证机构的角色认识有误，权利本位严重，服务意识差等严重的缺陷。这些阻碍了电子签名在我国的顺利发展。建立统一电子签名认证标准是解决这一问题的最有效途径。

建立统一电子签名认证标准，可以提升交易安全性，节约交易成本；催生电子合同签订与保存的第三方平台、网上即时交易的虚拟物品平台等新型交易平台的建立；同时实名对应可以减少犯罪的发生，维护社会稳定；促进电子签名认证机构提升服务质量，有利于推进电子签名和电子签名法的实施。

实现电子签名认证标准的统一，应在现有法律体系基础上，依据《中华人民共和国电子签名法》、《反不正当竞争法》等相关规定，结合社会现实，出台电子签名统一标准的相关法律，法规或部门规章。加强执法力度及司法处置。

一、研究背景

（一）电子签名的含义

电子签名是现代认证技术的泛称。美国《统一电子交易法》规定，"电子签名"泛指"与电子记录相联的或在逻辑上相联的电子声音、符号或程序，而该电子声音、符号或程序是某人为签署电子记录的目的而签订或采用的"；联合国《电子商务示范法》中规定，电子签名是包含、附加在某一数据电文内，或逻辑上与某一数据电文相联系的电子形式的数据，它能被用来证实与此数据电文有关的签名人的身份，并表明该签名人认可该数据电文所载信息；欧盟的《电子签名指令》规定，"电子签名"泛指"与其他电子记录相连的或在逻辑上相连并以此作为认证方法的电子形式数据。"我国《电子签名法》第二条明确规定了本法所称电子签名，是指数据电文中以电子形式所含、所附用于识别签名人身份并表明签名人认可其中内容的数据。

（二）我国电子签名的发展现状

1. 我国《电子签名法》实施状况

（1）电子签名的法律效力已经得到了明确的认可。《电子签名法》明确规定,“民事活动中的合同或者其他文件、单证等文书,当事人可以约定使用或者不使用电子签名、数据电文。当事人约定使用电子签名、数据电文的文书,不得仅因为其采用电子签名、数据电文的形式而否定其法律效力。”这样,电子签名便具有与手写签字或者盖章同等的法律效力;同时承认电子文件与书面文书具有同等效力,从而使现行的民商事法律可以适用于电子文件。

(2) 电子签名所需要的技术和法理条件已有明确规定。电子签名必须同时符合“电子签名制作数据用于电子签名时,属于电子签名人专有”、“签署时电子签名制作数据仅由电子签名人控制”、“签署后对电子签名的任何改动能够被发现”、“签署后对数据电文内容和形式的任何改动能够被发现”等若干条件,才能被视为可靠的电子签名。这一条款为确保电子签名安全、准确以及防范欺诈行为提供了严格的、具有可操作性的法律规定。

(3) 对电子商务认证机构及其行为已有明确规定。电子商务需要第三方对电子签名人的身份进行认证,这个第三方称为电子认证服务机构。认证机构的可靠与否对电子签名的真实性和电子交易的安全性起着关键作用。由于目前中国社会信用体系还不健全,为了确保电子交易的安全可靠,《电子签名法》规定了认证服务市场准入制度,明确了由政府对认证机构实行资质管理的制度,并对电子认证服务机构提出了严格的人员、资金、技术、设备等方面的条件限制。

(4) 电子商务交易双方和认证机构在电子签名活动中的权利、义务和行为有了一定的规范。如对电子合同中数据电文的发送和接收时间、数据电文的发送和接收地点、电子签名人向电子认证服务提供者申请电子签名认证证书的程序、电子认证服务提供者提供服务的原则、电子签名人或认证机构各自应承担的法律义务与责任等问题,都做出了明确的规定。

(5) 政府部门对电子签名有了一定的监管。“负责电子认证服务业监督管理工作的部门的工作人员,不依法履行行政许可、监督管理职责的,依法给予行政处分;构成犯罪的,依法追究刑事责任。”由立法明确指出追究不依法进行监督管理人员的法律责任,这是针对目前我国市场信用制度落后、电子商务大环境不完善而特别需要加强监管的国情实际做出的法律规定。

2. 我国电子签名法实施中的困境

目前电子签名法实施过程中,仍然存在电子签名认证中数字证书不为人所知;电子签名认证标准不统一,软件之间相互不能识别,用户使用体验差;各银行等金融机构自建电子签名认证系统,存在极大隐患;电子签名认证机构的角色认识有误,权利本位严重,服务意识差等各种问题。

二、建立统一的电子签名认证标准的必要性

如前所述,我国目前电子签名的困境,阻碍了电子签名在我国的发展,解决这一问题的关键,就是建立统一的电子签名认证标准。

(1) 我国电子签名认证标准分散,阻碍了电子签名的使用。我国对电子签名统一标准未作出任何规定。各机构签名不统一,两方主体必须在同一机构认证签名方可。对于电商平台或者合同平台,就必须要求其使用者在其指定的机构认证,这阻碍了电子签名的使用。例如,甲企业在A机构做了电子签名,其同乙企业签订合同时,要求乙企业也在A机构做电子签名。如果甲企业随后又同丙企业签订合同,丙企业的电子签名是B机构做的,这样,甲企业或丙企业就必须有一家再做一次电子签名认证。这种每和一家主体签订电子合同,就需要重新做一次电子签名认证的行为,直接阻碍了电子签名的发展。

(2) 电子签名认证标准不统一,造成电子签名核实真假困难,网络可信度降低。互联网迅猛发展,网络经济已经成为一种新兴的经济形态。在这一新的经济环境下,如何让网络具有可信度,是保证网络经济时代经济信息安全所面临的重要挑战。

国家正在积极倡导的网络实名制,就是要打造一个可信任的网络机制,而使用电子认证和签名技术完全能实现可信任网络机制的目标。采用数字证书技术,对网上个人身份、机构的身份、服务器身份进行认证和签名,通过第三方中立的电子认证服务机构对数字证书进行认证,是建立互联网上信任机制的一种好办法。

然而,电子签名认证标准不统一,造成电子签名核实真假困难,网络信任机制受限。

(3) 电子签名用户体验差,阻碍了电子签名的推广与发展。电子签名是解决互联网身份认证的一种先进手段,本应受到互联网用户的欢迎。然而目前我国电子签名实施11年来,电子签名却没有获得很好的发展。究其原因,最主要的是由于电子签名认证标准不统一带给用户极差的体验。往往一个客户费尽周折认证一个电子签名后,由于不统一,只能在一次交易中使用。而目前认证不统一也造成了在哪里申请的认证,售后服务也必须在原认证机构进行。这就造成了售后服务不管好坏,客户都无法更换认证机构。也造成了各认证机构对售后不重视,从而造成了电子签名有人认证,没人维护。用户体验差也阻碍了电子认证的发展。

(4) 电子签名认证不统一,资源浪费现象普遍存在。一个主体重复认证的情况大量存在,由于需要备案大量的认证标准,以及出现需要确认签名真实性时,多家认证机构的标准比对造成的资源浪费普遍存在。

不同CA机构发放的数字证书之间不能识别,而为了经济的发展,各方之间需要建立识别认证建立桥梁,如果不能建立统一的认证标准,则需要建立多个不同的桥梁,势必造成资源的浪费。

综上,在我国建立统一的电子签名认证标准,是解决以上问题,让电子签名在我国真正发挥作用的关键。

三、建立统一的电子签名认证标准的可行性分析

（一）法律上的可行性分析

电子签名认证标准统一符合我国的现行法律规定，与 2004 年 8 月 28 日出台，并于 2015 年 4 月 24 日进行了修订的《电子签名法》仅从正面规定了各机构可以设立自己的认证标准并备案，并不禁止建立统一的电子签名认证标准或建立认证标准统一识别体系。同时，各家 CA 在统一的电子签名认证标准体系下，依然可以完全平等地发展自己的电子签名业务，不会因此造成任何行业垄断。相反，可以更有效地促进竞争，大家在统一标准下会更加注重服务。因此，建立统一的电子签名认证标准也不违反《中华人民共和国反不正当竞争》等法律的相关规定。

国际上，其他国家也相应地拟定了电子签名统一标准的相关法律草案，可见电子签名统一标准是符合社会大趋势的。

（二）技术上的可行性分析

依据电子签名认证标准统一要达到的目的，结合现有技术综合分析，可以推行两类方案，一是建立统一的技术规范标准；二是建立桥机构，通过桥机构可将不同认证机构认证的签名通过桥机构自动转换，从而实现不同认证机构认证的签名可以在同一电子合同中使用。

（三）实践推广中的可行性分析

建立统一的电子签名认证标准，在实践中可通过以下途径实现：

(1) 通过管理部门出台有关规范性文件，组织技术及法律力量进行论证与计划。

(2) 建立统一国家标准，统一电子签名认定规范，促进电子签名统一。

(3) 在建立统一标准后，从银行等金融机构入手，要求这些机构依照电子签名法统一电子签名，改变目前一个机构自己使用未经认证的电子签名现状。

(4) 通过社区医疗、各类考试推广个人电子签名。

(5) 通过倡导电子合同签约平台等新兴电商服务，推动商业主体的签字签名认证普及。

四、建立统一的电子签名认证标准的意义

(1) 电子签名认证标准统一，可提升交易安全性，节约交易成本，为各类交易提供新的平台，促进经济发展。

① 电子签名认证标准统一后，个人及机构可以唯一对应一个电子签名，成为电子身份证，与实名制相呼应。提升有电子签名人员或机构的可信度，增加公众对电子签名的可靠性认知，增加交易双方的信任度。使交易变得高效便捷，降低交易成本，促进经济发展。

② 电子签名认证标准统一后,会催生电子合同签订与保存的第三方平台、网上即时交易的虚拟物品平台等交易平台的建立,同时有利于目前由于真实性限制发展的网络游戏类交易平台等进一步发展。新的平台的发展增加了就业,促进了经济的发展。

(2) 电子签名统一标准,可减少犯罪的发生,维护社会稳定。

① 电子签名统一标准后,交易各方可通过正规途径核实对方的电子签名是不是真实的,从而降低交易风险,预防欺诈的发生,减少了不必要矛盾的发生,有利于社会的安全稳定。

② 电子签名统一标准,可促进电子签名推进,为该类网络犯罪提供线索,有利于案件的查处。同时,电子签名认证标准统一,对于预谋使用电子签名犯罪的不法人员起到警示性的作用,有效预防了犯罪的发生,有利于社会安定。

(3) 建立电子签名认证统一标准使个人生活变得简单舒适,有利于推进社会的进步。

① 建立电子签名认证统一标准后,通过唯一对应的电子签名,有利于各平台推行电子签名,使用电子签名后,买卖双方可提升信用程度。同时一个主体做一次认证,可通行各大网站,通过以后对签名的附加背书等方式,可以收集签名主体的电子征信。电子征信作为我们每个人生活的一部分,有利于社会对个人作出更加全面与正确的社会评价。

② 建立电子签名认证统一标准后,通过唯一对应的电子签名,个人认证后可以通用于银行,医疗,考试等网上身份认证,有效节约社会资源,使个人生活更加舒适便捷。

(4) 建立统一电子签名认证标准,促进电子认证机构提升服务质量,有利于推进电子签名和电子签名法的实施。建立电子签名认证统一标准后带来的普及性,会大大提高认证机构的业务量,同时统一标准形成的更具竞争性环境,从而进一步推动电子签名发展。

五、建立统一电子签名认证标准的合理化建议

(一) 立法建议

在现有法律体系基础上,依据《中华人民共和国电子签名法》、《反不正当竞争法》等相关规定,结合社会现实,出台电子签名统一标准的相关法律,法规或部门规章。

(二) 执法建议

行政执法是法律实施的重要阶段,直接关系到我国法治社会的建设。目前,行政执法中还存在一些问题,导致立法目的不能很好地实现,或者在行政执法中出现了一些如暴力执法等不文明、不合法的现象,造成了执法信誉的

降低。因此，有必要建立专门的电子签名执法部门。严格执法，提高服务质量，将电子签名的相关法律正确落实，早日推进电子签名认证标准统一的进程。

（三）司法建议

遇到电子签名相关的案件纠纷，司法人员应积极协助当事人搜集证据，正确处理相关纠纷，查处相关的犯罪。

同时，司法人员在司法实践过程中得到的经验教训要及时反馈，以便于更好的规范电子签名的相关制度，更好地服务社会。

综上所述，建立统一的电子签名认证标准是我国目前社会政治、经济发展的必然要求。我国的现行法律并不禁止电子签名认证标准的统一，同时技术也可行。因此，在我国建立统一的电子签名认证标准是解决目前信息网络领域身份识别的关键，也是我国信息网络进一步腾飞的基本保障。

价格输入错误的网购合同效力

——张国良诉誉满家公司买卖合同纠纷案

马立云　广东法制盛邦(东莞)律师事务所

一、案件要旨

(1) 网站上发布的商品信息明晰地记载了商品的名称、价格、付款方式、交货方式等,内容具体明确,符合合同要约的全部特征,非产品的宣传方式或者要约邀请。

(2) 因电子输入错误导致的价格输入错误,过错在于誉满家公司,因此产生的不利后果应由誉满家公司承担。电子交易应以维护交易的效率、交易的安全作为法律的价值取向,此类交易产生的错误成本施加于经营者,应更为有效率。

二、基本事实

2015 年 3 月 17 日,原告通过其淘宝会员号"tb14178269"在浙江天猫网络有限公司(以下简称天猫公司)经营的天猫商城中的"誉满家电器专营店"在线购买了索尼 KD-65X9500B 65 寸 LED 超高清 3D wifi 智能 4K 液晶电视机三台,单价为人民币 3 199 元,并于同日以在线支付方式将货款 9 597 元(含运费 0 元)付至北京誉满家科技发展有限公司(以下简称誉满家公司)的支付宝账户,付款后页面提示"预计 3 月 20 日送达"。次日,原告在线提醒卖家发货,誉满家公司通过淘宝旺旺回复"如需配送请补邮费 9 万元"。

"誉满家电器专营店"为誉满家公司在天猫公司的天猫商城开设的网上店铺。2015 年 3 月 23 日,原告委托律师分别向天猫和誉满家公司发送律师函,该律师函两家公司均予以签收,对于购买案涉电视机的用途及目的,原告庭审中陈述其有几套房产,购买案涉电视机的主要目的是自用,对案涉商品的交易价格存在一定认知,以电子商务中存在特惠或者促销的原因而认可誉满家公司所标注的价格信息。

三、争议事项

(1) 网购合同是否依法成立?

(2) 价格输入错误的网购合同是否可撤销?

四、诉辩情况

原告认为，誉满家公司在网店售卖的电视机的品牌、颜色、尺寸、价格（包括邮费）、数量（包括库存数量、成交数量）、支付方式、送货方式均作了明确约定，属于合同要约；原告点击购买下单并支付货款和提供收货地址的行为属于承诺，双方之间的买卖合同自原告下单并支付货款时起已经成立，誉满家公司理应按约履行交货义务。而誉满家公司要求原告支付高额运费才发货的行为既是对买卖合同的重大变更，也构成对消费者的价格欺诈，原告有权拒绝变更，誉满家公司应继续履行。而天猫公司明知誉满家公司存在价格欺诈和损害消费者权益的行为却未采取合理有效的措施，应与誉满家公司承担连带责任。

誉满家公司辩称，第一，原告双方订立的合同不成立，因为誉满家公司在天猫所挂出的商品信息属于要约邀请，而原告下单的行为属于要约。根据合同法的相关规定，把广告分为要约邀请和广告要约，由于电子商务具有不同于一般交易活动的特点，一般情况下，电商广告应当视为要约邀请，即便誉满家公司对销售商品进行了详细的介绍，其目的不是订立合同，而是吸引消费者，并邀请对方当事人向自己发出要约的意思表示。因此，誉满家公司的广告行为应当视为要约邀请，故只有在誉满家公司最终确认和承诺发货之时，原誉满家公司双方的买卖合同才算正式成立。第二，假设合同成立，誉满家公司调整价格失误导致低价出售商品，并非誉满家公司的真实意思表示，誉满家公司从事电商行业，由于供应商价格变动较大，目前很难依靠系统自动调整在线商品的价格，往往需要人工完成调价，而人工调价就加大了誉满家公司的出错率，导致偶然出现了错误的报价。2015 年 3 月 17 日，誉满家公司对案涉商品价格进行了调整，但由于疏忽大意，并未对调整后的价格予以核实，导致出现了原本售价为 31 999 元的商品误标价为 3 199 元，当时誉满家公司的卖场并未做任何的购物优惠活动。而且根据原告提交的证据资料（交易快照）可知，原告明确知道案涉商品的价格为 31 999 元，在誉满家公司没有任何优惠活动的前提下，原告利用了誉满家公司的疏忽大意，对案涉商品进行了大量的恶意购买行为。原告支付货款后，誉满家公司在 20 分钟内监测到价格异常，并主动打电话给原告予以说明价格标注有误，请求原告解除订单并申请退款，当时原告口头答应申请退款，但事后没有履行。所以，原誉满家公司订立的买卖合同显示公平，原告利用价格上的漏洞恶意大量购买，使得原誉满家公司之间的权利义务不平衡，根据合同法的规定，原誉满家公司之间的合同应该予以撤销。

五、判决结果

誉满家公司继续履行买卖合同，并于判决生效之日起十日内向原告交付索尼 KD-65X9500B 65 寸 LED 超高清 3D wifi 智能 4K 液晶电视机三台。

六、判决理由

(1) 誉满家公司在网站上发布的商品信息明晰地记载了商品的名称、价格、付款方式、交货方式等，内容具体明确，符合合同要约的全部特征，非产品的宣传方式或者要约邀请，原告在发现案涉商品的出售信息后，按照网站设定的交易程序进行交易并完成订购、付款等交易行为，构成对誉满家公司要约的有效承诺，双方之间的合同已经成立并生效。

(2) 誉满家公司在庭审中确认其标注的价格错误，系因调价原因引起，即本案的纠纷系因誉满家公司电子输入发生错误，未及时更正对应的电子数据造成，其过错在于誉满家公司。因电子购物的迅捷特征，誉满家公司对电子输入错误应及时进行纠正，但庭审中誉满家公司并没有提供相应的证据予以证实其及时采取相关的补救措施，故因此产生的不利后果应该由誉满家公司自行承担。即使如誉满家公司所述，其标注的价格与实际价格并非其真实意思表示，是输入错误，且标注的价格与实际价格存在巨大差异，但是，对网络销售而言，此种非面对面的交易与传统交易模式不同，在网络销售中，不乏由于促销活动，如原告陈述的特惠、打折或秒杀而产生的极为低价的商品，这正是网购吸引消费者的原因之一。故不能仅以价格差距判断合同成立的合法性。另一方面，据查证的证据显示，誉满家公司要求原告支付配送的邮费9 万元，该主张超出合同约定的范围，属于对合同内容的重大变更，原告予以拒绝合法有据。

(3) 电子交易具有迅捷、竞价、非面对面、群体的不特定性、信息的不对称性等特点，有别于传统的交易模式。事实上，电子交易应以维护交易的效率、交易的安全作为法的价值取向，此有利于经营者秉承谨慎、诚信的经营理念，对其发布的产品要约信息负责。如果允许经营者以显示公平等事由撤销合同，将危害交易的安全与稳定，最终损害的是不特定消费者的利益。因此，从法律的经济学分析方法来看，此类交易的错误成本施加于经营者，应更为有效率。

七、焦点评析

（一）网购合同成立的判断标准

(1) 法定标准。认定合同是否成立，应当遵循《合同法》关于合同成立的一般规则进行判断，即对双方是否完成了要约和承诺的交易行为予以认定。要约是向对方作出的希望与其订立合同的意思表示，承诺是受要约人同意要约的意思表示。通常情况下，要约应视内容具体确定，并且表明经受要约人的承诺，要约人即受意思表示的约束。受要约人一旦承诺，双方即完成合意。誉满家公司将其待售商品的名称、型号、价款等详细信息陈列于网购平台之上，内容明确具体，与商品标价陈列出售具有同一意义，根据法律规定和一般交易观念判断，当符合要约的特性。原告在发现上述商品出售信息后，即按照网站设置的交易程序进行交易，并完成订购、付款等交易行为，这是对誉满家公司要约的承诺。因此，本案网购合同经过誉满家公司要约，原告承诺之过程，且该承诺已抵达誉满家公司，双方网络购物买卖合同关系依法成立并生效。

(2) 约定标准。《天猫规则》第十九条规定："成交，指买家在淘宝上拍下商品并成功付款到支付宝。"按照《成交定义的实施细则》解释，即买家将交易款项支付到支付宝中间账户，此时交易状态为"买家已付款，等待卖家发货"。而本案中，原告订单的最后交易状态显示为"待商家发货"，那么，根据《天猫规则》规则，原誉满家公司双方的买卖合同也成立。

（二）价格输入错误的法律后果

1. 价格输入错误行为的法律性质

所谓价格输入错误（又称标价错误），是指网络购物平台上的经营者通过购物平台的网页所发布的商品价格与商品实际价格不符，包括标价高于实际价格和标价低于实际价格两种情况。通常认为，价格输入错误属于我国《合同法》中的"重大误解"，属于可撤销的合同。但仔细分析，并非如此。

对"重大误解"的概念，最高人民法院《关于贯彻执行〈中华人民共和国民法通则〉若干问题的意见（试行）》第 71 条解释为："行为人因对行为的性质、对方当事人、标的物的品种、质量、规格和数量的错误认识，使行为的后果与自己的意思相悖，并造成较大损失的，可以认定为重大误解"。对此，学者的主流观点认为，我国《合同法》中的"重大误解"是指当事人基于错误的认识而做出错误的意思表示，其中的"错误认识"，包括对合同性质的错误认识、对相对人的错误认识、对标的物本身产生错误认识、误认标的物的质量与数量以及对合同履行的重要内容产生错误认识。由此可见，我国《合同法》中的"重大误解"并不包括"重大错误"，"重大错误"是当事人在没有产生错误认识的前提下做出的意思表示错误。本案判决就是基于这样的理解，认定价格输入错误属于誉满家公司的过错，其不利后果应由誉满家公司承担。

从比较法的角度看，无论是大陆法系还是英美法系的民法中，均有"错误"制度，其中，大陆法系的德国、日本以及中国台湾地区的民法还将"错误"分为内容错误、表示行为错误和传达错误，均属于可撤销的情形，我国《合同法》将"重大错误"排除在"重大误解"之外，势必导致对于类似价格输入错误的情形缺乏法律规制和救济，呈现明显的法律漏洞。因此，以"意思表示错误"规则对我国《合同法》中的"重大误解"进行修正，从而将包括价格输入错误在内的意思表示行为错误和传达错误纳入可撤销的合同范围，具有十分重要的现实意义。

2. 价格输入错误的救济方式

根据我国《合同法》的规定，可撤销的合同在合同被依法撤销前仍具有法律效力。如前所述，将价格输入错误纳入重大误解的范围，则价格输入错误的合同属于可撤销的合同情形。如果出现价格输入错误，当事人得依法申请撤销，否则合同仍然有效。具体到诉讼程序上，如果买卖双方不能协商一致，经营者应主动提起申请撤销之诉；如果购买者已经诉请继续履行合同，则经营者应提出撤销合同的反诉方可对抗，而不能以价格输入错误作为诉讼抗辩或者直接拒绝履行合同。

但是，这里又引出另一个法律问题：可撤销合同旨在保护合同相对人和受损害方的利益，将价格输入错误的合同纳入可撤销的合同范围是从合同的性质上而言的，而价格输入错误毕竟是一种过错行为，作为过错方和加害方的经营者有申请撤销的权利吗？如果合同撤销，如何赔偿相对人和受损害方的损失？这都是在我国的现行《合同法》中无法直接找到答案而需要进一步深入探讨的问题。

知 识 产 权

数字化时代如何实现知识产权的最大价值

何 放 金杜律师事务所

人类的社会属性是协作,广义的协作包括人与人之间以及人与自然及宇宙之间的协作。知识产权制度是人类在工业革命前后协调社会分工协作的产物。在知识产权制度产生前的几十万年历史长河里,人类通过技术或技能实现了同野生动物的协作,于是有了畜牧业;实现了同气候、季节以及土地的协作,产生了农业。在与知识产权制度近乎同龄的工业革命前后,人类掌握的技术足以能够使人类和远古死去的植物协作,产生了利用煤的蒸汽机工业文明。在知识产权制度产生以后的几个世纪内,人类甚至实现了和远古死去的动物协作,产生了依赖于石油的工业文明。数字化时代的到来从根本上改变了和知识产权相关的协作各方的利益平衡。2016 年 4 月 26 日世界知识产权日主题是“数字创意,重塑文化”,今年的宣传海报也极具创新:是一张打了马赛克的蒙娜丽莎。该海报传达的信息是——数字技术扫除了物质上的障碍,我们可以随意浏览、观赏和分享知识产权人的知识成果。但完全免费并不是协作,知识产权人所面临的挑战——如何确保数字化时代能够继续保护自己的知识产权乃至实现权利的最大价值从而确保继续创造,成了我们这个时代的重要课题。

中世纪知识的阶级垄断、铅字时代的信息不对称在数字化时代都荡然无存。知识产权人一方面经历着前所未有的控制权挑战:除了有限的法律保护外,被学习或复制成本趋零,信息不再稀缺但有用的信息深深隐藏在浩如烟海的大数据中,而大多数知识产权保护法律都是为原子世界定制的,它们似乎还不能完全适应比特世界层出不穷的新状况。知识产权本质上又是一种资源,只有进入市场充分运营才能成为资产或者资本,成为真正有价值的财产权。而另一方面,知识产权作为资源本身又享受着前所未有的市场运营便利:数字化的互联网、手机等通信及存储手段已经成为这个世纪同水、电、燃气、铁路、公路等一般的基础设施,这张数字化的网将几十亿人甚至天文数字级的不同物件串联起来——知识产权借此逐渐产生了其本身对传统资产的侵入性优势,或许知识产权人可以借助以下途径实现其价值的最大化:

一、跨界、跨产业、跨纬度

以版权为例,以互联网为媒介的“超级 IP”正在形成。受欢迎网络写手的剧本已经以极快的速度、极高的价格脱离传统文字作品的领域,转为影视作品或踏入其他衍生商品领域;这种网络写手尚未开始创作的作品甚至能形成一种"期权"以高价在二级市场交易。传统的著作权能迅速进入市场跨产业演变成品牌(商标权)、衍生纪念品(外观设计专利)等无形资产高附着的业务领域。

以专利为例,一些产业领域的行业巨头(典型的如电信无线通信领域)已经形成了输出标准专利的能力和趋势,正所谓"一流企业卖标准"。某些地区(如美国)"专利流氓"或"专利蟑螂"(Patent Troll)利用这些国家专利诉讼程序上的特殊之处,跨界(行业)狙击某些产业巨头,往往能通过和解、谈判或诉讼赔偿金获得NPE本身利用其专利获取价值最大化。而另一些垂垂老矣的昔日行业巨头(如诺基亚、柯达等)因为其鼎盛时期留有重要的专利资产储备,成为其他领域行业巨头巨额收购或窥伺的对象。这些昔日行业巨头能否借助知识产权储备跨产业重现昔日光彩还尚未可知。

二、充分利用数字时代的信息基础建设,避免重复无形资产投资

数字化时代的另一个特征是信息不再稀缺,复制成本趋零。而知识产权本身成为合法复制以外的成本,同时它激励了更多的发明创造以及文学艺术作品的诞生。知识产权只有进入市场运营,才能变成资产、资本,成为真正意义上的知识产权。在数字化时代,有价值的信息仍然会以用户特化或者行业特化的形式存在,值得知识产权人作为资本或资产目标深挖。在此过程中,知识产权人应充分利用无所不在的信息基础建设,避免误入"撞车"发明的投资或可能涉嫌侵权技术的开发及实施。在商标和著作权领域,知识产权人应利用已有的大数据充分评估分析市场,对自身、竞争对手乃至一般第三人的相关商誉或独创性作充分评估以避免权利冲突导致的投资浪费。知识产权制度从立法本质上说不是要创造竞争的重重壁垒,而主要是为科学技术或文化创意划出一条财产性的分界线,了解别人的界限在哪里也就不至于越界作无用功。

3D计算机模拟技术的普及使得知识产权人对无形资产的投资成本大大减少。原本需要大量实验室数据支持的专利申请数据或者草图将被数字时代的计算机模拟技术取代。可以预见,将来计算机模拟技术将深入分子及原子领域,一大批化工及生命科学领域的专利技术开发投资将因此获益,其意义不小于用超级计算机模拟核试验产生的大量数据。

三、重新以数字时代的视野审视知识产权保护策略

知识产权保护策略往往是打击盗版、打击仿制及其他侵权行为。正如本文开头所言,数字技术扫除了物质上的障碍,我们可以随意浏览、观赏和分享知识产权人的知识成果,盗版或者仿制可能铺天盖地,知识产权人应运用什

么样的维权策略来适应这个新环境呢？我认为，以维持知识产权人战略上的竞争优势将是重新审视数字时代知识产权保护策略的出发点。

成本高企以及侵权无处不在的时代，知识产权所有人应当做出战略性判断，即：哪些侵犯其知识产权的行为或对象可能构成对知识产权人现在及未来竞争优势的实质威胁。经专业分析，这些威胁将实质性影响知识产权人市场竞争优势，就有必要优先调动有限的资源采取必要措施，否则维权措施很有可能落入针对整个互联网世界汪洋大海的境地并可能导致有限的资源“泥牛入海”。同样，这些战略性竞争优势判断也会是跨界跨行业的：在传统电信运营商（如中国移动、中国电信、中国联通等）早几年还彼此竞争短信业务、现今几乎被跨行业的互联网新兴巨头腾讯的微信 app 击败的时代，如何布局知识产权保护并恰当地提起维权措施，将需要专业和审慎的考量。

专利侵权诉讼中的鉴定意见

——兼评上海知识产权法院“第一案”

薛 琦 上海弼兴律师事务所

一、引言

专利侵权诉讼中所涉及的专利技术方案和侵权行为所采用技术方案的对比对专业性的要求非常高，不具有专门知识的人无法做出准确清楚的判断。

鉴定意见是法定证据形式之一，是指具有专门知识的人员通过专业知识的运用对专门性问题形成的专门性意见和看法。所以鉴定意见不但具有科学的属性还具有诉讼证据的属性。

正是由于鉴定意见不但具有证据的能力，并且还具有科学评价的客观性，所以专利侵权诉讼中为了证明侵权人实施了未经许可的专利权，专利权人往往采用司法鉴定的方式来对比专利技术方案和侵权行为所采用的技术方案。

由于鉴定意见与其他形式的证据一样都必须遵循证据规则，所以鉴定意见同样必须经过查证属实才能作为认定事实的依据。在《最高人民法院关于民事诉讼证据的若干规定》第二十九条中具体规定了鉴定意见认定的审查内容，其中包括：①委托人姓名或者名称、委托鉴定的内容；②委托鉴定的材料；③鉴定的依据及使用的科学技术手段；④对鉴定过程的说明；⑤明确的鉴定结论；⑥对鉴定人鉴定资格的说明；⑦鉴定人员及鉴定机构签名盖章。

概括言之，鉴定意见认定的审查内容实质是对鉴定主体的适格性、鉴定对象的合法性、鉴定过程的规范性以及鉴定意见的可靠性这四个方面的审查。

然而专利的本质是创新，专利本身往往就是高新技术的代名词，因此专利技术方案往往具有非常强的专业性，因而这就给鉴定意见认定的审查带来了困难和障碍。

本文从鉴定意见质证的角度出发，结合案例从鉴定过程的规范性以及鉴定意见的可靠性这两个方面讨论和分析专利侵权诉讼中鉴定意见认定的审查。

二、案情简介

惠普于 2001 年 1 月 26 日，申请名称为“具有与晶体管作用区重叠的接地母线的喷墨打印头”的发明专利，并于 2005 年 9 月 7 日获得发明专利权（专利号：ZL01813341.X)。2015年惠普向上海知识产权法院起诉上海胤嘉制造、销售、许诺销售的HP818XL黑色的墨盒产品侵犯了其专利权。惠普提供的证据材料中包括对ZL01813341.X的专利和HP818XL黑色的墨盒产品的技术方案比对的鉴定意见。

该案“具有与晶体管作用区重叠的接地母线的喷墨打印头”的发明专利的权利要求1是：

“一种喷墨打印头，其包括：

由衬底和多个薄膜层形成的打印头结构；(A)

墨滴发生器的纵阵列，其被限定在所述打印头结构中；(B)

场效应晶体管电路的纵阵列，其形成在所述打印头结构中且分别连接到所述墨滴发生器上，所述场效应晶体管电路包括作用区，每一作用区包括漏极区、源极区和栅极；(C)

包括接地母线的电力迹线，该接地母线在结合片与所述墨滴发生器和所述场效应晶体管电路之间电连接；以及所述接地母线通常沿场效应晶体管电路的所述纵阵列的纵向范围延伸，并且与所述作用区部分地重叠。(D)”

鉴定意见对权利要求1的技术方案拆解为如上所示的四个技术特征(A)、(B)、(C)和(D)，并结合对HP818XL黑色的墨盒产品中的芯片的反向工程得到的芯片检测分析报告中唯一提供的一张芯片的微观结构照片，分别在芯片检测分析报告的照片中指认出HP818XL黑色的墨盒产品的芯片与技术特征(A)、(B)、(C)和(D)相同的特征，从而认定HP818XL黑色的墨盒产品的技术方案落入了上述专利的权利要求1的保护范围。

上海胤嘉提供的质证意见中，针对比对意见鉴定意见中技术特征的比对提供了如表中的比对意见。

序号	权利要求1的技术特征	鉴定意见认定的技术特征	芯片检测分析报告记载的技术特征
1	由衬底和多个薄膜层形成的打印头结构	鉴定意见认定芯片结构图标记(1)处以及PLOY层、M1层和M2层	芯片检测分析报告芯片结构图中显示
2	墨滴发生器的纵阵列，其被限定在所述打印头结构中	鉴定意见认定芯片结构图标记(2)处	芯片检测分析报告中不存在
3	场效应晶体管电路的纵阵列，其形成在所述打印头结构中且分别连接到所述墨滴发生器上，所述场效应晶体管电路包括作用区，每一作用区包括漏极区、源极区和栅极	鉴定意见认定芯片结构图标记(3)、标记(4)、标记(5)和标记(6)处	芯片检测分析报告中不存在

(续表)

序号	权利要求1的技术特征	鉴定意见认定的技术特征	芯片检测分析报告记载的技术特征
4	包括接地母线的电力迹线,以及所述接地母线通常沿场效应晶体管电路的所述纵阵列的纵向范围延伸,并且与所述作用区部分地重叠	鉴定意见认定芯片结构图标记(8)、标记(7)、标记(9)处	芯片检测分析报告中不存在
5	该接地母线在结合片与所述墨滴发生器和所述场效应晶体管电路之间电连接	鉴定意见中不存在认定	芯片检测分析报告中不存在

上海胤嘉的质证意见主要是:鉴定意见与其作为鉴定基础的芯片分析报告的内容不对应,因此鉴定意见不真实,并且鉴定意见所依据的客观事实不完整,鉴定意见缺乏客观推理和论证,以及评判的客观标准,仅是结论性的断言,所以鉴定意见不可靠。

具体地说,首先,鉴定意见所列举的关于芯片的照片未在芯片检测分析报告中出现。所以鉴定意见所得到结论的基础并非是基于客观芯片检测分析的结果。

而且即使在一般实物产品的技术分析比对中,如果没有完全罗列并说明实物产品的各个组成部分以及组成方式,技术人员就无法获得完整的实物产品,也无法对实物产品进行比对分析。更加不用说对于肉眼不可见的微观领域,如果没有对结构和组合关系的详细地说明和解释,一般技术人员根本不可能组合得到芯片,更加不可能实现对芯片的比对。

所以鉴定意见与其作为鉴定基础的芯片分析报告的内容不对应,鉴定意见不真实。

其次,鉴定意见仅依据一张芯片照片无法得到客观的芯片结构。

鉴定意见的目的就是在于对芯片结构的技术特征的说明和比对,就是从芯片检测分析报告所采集的数据中归纳总结出芯片中所包含的技术特征与权利要求记载的技术方案的对比,而且,芯片的构成是一种需要通过多种数据和不同层面、截面的照片、能量分析等综合判断推理得到,仅通过一张照片是无法获得芯片结构的,也就是说,在鉴定意见中芯片的各个结构需要通过多种数据和各种芯片图像的结合共同说明,如果缺失了数据和图像,那就相当于遗漏了部件和组合关系的说明,因此芯片的结构对于技术人员而言是无从得知的,也就无从归纳出芯片中所包含的技术特征,更加不可能进行技术特征的比对。所以鉴定意见所依据的客观事实不完整。

最后,在鉴定意见中也仅是简单的罗列结论,并没有对芯片检测分析报告中罗列的技术特征进行说明。而且鉴定意见中所作出的归纳均是臆测结论。

鉴定意见中鉴定人的作用是对专业问题提供专业的知识，具体到本案，鉴定人应该提供出其所具有的专业知识来对客观事实进行详细说明和合理推理，而不是简单的作出结论性断言。

并且在鉴定意见中未提供完整芯片检测分析的前提下，技术人员无从得知芯片结构，鉴定意见所记载的归纳技术特征就是存在疑问的，也就是说无法客观地归纳出芯片中所包含的技术特征，更加不可能进行技术特征的比对。而且在缺乏明确比对判断标准的情况下，也必然不可能获得任何准确的比对结果。

所以鉴定意见缺乏客观推理和论证，缺乏评判的客观标准，仅是结论性的断言，可见鉴定意见不可靠。

本案的鉴定意见本身存在缺陷，鉴定意见中记载的内容不应当给予采信。如果全是结论性的断言的鉴定意见也能给予采信，那么鉴定机构将彻底成为一个裁决机构，这是不符合鉴定制度是用以对事实情况进行陈述的设置目的的。

三、鉴定过程规范性的审查

鉴定过程规范性从科学属性的角度来讲是要求鉴定的理论适用且可验证、方法有效、结果可靠。这三者缺一不可。理论的不适用，方法以及结果的不可靠必然导致结果不准确甚至无法产生结果。

回到本案，鉴定机构在鉴定过程中采用反向工程是一种能够有效获得产品中所包含的技术方案的手段，所以鉴定意见所采用的理论是适用的并且是能够验证的。而且鉴定机构采用各种反向工程的检测仪器设备和预定的反向工程的检测步骤属于行业内惯用的反向工程的检测方式，所以鉴定意见所使用的检测方法是有效的。

但是鉴定机构仅通过反向工程中的一张照片就指认出 HP818XL 黑色墨盒产品的芯片与技术特征(A)、(B)、(C)和(D)相同的技术特征的鉴定分析手段是不可靠的，芯片的构成需要通过多种数据和不同层面、截面的照片，能量分析等综合判断推理得到，所以仅仅依据一张图中的简单标记是不可能得到芯片的具体部件，也无法得到其所对应的电原理结构，也就是说，这种鉴定分析手段产生的结果是任意的、不可预测的。

而且在质证意见中也同样指出了仅一张芯片照片中不能够也不可能确认任何与技术特征(B)、(C)和(D)相同的技术特征，所以这种鉴定分析手段的结果是不可靠的。

鉴定过程规范性从证据的属性的角度来讲是要求合法、真实、关联。尤其是鉴定过程的真实性，要求鉴定方法或结果等是真实的、客观的，而非主观臆断。具体到本案,鉴定机构制作鉴定意见的过程并不是依据的客观的芯片检测分析报告进行鉴定分析,整个鉴定过程中,尤其是在芯片所包含的技术方案的提取方面就是主观、武断的认定和判断。

从本案分析,在专利侵权诉讼中,鉴定意见除了要采用科学的理论和验证方法之外,尤其需要注意,鉴定意见的分析判断过程一定要与客观事实建立紧密的联系,尤其是专利技术方案具有很强的专业性,更加要求客观事实要能够满足专业性的判断和验证的要求。

在本案中,若鉴定意见要符合鉴定规范性,则鉴定机构需要严格的基于芯片检测分析报告从 HP818XL 黑色的墨盒产品中获得芯片内容的客观事实,比如照片图像等,进行分析和判断,每一步检测分析和判断的对象均有明确地芯片检测分析报告的内容作为基础。

四、鉴定意见的可靠性的审查

鉴定意见的可靠性从形式上不但要求鉴定意见具备法定形式而且必须内容完整。本案中鉴定意见就存在内容不完整的问题,本案的芯片检测分析报告实际包含大量芯片结构图片,但是随芯片检测分析报告实际提供给鉴定机构的仅有唯一的一张芯片结构图,也就是说,作为鉴定意见中关于芯片分析的内容是不完整的,不具有完整内容的鉴定意见必然不可能给出可靠的结果。

所以本案中,鉴定机构应该要求芯片检测机构提供完整的芯片检测分析报告,尤其是涉及芯片这种技术专业性非常强,一般技术人员难以辨别判断的技术领域,只有全面完整的芯片客观事实才能保证鉴定分析结果的可靠性。

鉴定意见从实质上还要求鉴定意见的内容所包括的推理逻辑和分析合理、因果关系明确且标准运用得当。

具体到本案,鉴定意见中对于芯片中与技术特征(A)、(B)、(C)和(D)相同的技术特征的认定没有提供具体的分析推导过程的论述,所以鉴定意见不仅缺乏分析和推理的逻辑性,而且反而体现了主观武断的认定和判断。

并且在缺乏足够证明芯片内容的客观事实的前提下,对于技术特征(A)、(B)、(C)和(D)与芯片所包含的技术特征相同的因果关系的证明和论述也是不明确的,所以鉴定意见也无法得到明确的结果。

此外,对于芯片所包含的技术特征的分析过程中,仅仅依靠鉴定人的经验来确定芯片所包含的技术特征,并没有提供足够明确清晰的分析判断的标准,也就是说,在确认芯片中所包含的技术特征时,没有客观评价的标准,得到的结果只会是不确定的、不准确的,因而减弱了鉴定分析过程的可靠性。

由此可见,对于专利类案件,鉴定意见在实质方面,不但需要非常清晰详细的分析和推理,而且也要能够得到明确的因果关系,此外评价或判断必需基于客观标准。

五、结语

专利技术方案具有非常强的专业性，所以在专利侵权诉讼中必然需要利用鉴定意见的科学评价的客观性为法官和双方当事人实现专利技术方案和侵权行为所采用技术方案的对比分析。而针对专利案件，为了能够充分发挥鉴定意见的科学评价的客观性，从鉴定过程规范性角度需要鉴定意见采用客观可靠的分析手段并且分析判断手段一定要与客观事实建立紧密的联系。从鉴定意见的可靠性角度需要鉴定意见内容完整并且需要清晰详细分析和推理、明确的因果关系以及评价的客观标准。

参考文献

[1] 朱广友：《论司法鉴定意见的基本属性》，《中国司法鉴定》，2008 年第 4 期，第 1－6 页。
[2] 应秋：《司法鉴定意见质证的若干问题研究》，华东政法大学 2008 年硕士论文。

《专利法司法解释二》带来的变化与挑战

方诗龙　国浩律师事务所

2016年3月21日，最高人民法院发布了《最高人民法院关于审理侵犯专利权纠纷案件应用法律若干问题的解释（二）》[法释(2016)1号，以下简称《专利法司法解释二》]，这是最高人民法院继2009年12月发布《最高人民法院关于审理侵犯专利权纠纷案件应用法律若干问题的解释》[法释(2009)21号，以下简称《专利法司法解释一》]之后发布的第二个有关专利法的司法解释。其实，2001年6月，最高人民法院就发布了《最高人民法院关于审理专利纠纷案件适用法律问题的若干规定》(以下简称《专利司法规定》)，并经历2013年、2015年两次修改[法释(2015)4号]。可以说，这三个司法解释是现行人民法院审理专利纠纷最直接的裁判依据。

下面着重谈谈最新的《专利法司法解释二》可能带来的新变化、新挑战。

一、限制了对权利要求的扩张解释，对专利文本的撰写提出了更高要求

对专利权利要求的解释，直接决定着专利权保护范围的大小。对专利权利要求的解释，历来有周边限定原则（严格根据权利要求书的文字进行解释，周边限定非常清楚）、中心限定原则（以权利要求书记载的内容为中心，根据专利的内容、性质、专利的目的，整体理解其保护范围）。我国《专利法》第59条规定采用折中原则，即以权利要求书为准＋说明书及附图用于解释权利要求书。但是，折中原则在实践中是无法做到绝对居中的，这一次新发布的《专利法司法解释二》更让我们看到专利权利要求的解释现在更偏向、更靠近周边限定原则了。最明显的变化是《专利法司法解释二》第3条。一般情况下，说明书与权利要求书有冲突，说明书无法用于解释权利要求时，《专利法司法解释二》第3条规定可以先行中止诉讼，通过专利无效程序解决权利要求不清的问题。但是，第3条最后一句规定，在合理期限内专利权未被请求宣告无效的，人民法院可以根据权利要求的记载确定专利权的保护范围，而不再考虑说明书的解释，这其实就是采用周边限定原则去解释权利要求了。另外，还有一些变化：

(1) 全部特征原则（第5条）：权利要求中的前序部分和特征部分共同对其保护范围产生限定作用。

(2) 封闭式组合物（第7条）：被诉侵权技术方案在包含封闭式组合物权

利要求全部技术特征的基础上增加其他技术特征的，人民法院应当认定被诉侵权技术方案未落入专利权的保护范围，但该增加的技术特征属于不可避免的常规数量杂质的除外。人民法院也不再考虑增加的其他组分对解决技术问题是否产生了实质性影响（这一条对中药组合物权利要求又单独做了例外）。

(3) 方法特征限定的产品（第 10 条）：即便产品相同，但被诉侵权产品的制备方法与其不相同也不等同的，未落入其保护范围。

(4) 有步骤顺序的方法专利（第 11 条）：如果本领域普通技术人员阅读权利要求书、说明书及附图后直接、明确地认为该技术步骤应当按照特定顺序实施的，人民法院应当认定该步骤顺序对于专利权的保护范围具有限定作用，而不再考虑步骤顺序的变换对技术效果是否产生了实质性影响。

(5) 特殊术语的限定（第 12 条）：权利要求采用“至少”“不超过”等用语对数值特征进行界定，且本领域普通技术人员阅读权利要求书、说明书及附图后认为专利技术方案特别强调该用语对技术特征的限定作用，权利人主张与其不相同的数值特征属于等同特征的，人民法院不予支持。

以上条文，很鲜明地宣示，对专利保护范围的解释，今后要严格以权利要求书为准了，而且对权利要求书的解释更是严格地限定解释，避免扩大解释。最高人民法院在发布《专利法司法解释二》的权威解读中，更是明确了这种变化背后的目的，就是要“强化权利要求的公示和划界作用，增强专利权保护范围的确定性，为社会公众提供明确的法律预期，促使专利文件撰写水平的提高”。

这种变化，无疑对专利文本的撰写提出了高质量的要求。不得不承认，我国当前的专利文件撰写水平，还需要大幅度的提高。先前，对专利文本中不清楚、不明确的地方，专利诉讼律师还可以有很大的争辩空间。随着《专利法司法解释二》的实施，这种争辩空间将越来越小，这必然就要求专利文本的撰写质量要越来越高。可以预计，高质量的专利撰写人才、专利代理公司将越来越有前途，相反那种低质量、低费用的专利代理公司市场份额必将萎缩，专利撰写的代理费用也将越来越高。

二、对专利权的保护有加强更有限制，对专利权人的维权方式提出了新的挑战

《专利法司法解释二》对专利权保护的强化突出体现在第 21 条，第一次在全国性的法规层面规定了专利侵权的间接侵权责任，尽管《侵权责任法》已经有了相应的上位规定。第 21 条规定：

“明知有关产品系专门用于实施专利的材料、设备、零部件、中间物等，未经专利权人许可，为生产经营目的将该产品提供给他人实施了侵犯专利权的行为，权利人主张该提供者的行为属于侵权责任法第九条规定的帮助他人实

施侵权行为的，人民法院应予支持。

明知有关产品、方法被授予专利权，未经专利权人许可，为生产经营目的积极诱导他人实施了侵犯专利权的行为，权利人主张该诱导者的行为属于侵权责任法第九条规定的教唆他人实施侵权行为的，人民法院应予支持"。

细究上述条文，不难发现还有一些问题尚未解决。首先，上述条文认定构成间接侵权的前提是他人"实施了侵犯专利权的行为"，也就是理论上所说的间接侵权行为有"从属性"，但是如果他人未完成实施侵犯专利权的行为或他人不是为生产经营目的的个人消费行为，这种情况下间接侵权责任是否依然可以独立存在？实践中已经有不法企业向消费者提供侵犯他人产品专利或者方法专利的产品，然而，却将完成专利的最后一个步骤留给消费者，比如只向消费者提供产品的全部组件让其自行安装，但在说明书里给出了安装指导；或者甚至都没有将全部产品组件完整提供给消费者，但是却在说明书里留出了足够的暗示等。这种情况下如果依据《专利法司法解释二》第21条的字面解释，恐怕还很难认定构成"教唆侵权"，但这显然又不是立法目的所在。其次，对于间接侵权责任人，《侵权责任法》第9条规定是与行为人承担连带责任，而在专利间接侵权责任中，专利权人是否可以选择直接起诉帮助侵权人、教唆侵权人而不起诉被帮助人、被教唆人呢？这恐怕又是一个问题。

《专利法司法解释二》对专利权人的权利限制突出体现在第25条和第26条上。

《专利法司法解释二》第25条规定了被诉侵权产品的使用者举证证明其已支付该产品的合理对价的可以不承担停止侵权的责任。在笔者看来，这一规定是对现有《专利法》第70条的重大突破。《专利法》第70条规定，为生产经营目的使用、许诺销售或者销售不知道是未经专利权人许可而制造并售出的专利侵权产品，能证明该产品合法来源的，不承担赔偿责任。但《专利法》第70条的言外之意是使用者、许诺销售者或者销售者不承担赔偿责任，但是需要承担停止侵权的责任。现在，《专利法司法解释二》第25条第1款通过但书将支付了合理对价的使用者予以排除在外了。这就是说，只要是支付了合理对价的使用者，今后即使被起诉，也既不需要承担赔偿责任，又不需要承担停止责任了，只要证明一下有合法来源即可。《专利法司法解释二》所做的这种突破，按照最高人民法院所发布的权威解读，这是考虑专利权人与善意使用者利益平衡的结果，这样的规定也已经是征求了立法部门意见的结果。

善意使用者今后既不承担赔偿责任，也不承担停止侵权的责任，那专利权人就应当重新考虑如何进行专利维权了。通常情况下专利权人起诉使用者，所起的作用有改变诉讼管辖地，逼其提供产品销售者、制造者，也可以逼使用者给销售者施压，等等。现在，《专利法司法解释二》规定使用者今后既不承担赔偿责任、也不承担停止侵权的责任，那使用者今后恐怕就没有压力去给销售者施压了。如果使用者、销售者都没有压力，专利权人与制造者恐怕就会陷入越来越久的诉讼程序中。在笔者看来，放弃对使用者要求停止侵权的条文规定，这是最高人民法院的一个方向性错误，专利权人及专利律师们恐怕马上要着手思考下面一些问题了：

如果最终的使用者既不承担赔偿、也不承担停止侵权的责任，今后使用者恐怕也不会及时披露销售者了，如何让使用者尽早披露产品来源就是一个亟待尽早解决的取证问题了。如果打一场官司只是让使用者提供一个产品来源，那诉讼的代价未免有点太大。

如果最终的使用者既不承担赔偿责任、也不承担停止侵权的责任，销售者很有可能在被判侵权之后仍以合理的市场价格继续向使用者销售，如何阻止继续销售行为就将是个很棘手的问题。

如果终端的使用者不承担停止侵权的责任，那中间段的销售流通环节就很难阻止，追溯上去前端的制造行为也就很难杜绝，可以预计今后的专利侵权行为将更加猖獗，停止侵权将变得越来越难，专利权人在这种环境下如何保护自己的专利权就需要重新通盘考虑了。

《专利法司法解释二》对专利权人的权利限制另一个重要体现是第 26 条。第 26 条规定，被告构成对专利权的侵犯，权利人请求判令其停止侵权行为的，人民法院应予支持，但基于国家利益、公共利益的考量，人民法院可以不判令被告停止被诉行为，而判令其支付相应的合理费用。这一条是对责任承担方式的重大变化。今后，停止侵权不再是必然的专利诉讼的责任承担方式了，法院也可以直接判定支付合理的费用去替代停止侵权的责任。这其中，最核心的恐怕是如何界定“合理的费用”了。按照通常的经验，专利权人对费用的期待与被告之间总有很大的差距，这种情况下交给法院去裁决，预计法院裁决的“合理费用”也不会太高。因此，让法院裁决一个“合理费用”对专利权人而言风险会更高些。因此，没有了停止侵权这个达摩克利斯之剑，专利权人恐怕只有尽早降低自己的身价，及早与被告协商解决合理费用事宜。当然，第 26 条规定的责任替代方式是仅限于“基于国家利益、公共利益的考量”的。但是，对国家利益、公共利益的界定历来就是有争议的空间，专利权人还是要避免这种争议为上。

从《专利法司法解释二》第 25 条、第 26 条不难看出，《专利法司法解释二》对专利权人做了越来越多的限制。诚如最高人民法院在新闻发布中所讲，专利司法要坚持利益平衡原则，既保护权利人的正当权益，鼓励发明创造，又避免专利权不适当地扩张，防止压缩再创新空间和损害公共利益、他人合法权益。

最高人民法院对专利权人利益的再平衡，恐怕马上就会带来专利维权方式的变化，专利权人估计要重新通盘考虑一下在中国的专利战略及产品布局了。在笔者看来，对公众利益最好的平衡就是加强专利权的保护，强化专利权只会促进发明创造的提升，而不会挤压再创新的空间。如果有挤压，挤压的是仿制或者最多是小改进，激发的却是大创新。司法政策的左右摇摆或利益再平衡，恐怕只会阻碍中国创新水平的提升、民众福祉水平的提高。为此，笔者呼吁，在当前国情下，对专利的司法政策要坚定不移地转到加强保护上来，少搞利益平衡，尤其是不要突破立法搞利益再平衡。

互联网时代专利维权困境及其另类思考

黄　静　四川泰益律师事务所

2016 年四川省语文高考作文题目“小羽的创业故事”一经披露,[①]不出意外地引发了热议。但这次与以往不同的是,不少法律界人士积极地参与到热议当中。首先刷爆朋友圈的是一篇题为“以法律的名义判 2016 年四川高考作文出题人零分”的文章,随后又传出一篇题为“请以商事律师名义判 2016 年四川高考作文出题人满分”的文章。前者鞭笞了出题人对于知识产权法,主要是专利法的无知和漠视;后者则是从商业利益的角度肯定了出题人务实的态度。而除此以外,从主流媒体的内容来看,这一高考作文的标准立意应当是“分享与共赢”,据此起承转合,当能获得高分。[②]

故事中的小羽是否真有“分享与共赢”的胸怀,是否真的对法律权利漠视或无知,我们不得而知,也不必过多地揣测。我们认为,小羽作为商人对于商业行为的取舍,考量的关键应是成本与收益的测算;故事中的小羽放弃法律维权而独辟蹊径,至少可以说明法律维权的成本太高,收益太低,不符合商业原则,这正是本文所想讨论的问题。法律维权是一个很宽泛的概念,既然本文以前述高考作文题目引发,那么也就将讨论的对象限定在作文题目中所提及的专利权。

专利维权难,这不是一个新问题,由此引发的对于我国专利保护制度的诟病从未停歇过,尽管专利法已经作出了修改。以往讨论专利维权难的问题,更多的是集中在专利权人难以证明因侵权所受损失,或者难以证明侵权人因侵权所获利益。虽然专利法赋予了法官一定程度的自由裁量权,[③]但专利权人据此所获赔偿常常不能弥补侵权损失,甚至不足以支付诉讼成本。而随着互联网的发展繁荣,P2P 交易、电商大行其道,及至“互联网＋”的盛行,在降低交易成本的同时,却也增加了专利维权的难度。具体而言,发生在互联网中的专利侵权,不仅侵权结果如前所述那样仍然难以证明,就连侵权事实的取证也变得困难。

认定专利侵权的基本方式是比对,将涉嫌侵权的产品与专利申请文件中

① 具体作文题目请自行搜索,以节省正文篇幅。

② 对于这一作文题目的争论也请自行搜索,以节省正文篇幅。

③ 指专利法第 65 条的规定。

记载的权利请求进行比对,根据全面覆盖原则对是否构成侵权作出判断或认定。显然,比对的前提是获得涉嫌侵权的产品,并且能够证明该产品与被告具有足以构成侵权的关联关系(如生产或销售涉嫌侵权的产品)。对于发生在传统线下销售渠道中的侵权,专利权人发动侵权诉讼的重要准备措施就是在公证员的陪同下购买涉嫌侵权的产品,然后公证处出具公证书,记录整个购买过程。这样,专利权人既获取了涉嫌侵权的产品,也能证明获取时间和来源,从而锁定涉嫌侵权的主体;而且,公证书也具有较强的证明效力。只要比对的结果符合全面覆盖原则,那么侵权事实就能得以认定。但是,在电子商务领域,情况却有所不同。

在电子商务领域的大多数交易中,交易的双方存在空间上的间隔,既不谋面,更不相识。以淘宝为例,当专利权人发现涉嫌侵权的产品,需要购买取证时,只能看到卖方的网名和所在城市,其实并不知道卖方究竟是谁;即使通过支付宝付款后能够看到收款方的实名,但仅凭这样一个名字是否足以提起诉讼仍不乏疑问和障碍。显然,对于涉嫌侵权的对象的锁定和取证即存在很大困难。[①]

如前所述,由于电子商务中交易双方存在空间上的间隔,交易就难以即时完成,也存在时间的间隔。仍以淘宝为例,从买方下单、支付,到卖方发货,再到买方收货,整个过程少则三两天,多则十数天;而且,除了时间长短本身以外,由于受卖方备货/出货,特别是物流配送中诸多因素的影响,完成交易的时间是不确定的。交易双方在时空上的间隔,以及交易时间的不确定使公证人员见证整个交易过程变得难以操作。在没有公证文书对整个交易过程加以证明的情况下,专利权人提交给法庭的涉嫌侵权的产品,其来源渠道,取得时间等关键事项证明起来比较困难,证据的真实性、关联性与合法性很容易为被告质疑和攻击,从而导致对侵权事实的举证难度陡增。如果这个坎儿迈不过去,可能专利权人在精心准备的比对尚未施展时就已经倒在了维权路上。

由于前述网络交易的过程难以通过公证方式加以证明,是否可以直接对涉嫌侵权产品的发布页面进行公证取证,从而证明侵权事实呢?看上去这是可行的,对网页进行直接保全公证也是现在公证机关常有的工作。但仔细分析一下,其实这一方式仍然不无问题。

首先,发布涉嫌侵权产品的页面通常主要展示产品图片,辅以简明的文字说明或广告宣传语。就涉嫌侵权产品的展示图片而言,对于外观设计专利的维权取证可能是有用的,但对于强调功能性的实用新型专利和发明专利来说,仅仅是展示图片对于证明侵权事实恐怕没有太多实际意义。就文字说明和广告宣传语而言,通常都是力求通过"简单粗暴"的表达方式来实现"抓眼

① 在京东、天猫的交易所面临的这方面的困难较小,能够比较容易地锁定交易对象。

球”的效果;而我们知道,实用新型专利和发明专利的权利请求以及有关说明文件中的用语都是非常拗口的,其专业的表达方式在很多时候对于消费者而言是难以理解的。因此,即便是最懒惰的侵权者也不会抄袭专利文件中的内容作为文字说明或广告宣传语。所以,对于实用新型专利和发明专利而言,对涉嫌侵权产品的发布页面进行公证取证并无太多实际意义。

其次,即便是外观设计专利,涉嫌侵权产品的发布页面也不一定能成为有证明力的证据。在外观设计专利文件中,权利请求主要是通过一组多视角的标准视图来展示的,如主视图、俯视图、仰视图、左视图、右视图等,这也是进行侵权比对的依据。从观感来说,这样的视图谈不上美观和艺术,相反却有呆板的感觉。但作为产品发布页面上的图片,美观和艺术性却是首要的要求;因此,无论侵权者有意或是无意,都不会直接使用外观设计专利文件中的视图。为了使产品更具美观和艺术性,产品展示的角度不仅与专利文件中的标准视图不同,而且还会进行专门的光线布置,辅之以专门的背景或配件,并进行图片的后期处理。这样一来,最终展示的产品图片在视角和观感上就会与专利文件中的标准视图有显著的不同,即使是完全仿制专利的产品,由于图片视角和观感上的不同会影响比对的结果,甚至导致无法进行比对。因为,比对应当基于相同的视角,视角不同就无法进行客观的,完整的比对,正所谓“横看成岭侧成峰,远近高低各不同”。根据民事证据规则,如果专利权人所提交的涉嫌侵权的证据无法与外观设计专利文件进行比对,只能承担举证不利的后果。①

按照常规,我们在讨论了前述专利维权的困难后,就应该研讨对策以解决这样的困难;但我们并不打算这样做。基于前文的讨论,电子商务领域交易中的时空分离特点导致了前述困难;只要交易时空分离的特点存在,前述困难也就会随之存在,不以任何人的意志为转移。同时,也没有任何依据因为前述困难的存在而将现有的民事证据规则,乃至民事诉讼制度进行变革。因为,专利权与其他民事权利相比并没有理由在诉讼制度上受到特殊保护;而且,诉讼在任何国家都不会是及时、有效和低成本的争议解决机制。因此,我们无意解决前述困难。这些困难的存在倒是启发我们从与以往不同的视角来看待和认识专利权保护。

互联网时代专利权维权的困难其实并不是客观上不可逾越的困难,只要投入足够的成本,包括时间成本和经济成本,前述困难都是可以解决的。因此,困难实际上是个高成本的问题。成本的高低是一个必须通过比较才能得出的结论,诸如苹果、三星这样的产业巨头,每年投入专利维护的费用是千万

① 我们所经历的一个真实案例即是这样的情况。虽然案例的情况是希望通过网页证据来否定既有的外观设计专利权,与本文所述专利维权情形相反,但其网页图片无法与专利文件形成客观全面的比对,从而无法否定既有的外观设计专利权,这正是本文所讨论的问题。

量级的,但似乎没听说产业巨头哀叹维权成本太高,这是因为其专利产品的价值更高,而且其专利的存在足以对本产业以及其他产业形成制约。由此,换一个视角来看专利权维权成本高的问题,其实也是专利产品价值低,专利本身无制约力的必然结果。[①] 虽然低值专利在法律上与前述产业巨头的专利受到同样的保护,但在市场中二者却不可能具有平等的地位。同样,低值专利的权利人虽然也享有独占的、垄断的法律权利,但却很难在市场中去实现这样的权利。作为理性的专利权人,清晰地认识到法律权利和市场利益的差异,通过前述小羽的方式,甚至是与侵权者合作的方式来保护和实现自己的利益,亦不失为一种"维权"。毕竟,多数人并不会为维权而维权,并不会仅仅为了抽象的法律尊严和法律权利而走上维权之路。

① 为行文方便,我们将这类专利简称为"低值专利",并无任何贬义。

SaaS 平台终端用户的作品接触行为

李庆峰　杭州电子科技大学/浙江浙杭律师事务所

从历史的角度看，云计算是计算机与互联网技术渐进发展过程中被赋予的一个概念，SaaS 模式的原点就是早期普通的远程服务器对客户（业界称为 C/S）的信息提供模式，P2P 技术被发明并运用到互联网之后，解构了远程服务器的中心地位，使得所有连接到互联网的每个端点（Peer）都成为服务器的组成部分，具有了服务器的功能，于是各个原本很难相关的终端设备被关联起来，出现了云计算中“云”的雏形。初期由于涉及著作权权利以及电信带宽利益的冲突，直接面对用户的 P2P 应用被压制，只是在“云端”即云计算平台内部得到了广泛运用。由于 P2P 技术充分体现了互联网“平行、平等、开放、民主”等核心理念，其在后续发展中必将而且已经突破平台内部的界面。“把 P2P 的先进理论应用到云计算中，主动权在自己手中的、自由的云计算距离我们已经越来越近了。”[①]技术专家们已经设计了基于 P2P 的云计算模型以实现互联网上的文件传输与共享，如 PA-Cloud。[②] 其基本思想是采用双层结构：上层是由服务提供商提供的集中式的核心云，下层是由终端用户的普通节点构建的扩展云，核心云内部使用 P2P 技术进行分布式协同处理，扩展云则运用 P2P 技术调动终端用户作为计算节点的能力与内容，实现全网的分布式计算与共享。

本文拟以基于 P2P 技术的云计算 SaaS 服务模式为对象，以侵权责任的构成要件为分析工具，探讨著作权视野下的相关终端用户作品接触行为的法律性质。

一、SaaS 服务终端用户行为性质的争议及问题

很明显，SaaS 服务中那些可将文件与作品自由分享的技术及应用，对著作权权利主体是一场灾难。著作权人在全球范围内针对相关运营平台及终端用户采取了大量的法律行动，但是效果却差强人意：一方面是部分文件分享云平台被关闭（美国的 Napster 公司，中国的快播公司等），另一方面是著作权权利人同样遭受重创（唱片业巨头索尼公司倒闭）。从著作权法角度看，核

① 孙建昆：《云计算时代的 P2P 技术》，《互联网周刊》2011 年第 4 期，第 35 页。

② 沈静波、李金龙：《基于 P2P 的云计算模型及其安全性分析》，《技术研究》2012 年第 2 期，第 34 页。

心原因在于,各个国家和地区的各个群体基于不同的价值判断,对于相关终端用户是否构成侵权的判断大相径庭。

（一）间接认定终端用户构成侵权

初期的P2P技术及其服务虽然还没有SaaS之名,却已经实质上具备了SaaS的核心要素。著作权人发现这一技术的威胁后,一开始并没有直接针对终端用户采取行动,而是向SaaS服务的提供商发起了猛烈的进攻。在这些案件中,法院最多只是"顺便"审查了终端用户的行为性质。影响比较大的有:

(1) 美国Napster案,法院判决理由是:"经营P2P系统的Napster公司通过提供文件检索服务,实质性地帮助了P2P用户进行交换音乐作品这一直接侵权行为,而且在收到权利人的反复警告后,没有通过终止侵权用户账号的方法阻止侵权后果的扩大,因此构成'帮助侵权'。"[①]

(2) 美国Grokster案,判决的关键性理由是:"被告不仅仅是预料到,而且还通过广告诱导产品的侵权使用,构成诱导侵权"。[②]

(3) 中国飞行案,法院判定:"被告公司对网络用户未经权利人许可利用Kuro(酷乐,一款P2P软件)传播涉案53首歌曲的行为提供了帮助,承担共同侵权责任。"[③]。

（二）直接认定终端用户构成侵权但有争议

1. 美国法院认定民事侵权

从2003年9月开始,即在前述Napster案之后,代表美国唱片公司的"美国唱片业协会"开始对使用P2P软件交换音乐作品的个人用户进行大规模的法律诉讼,先后对美国18 000个文件共享个人用户提出诉讼,其中4 500人已经结案,平均赔偿额为4 000美元。[④] 法院直接认定终端个人用户构成侵权,著作权人大获全胜。

2. 中国香港法院认定刑事犯罪但公众反弹激烈

中国香港屯门法院宣判,公民陈乃明因使用BT软件分享作品而被认定侵害了著作权,法院裁定其"分发侵权物品、损害版权持有人"的罪名成立,判处3个月监禁。[⑤] 但是香港市民大部分却反而支持陈乃明。[⑥] 中国大陆公众对于乐视、腾讯、优酷等公司借助于刑法手段打击竞争对手快播公司的做法

---

① 瞿涵:《P2P资源共享环境下的版权冷战》,《知识产权报》2007年9月23日,第6版。

② Kalem Co. v. Harper Brothers, 222 U.S.55, 62.63.

③ 于国富:《P2P法律研究笔记(二):那些先烈们》,http://yuguofu.blogchina.com/400149.html,访问时间:2016年1月10日。

④ 江向东:《基于分布式P2P的数字资源共享交换版权问题分析》,《数字图书馆论坛》2008年第1期,第25页。

⑤ 徐箐、胡皓渊:《P2P服务提供者的法律责任评析》,中国电子商务法律网,www.chinaeclaw.com,访问时间:2015年12月19日。

⑥ 百度百科:古惑天皇,http://baike.baidu.com/view/31904.html,访问时间:2015年12月19日。

也颇为不屑与不满。[①]

（三）终端用户不构成侵权

1. 加拿大法院判决终端用户属于合理使用

加拿大联邦地方法院受理了一起十余家唱片公司起诉P2P个人用户的诉讼，但最终法院认为"用户为个人使用目的的下载歌曲并不等于侵权。"[②]基于合理使用的原因，终端用户为个人欣赏目的而接触作品的行为并不构成著作权侵权，法院驳回了著作权人要求承担侵权责任的诉讼请求。

2. 美国Cartoon Network LP，LLLPv.CSC Holdings案[③]认定终端用户属于合理使用

本案发生在前述Napster案和Grokster案之后。Cablevision公司（以下称被告），向用户提供类似于小米盒子，乐视电视等可以反复调用云端内容进行观看的设备。被告的内容则来自于各个电视节目提供商（著作权人即原告），原告认为被告的行为直接侵犯了其著作权。二审法院明确指出，用户为个人娱乐目的播放电视节目副本，也不构成对著作权的侵犯。

3. 全球的"盗版党"，P2P技术的坚定支持者

诞生于瑞典的"盗版港湾"（The Piratebay）网站是P2P技术中的翘楚，目前它是世界上最有名的P2P下载网站。由于美国政府施压下的一次技击盗版的执法行动，反而成就了世界上第一个反对版权的政党——"盗版党"，该党的核心主张之一便是"非盈利性的P2P使用合法化"；随后在美国、法国、意大利、荷兰、奥地利、比利时、德国、波兰、挪威、西班牙、英国、俄罗斯、秘鲁、南非、加拿大、澳大利亚等国都成立了盗版党。各国盗版党们还进一步联合，成立了P2P国际（P2P-International，www.pp-international.net）——一个交流盗版经验和理念的国际性论坛，公开叫板版权业巨头。[④]

可见，在合理使用这个平衡机制下，终端用户是否构成著作权侵权，在不同国家和地区的不同群体中，均存在巨大意见分歧，导致实务中的各种争议。

二、终端用户接触作品的行为拆分及性质评析

从技术上看，终端用户的行为包括了以下基本环节的全部或部分。①获得数字化作品，包括将传统版权作品数字化或直接获得已经数字化的作品；②上传作品，即将数字化的作品通过P2P软件上传到网络；③展示作品，即用户借助网络平台使作品处于可接触的状态，包括可下载与可观赏。展示与上

---

① 快播案开庭：《竟是乐视投诉快播 贾跃亭微博被口水淹没》，http://www.techweb.com.cn/internet/2016-01-08/2255909.shtml，访问时间：2016年1月13日。

② 李秀莲：《P2P软件使用用户版权侵权问题的解决对策》，《现代情报》2005年第8期，第67页。

③ 董颖：《解决云计算SaaS模式下版权问题的另一途径》，《电子知识产权》2012年第12期，第56页。

④ 以自由之名：作为新政治的欧美盗版党运动调查，http://blog.sina.com.cn/s/blog_48b2c94c01000cm2.html，访问时间：2016年1月13日。

传也可以看作是一个环节的两个方面;④获得作品,即其用户可以通过下载或观赏(以下简称下载)等方式接触到作品。我们从各个环节入手来分析终端用户的行为是否侵犯著作权。

(一)获得数字化作品:不构成侵权

从技术上说,传统作品数字化转换的过程包括两个步骤:一是把传统作品的原有形式转换成二进制数字编码,二是把转换出来的二进制数字编码固定在某个载体上。[①] 整个过程只是一种中间技术过程,纯属机械性代码的变换,并没有在实质上改变作品的内容和表达形式,更没有创造性的劳动,所以,尽管这种数字化转换行为有别于传统的复制行为,但是它实质上仍然属于著作权法规定的复制行为的一种。从权利角度来看,可以把数字化权看作是复制权的一种。因此可以根据复制行为来考察 P2P 软件用户的数字化行为[②]。

根据世界范围内著作权法的一般规定,用户未经过著作权人的许可,也未按照规定交付报酬将其他作品转换为数字化作品储存在自己的计算机,或者用户将计算机内某个文件夹的数字作品复制一份存储在另一封文件夹的行为,属于复制权侵权。但是,用户为了自己方便地使用和保存而复制,是用户对已经获得物权行使处分权的一种方式,不是以营利为目的,也没有使著作权人的财产权利实际受损,一般被认为属于著作权法所规定的合理使用的范围。所以,作品数字化的行为在单独存在的情况下不构成侵权。

直接获得已经数字化作品的方式,包括购买、复制、下载等。就 P2P 终端用户而言,购买获得属于合法行为,而最常见的方式是下载,下载行为是否构成侵权将在下文重点讨论。

(二)上传与公开展示作品:可能构成侵权

如前所述,数字化并不改变作品本身的法律性质,因此 P2P 用户将数字化作品上传与展示就是将作品本身上传与展示。上传与展示主要存在以下三种情况:①用户将版权作品传输到 P2P 网站的主服务器上;②用户将版权作品设置成共享文件;③用户将版权作品放置在自己计算机内 P2P 软件的"共享目录"下。对于后两种情况,用户在线时,其他 P2P 用户可以通过相同或通用的 P2P 软件下载。

P2P 用户上传作品的行为可以满足其他用户对作品接触的需求。然而,这一行为既不以各方用户的合意为前提,也不以受众是否支付该作品的对价为条件。那么,这种不以营利为目的且未经著作权人授权的行为是否构成侵

---

① 饶传平:《网络法律制度》,人民法院出版社,第 170 页。

② 国家著作权局 1999 年 12 月 9 日发布的《关于制作数字化制品的著作权规定》第 2 条规定:"将已有作品制成数字化制品,不论已有作品以何种形式表现和固定,都属于《中华人民共和国著作权法实施条例》第 5 条(一)所指的复制行为。

权呢？美国认为构成侵犯发行权，而加拿大认为不属于发行行为，不构成侵权。我国理论界普遍认为可能侵犯信息网络传播权。需要注意的是，构成侵权的核心要件之一——主观过错，则是许多学者有意无意回避的问题。

（三）从网络上下载作品：属于合理使用

作品被上传到网站的网络服务器上，或者被放置于 P2P 软件所指定的共享目录后，网络上的相关用户就可以进行下载或观赏。根据我国现有《著作权法》第 22 条对合理使用的规定，属于合理使用的范围，并不构成侵权。

三、SaaS 平台终端用户下载作品的侵权法分析

（一）P2P 技术具有“下载同时上传”的双向传输功能

由于 P2P 的天然技术特征，我们生活中所用的基于 P2P 技术的 SaaS 平台（例如迅雷、BT、电驴、快播）的设计都是以分享资源为目的，终端用户下载的同时必定在上传，这正是 P2P 技术得到广泛应用于云计算的核心与根本，导致信息网络中原本独立的两个行为相互渗透、相互依存以至于看起来似乎无法区分。

（二）终端用户在不同下载模式下的侵权法分析

在著作权法没有特别规定的情况下，著作权侵权应当适用过错责任原则。即构成著作权侵权需要同时满足四个条件：行为、结果、行为与结果之间存在因果关系、行为人存在主观上的过错。在其他三个构成要件都具备的情况下，终端用户的下载行为是否存在主观上的过错，成为判断其是否构成侵权的决定性要素。

1. 完全控制上传的下载

从技术角度看，将上传速度控制为“零”即禁止上传，不符合 P2P 技术的根本特征，因而在软件设计的时候就已经被排除在外。也就是说，终端用户有意识地“零上传”是不可能实现，也无存在的现实，故不予讨论。

2. 控制上传速度到最低的下载

如果终端用户在接受 SaaS 平台服务下载作品时，主动将上传的速度控制到软件所能达到的最低限额（如 1kb/s），则其在主观上实施侵权的故意或过失就被排除，其下载行为不构成著作权侵权。

3. 适度控制上传的下载

如果接受 SaaS 平台服务时主动地对上传速度加以适度的控制（大于软件本身所设置的最小值），则可视为其主观上有侵权的过错，用户必然构成著作权侵权。

4. 不对上传进行控制的下载

这是大部分 SaaS 平台的终端用户接受服务时外在行为表现，根据其主观心理状态，又可以具体划分为三种类别：

(1)用户明知接受SaaS平台服务时存在同时上传而在下载时不加以控制,则属于放任,故构成侵权。

(2)用户应当知道相关软件存在上传控制功能而在下载时不加以控制的,可以视为用户"应当知道",也构成侵权。

(3)用户不知道且无法对上传进行调整和控制。需要强调的是终端用户是否存在知道或应当知道这两种情况,需要由原告即著作权人承担证明责任。

实际上,SaaS平台相关联的客户端,特别是在移动终端的客户端既没有提示,也没有可对上传进行控制的功能或入口,在这种情况下,用户根本不存在主观上的过错,故不会构成著作权侵权,无需承担责任。

(三)SaaS平台终端用户的下载行为不构成著作权侵权

从上述分析中可见,在云计算SaaS模式下,终端用户既不知道,也无法控制客户端的上传控制开关(大部分移动端的软件根本就没有通往上传控制开关的路径),因此侵权之说就无从谈起。

四、结语

不难发现,由于网络技术的介入与发展,著作权法如果还是停留在"著作权人—公众"两端利益平衡的思维模式,就必然会在现实中遇到难以解决的困境。适逢我国修改《著作权法》之际,参考当初邻接权人正式入驻著作权法的思路,充分考虑以SaaS服务网络平台提供商为代表的作品传播团体的应有利益,将之正大光明在体现在著作权保护的体系当中,或许是突破目前"权利—技术"相互冲突困境的现实路径之一。

再论聚合是否侵犯信息网络传播权

王 伟 上海键特律师事务所

目前，在提倡科技创新的形势下，各种新的商业模式应运而生，视频聚合平台模式就是其中一例。

视频聚合平台是靠聚合软件来实现的，通常使用深度链接技术，对互联网上海量的视频内容分析选择，使观众能够访问这些网站，观看自己想看的内容。

视频聚合平台为视频内容的传播带来更多的途径和方式，受到人们的喜爱和欢迎，但是此商业模式也带来众多的法律问题，法律界有很多争论，也出现了相应的案件判例，其中一个重要观点就是聚合行为是一种侵权著作权行为，侵害了著作权中的信息网络传播权。支持这种观点的有多个理由，现对常见的几个问题进行分析，以认清视频聚合是否侵犯信息网络传播权。

一、视频聚合平台损害程度大，宜认定为侵犯信息网络传播权

这种观点主要来源于被链接网站。

关于视频聚合平台的案件，已发生多起，绝大部分案件是从不正当竞争角度来保护被链接的内容网站利益，这点不断受到内容网站的批驳。

内容网站认为："通过'构成不正当竞争'这一维度来打击盗链行为，虽在司法层面更容易获得支持，然而牺牲的却是版权方的合法利益，不利于产业正版化的推进。视频聚合平台的盗链行为(深层链接行为)实质上替代了被链方的内容播放和呈现，损害了被链视频网站的合法利益，破坏了视频网站的既有商业模式，宜直接认定为侵犯信息网络传播权，还版权方以合法利益，还侵权者以不利后果，还市场以竞争秩序。"

这种观点是以损害程度大小来判定行为性质，这明显是错误的。

(1) 判定一种行为是否侵权，要看其行为的违法性。行为的违法性，是指行为人实施的行为违反了法律的禁止性规定或强制性规定，而不是由损害程度来确定的。况且这种损害程度是一种单方的认识。

(2) 这种观点损害了内容网站的利益。虽然这种观点是内容网站发出的，但是这种观点并不一定全面保护内容网站利益。维护信息网络传播权的前提，是首先要有独占性信息网络传播权，而取得独占性的信息网络传播权的代价要比取得普通许可的信息网络传播权大得多，所以内容网站一般是以

普通许可信息网络传播权内容为主,以独占性信息网络传播权为辅。为保护独占性信息网络传播权的内容,放弃保护普通许可信息网络传播权内容,这种做法是否妥当,有待商量。

二、视频聚合平台深度链接是否侵害信息网络传播权

视频聚合网站是通过深度链接内容网站来使观众看到内容网站的视频内容。

所谓深度链接,一般不直接链接到网站的网页,而是直接链接到下面几级目录下的网页,用超级链接的方式,或者是点击之后在不脱离设链网站的情况下,从被链网站能够下载,或者在线打开的链接方式称为深度链接。

深度链接和普通链接的区别,一般认为,对于普通链接来说,用户不会发生误认;但是对于深度链接而言,如果具体的内容网页上并没有相关的设链网站的标志或者网址的话,用户可能就会发生误认,以为还停留在被链网站,从而产生对于内容服务者的误认或者是混淆。但是视频聚合平台一般会表明视频来源,这点和一般深度链接还有区别。

有法院认为,合法、普通链接是"链接",而"非法"深度链接不是"链接",是盗取行为,这点让人匪夷所思。

不管深度链接是否违法,它与普通链接一样都是链接到目标网站上,观众直接观看,并不是将作品下载到自身服务器上供观众使用,故链接并不侵害权利人的信息网络传播权(前提被链接网站内容合法)。

三、视频聚合平台的聚合方式是否提供作品

根据著作权法的规定,信息网络传播权,即以有线或者无线方式向公众提供作品,使公众可以在其个人选定的时间和地点获得作品的权利。

根据最高人民法院《关于审理侵害信息网络传播权民事纠纷案件适用法律若干问题的规定》,"通过上传到网络服务器、设置共享文件或者利用文件分享软件等方式,将作品、表演、录音录像制品置于信息网络中,使公众能够在个人选定的时间和地点下载、浏览或者其他方式获得的,人民法院应当认定其实施了提供行为。"

从以上规定可看出,侵犯信息网络传播权前提条件是提供了侵权作品,而提供的行为界定为"通过上传到网络服务器、设置共享文件或者利用文件分享软件等方式",在这里对提供行为界定得很清楚,而聚合是通过链接方式使观众看到了内容网站的内容,根本不是法律规定的提供行为。

在最近的聚合案件中却有法院把法律规定做了扩大性解释,认为"随着网络技术和经营模式的不断发展,受信息网络传播权控制的提供行为,也随之不断更新、变化、变换。同时,最高人民法院《关于审理侵害信息网络传播权民事纠纷案件适用法律若干问题的规定》对提供行为并未列举穷尽,只要

符合上述规定，就可认定为提供行为而承担相应的法律责任。"这明显违背了知识产权遵循法定原则，任意扩大了法律规定的范围，并且在扩大范围时，把提供作品和设置路径的概念混淆。

链接行为并未增加互联网上视频的来源，只是扩大了内容网站的播放数量。这无法和提供作品联系在一起。或许这种行为侵害了内容网站的利益，但绝不是侵害了著作权中的信息网络传播权行为。

四、视频聚合平台避开或破解技术措施是否构成侵害信息网络传播权

视频聚合平台是通过深度链接内容网站而实现功能的，如果内容网站没有任何技术保护措施，从上面论述可看出聚合是不侵权的（假设内容网站内容不侵权）。如果内容网站有保护的技术措施（如禁止链接），视频聚合避开或破解这种技术措施而进行链接，就构成"盗链"。

如果视频聚合平台"盗链"的内容侵权，视频聚合平台构成帮助侵权，如果链接的内容不侵权，"盗链"是否构成直接侵权？是否构成侵害信息网络传播权？

在视频聚合相关案件中，有法院认为是构成直接侵权，侵犯了著作权，至于侵犯了著作权的什么权利，却含糊不提，但是权利人只有著作权中的信息网络传播权，是否可以认为保护的是信息网络传播权吗？如果避开或破解技术措施不构成侵犯信息网络传播权，那么法院所保护的著作权不是成了无本之木了？

我国《著作权法》第 48 条有保护"技术措施"的原则性规定：未经著作权人或者与著作权有关的权利人许可，故意避开或者破坏权利人为其作品、录音录像制品等采取的保护著作权或者与著作权有关的权利的技术措施的，构成侵权行为；法律、行政法规另有规定的除外。但是这一条款非常特别，因为从这一条规定中可看出是破坏技术措施是侵权行为，但是，是否是侵犯著作权却不得而知，因为避开或破坏技术措施行为并不受著作权人任何一项专有权的控制，并不能构成直接侵权，更谈不上侵犯信息网络传播权。"在他人并未实施直接侵权的情况下，故意避开或破坏'技术措施'也不构成'直接侵权'。国外立法普遍将故意避开或破坏"技术措施"定为"违法"而非"侵权"，应当是更为准确的。"[①]

综上，视频聚合平台是不能够构成侵害信息网络传播权的，但是，这并不代表没有问题；相反，问题还很多。

视频聚合平在目前是一种新生事物，它带来的各种法律问题需要法律界认真讨论和解决，以确保这种新生事物能够健康成长。

---

① 王迁：《知识产权法教程》（第四版）中国人民大学出版社。

缺位的商标和名称字号保护

——民营医院名称乱象分析

曾　博　江苏张林芳律师事务所

2016年五一劳动节假日期间，一则“大学生魏则西之死”的新闻，在网络和微信圈内广泛传播，让百度公司和莆田系医院成为社会舆论口诛笔伐的对象，引起各方的热议。公众在痛惜魏则西同学不幸遭遇的同时，一份份“莆田系医院名单”，也在网络里快速流传，各地转发者无一例外都在相互提醒擦亮眼睛甄别，这些“莆田系医院”的名称也得到公众空前的关注。笔者在查看各地版本的“莆田系医院名单”时发现，仅仅从医院名称字号本身看，以莆田系为代表的民营医院企业名称字号存在的种种乱象，凸显出当前在医疗服务行业中存在着对商标和企业名称字号保护和监管的严重缺位现状。

一、当前民营医院企业字号乱象现状

（一）网络流传的各地“莆田系医院名单”中，“华山”、“协和”几个名称多次出现

“莆田系”民营华山、协和医院名单列举详见表1。

表1　“莆田系”民营医院名单列举①

序号	字号	医院名称	序号	字号	医院名称
1	华山	郑州华山医院	1	协和	上饶协和医院
2		重庆华山中医乳腺病医院	2		安阳协和医院
3		重庆华山医院管理有限公司	3		廊坊世纪协和医院
4		天津华山医院	4		保定世纪协和医院
5		南昌华山不孕不育医院	5		盐城协和康复医院
6		江苏海安华山医院	6		温州协和医院

为此，笔者进一步通过“企查查”网站（www.qichacha.com），以“华山医院”、“协和医院”、“仁济医院”为名称关键词，对民营医院的工商注册信息检索，发现在全国各地有大量的民营医院在命名时，均使用了上述名称，详见

① 《“莆田系”民营医院名单大揭秘》，来源于第一财经日报，转引自 http://money.163.com/16/0502/15/BM2P9I8A00253B0H.html。

表 2。

表 2 “企查查”网站检索结果(检索日期 2016 年 6 月 26 日)

序号	医院字号	民营医院数量	存续	在业	吊销	注销
1	华山医院	164	105	28	18	13
2	协和医院	195	211	51	21	12
3	仁济医院	140	92	32	10	6

(二)“华山”、“协和”、“仁济”实际上是国内知名公立医院的名称字号

在行业内,“华山医院”通常指的是“复旦大学附属华山医院”[①]、“协和医院”指的是“北京协和医院”[②]、“仁济医院”指的是“上海交通大学附属仁济医院”[③],这三家医院全都是三级甲等医院,拥有悠久的历史,并且蜚声国内外,在业内拥有极高的知名度。

(三)目前国内医院的类型

从投资主体和管理经营方式划分,目前国内医院大体上可以分为公立医院和民营医院两类。其中公立医院是指政府举办的纳入财政预算管理的医院,属于事业单位;民营医院是由民间投资主体投资开设的营利性医院,属于普通商事主体,一般包括公司、个人独资企业、外资企业以及个体工商户等。

上海华山医院、北京协和医院、上海交通大学附属仁济医院都是公立医院,属于事业单位,成立时间往往都比较长,其历史渊源都能追溯到新中国成立之前。而民营医院大部分都采用企业制形式,大部分成立时间都是二十世纪九十年代以后[④]。虽然按照《公司登记管理若干问题的规定》、《关于企业登记管理若干问题的执行意见》,公立医院作为事业单位也可以作为股东投资设立民营医院,不过从中央到各地政府,对此均有严格的限制。从公开查询的资料看,前述知名公立医院与大部分使用相同名称字号的民营医院之间并存不在投资关系。

二、知名公立医院商标、名称字号的保护现状

(一)知名公立医院的商标申请情况

医院作为医疗服务机构,属于服务行业。近年来,随着知识产权意识的提高,知名商品或者服务商标蕴含的巨大价值也被社会和市场认可,但是知

① 复旦大学附属华山医院,详见其官方网站:www.huashan.org.cn。

② 北京协和医院,详见其官方网站:www.pumch.cn。

③ 上海交通大学附属仁济医院,详见其官方网站:www.renji.com。

④ 从 2010 年开始,作为医疗体制改革的工作设想,国务院陆续出台了鼓励民间资本进入公立医院的文件和政策,为便于分析,本文将公立医院参与合作设立的医疗机构归类到公立医院范围内。

名公立医院对商标却没有重视,仍以三家知名公立医院为例,笔者通过中国商标网查询的以三家知名公立医院作为申请人的商标注册情况如图 1、图 2、图 3。

打印 关闭

序号	申请号/注册号	类号	商标名称	申请人名称	商品
1	10630864	16	中国感染与化疗杂志 CHINESE JOURNAL OF INFECTION AND CHEMOTHERAPY	复旦大学附属华山医院	查看
2	4435593	16	中国临床神经科学;CHINESE JOURNAL OF CLINICAL NEUROSCIENCES	复旦大学附属华山医院	查看
3	10630894	16	JIC	复旦大学附属华山医院	查看

仅供参考,不具有法律效力

图 1 复旦大学附属华山医院商标注册情况(检索时间 2016 年 6 月 23 日)

每页50条记录 共0条记录 第1页 共0页 首页 上页 下页 尾页 转到: 1 跳转

打印 关闭

序号	申请人名称(中文)
没有您要查找的结果	

每页50条记录 共0条记录 第1页 共0页 首页 上页 下页 尾页 转到: 1

仅供参考,不具有法律效力

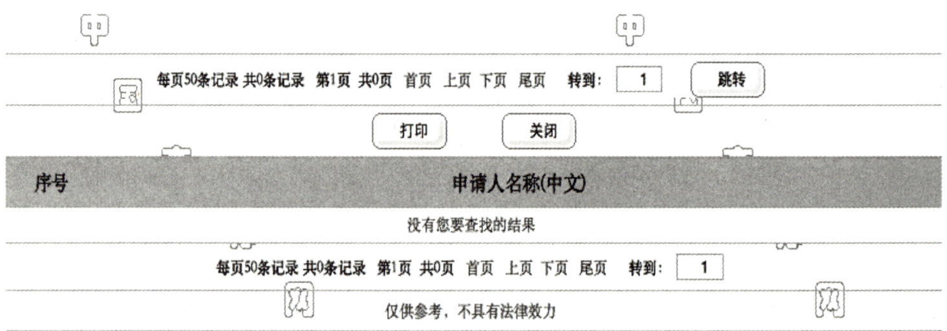

图 2 北京协和医院商标注册情况(检索时间 2016 年 6 月 23 日)

每页50条记录 共0条记录 第1页 共0页 首页 上页 下页 尾页 转到: 1 跳转

打印 关闭

序号	申请人名称(中文)
没有您要查找的结果	

每页50条记录 共0条记录 第1页 共0页 首页 上页 下页 尾页 转到: 1

仅供参考,不具有法律效力

图 3 上海交通大学附属仁济医院商标注册情况(检索时间 2016 年 6 月 23 日)

从上述查询结果可以看出,只有复旦大学附属华山医院申请了三个类似期刊名称的商标,除此之外,这三家知名公立医院并未申请注册商标,更没有将名称字号申请为注册商标。

（二）知名公立医院字号在第44类"医疗服务"商标的注册情况

继续以上述三家知名公立医院的字号为例，笔者在"中国商标网"上对44类"医疗服务"中进行检索，结果如表3～表5、图4、表6～表7所示：

表3　第44类"华山"商标注册情况（检索时间2016年6月23日）

序号	申请号/注册号	类号	商标名称	商标图样	申请人名称	法律状态
1	4651938	44	华山	华山	云南艾维投资集团有限公司	无效
2	9602573	44	华山	華山	华山风景名胜区管理委员会	有效

表4　第44类"华山医院"商标注册情况（检索时间2016年6月23日）

序号	申请号/注册号	类号	商标名称	商标图样	申请人名称	法律状态
1	18372662	44	华山医院	华山医院	沈阳华山医院	审查中
2	10835534	44	华山医院	華山医院	重庆市华山医院管理有限公司	驳回复审中

表5　第44类"协和"商标注册情况（检索时间2016年6月23日）

序号	申请号/注册号	类号	商标名称	商标图样	申请人名称	法律效力
1	5486760	44	协和	協和	北京维肤佳化妆品有限公司	无效
2	4054929	44	协和	协和	张子盛	无效
3	13236472	44	协和	協和	协和株式会社	无效
4	4335583	44	协和	協和	上海协和医院有限公司	有效/吊销
5	9399733	44	协和	协和	济南协和肝病医院	无效
6	4588125	44	协和	协和眼镜	游克武	有效/眼镜行

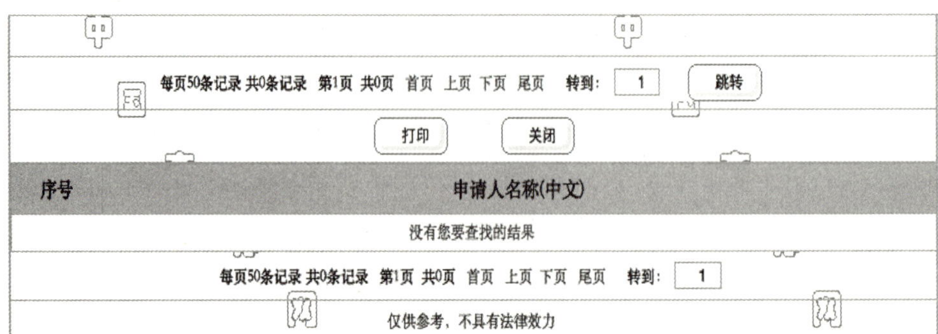

图 4 第 44 类“协和医院”没有注册商标（检索时间 2016 年 6 月 23 日）

表 6 第 44 类“仁济”商标注册情况（检索时间 2016 年 6 月 23 日）

序号	申请号/注册号	类号	商标名称	商标图样	申请人名称	法律状态
1	10033921	44	仁济	仁濟	郑琨怡	有效/动物饲养
2	10033922	44	仁济	仁济	郑琨怡	有效/动物饲养
3	16385844	44	仁济	仁济	陕西济仁康安医疗信息咨询有限公司	无效

表 7 第 44 类“仁济医院”商标注册情况（检索时间 2016 年 6 月 23 日）

序号	申请号/注册号	类号	商标名称	商标图样	申请人名称	法律状态
1	7236226	44	仁济医院	仁济医院	沈阳仁济医院	无效

从以上查询结果看，虽然这些知名的公立医院自身没有就医院名称字号申请商标，但是使用与知名公立医院相同名称的民营医院却主动将相应的名称申请注册商标。不过笔者注意到，对于民营医院将知名公立医院相同名称作为商标的申请，商标局在绝大部分情况下都是不予核准的，很显然商标局在审查的时候已经注意到了知名公立医院名称的知名度，民营医院的申请不具有合法性。

（三）知名公立医院对医院名称字号的维权情况

根据《最高人民法院关于审理注册商标、企业名称与在先权利冲突的民事纠纷案件若干问题的规定》，知名公立医院的名称字号也是受到法律保护的，为此，笔者又在中国裁判裁判文书上对上述三家知名公立医院涉及的案件进行查询，结果发现，尽管全国各地有众多民营医院使用了与三家知名公立医院相同的名称字号，但是这三家知名公立医院却从未提起针对名称字号的维权诉讼。

三、知名公立医院商标、企业字号保护缺位的原因分析

（一）公立医院作为事业单位，缺少商标意识

如前文所述，知名公立医院作为事业单位，本身具有非常浓厚的行政机构色彩，资源都处于垄断地位，管理者对于医院的运营思维基本上沿用行政单位管理方式，医院的名称字号往往都是上级行政主管单位批准确立的，对于市场竞争环境下产生的商标，普遍没有认识，缺少商标意识。

（二）公立医院作为非营利机构，对商标价值缺乏足够的重视

公立医院本质上属于非营利机构，因此从思想认识上说，无论是上级主管部门还是医院的管理层，普遍都认为医院只提供公共服务，并不参与市场商业竞争，虽然注册商标可能蕴含巨大的商业利益，但对公立医院而言，商标并没有实际的价值，因此并不重视商标的价值，主观上不愿意去申请注册商标。

（三）当前公立医院在医疗服务市场仍然处于强势地位，对于商誉被侵犯造成的损失没有真实的感受

基于历史原因，公立医院特别是知名的公立医院，无论是设立之初，还是后期的发展，往往都因为集中了政府的各种优势资源，无论是医疗设备还是医师资质，长期处于优势甚至垄断地位。患者基于对优质医疗资源的向往，都更愿意选择公立医院就医。在两种因素的叠加效应下，公立医院在医疗服务市场上拥有的强势地位目前还没有受到有影响的挑战，因此，即便存在民营医院搭便车，侵犯其权益的行为，公立医院对于因此而受到的损失，也没有真实的感受，也就不会有意识的采取主动维权措施。

不过，对商标、字号保护进行大力保护的事业单位也不在少数。例如早在 1987 年，国家工商行政管理总局商标局在回复哈尔滨市工商行政管理局函中，就明确事业单位可以申请注册商标。而近年南京大学与南昌大学关于“南大”的争论本质上也是对名称字号权益的争夺[①]。

四、对当前民营医院名称字号乱象的处理建议

医疗服务涉及到患者的生命、人身安全，虽然说患者在选择就医时会比选择其他服务有更高的注意义务，但是如果因为民营医院字号与知名公立医

① 《谁是“南大”：学校简称引起的争论》，《中国教育报》2015 年 7 月 6 日。

院相同,使得患者造成混淆,无论对于公立医院本身的商誉,还是公众利益都将造成伤害。笔者认为,对于当前民营医院字号乱象的处理,可以从以下几个方面考虑。

(一)严格民营医院名称核准管理

与普通主体登记程序不同,民营医院的设立过程中受到卫生行政主管部门和工商行政主管部门的双重监管。

《医疗机构管理条例》第十六条规定"申请医疗机构执业登记,应当具备下列条件:(一)有设置医疗机构批准书;(二)符合医疗机构的基本标准;(三)有适合的名称、组织机构和场所;……"《医疗机构管理条例实施细则》第四十二条规定"医疗机构不得使用下列名称:(一)有损于国家、社会或者公共利益的名称;(二)侵犯他人利益的名称;……"。根据前述规定,各地卫生行政机关在审查民营医院申请医疗机构执业登记的名称时,对于民营医院恶意使用知名公立医院字号的申请应当不予核准。

与此同时,《企业名称登记管理规定》第九条规定"企业名称不得含有下列内容和文字:(一)有损于国家、社会公共利益的;(二)可能对公众造成欺骗或者误解的;……"虽然从行政职权上,工商行政机关在对企业名称做出核准时一般情况下只审查本行政辖区内是否先存在相同的企业名称,但是民营医院在申请登记时,如果使用知名公立医院名称的,同样构成有损于国家、社会公共利益,并可能对公众造成欺骗或者误解,因此工商行政管理部门对于民营医院故意使用知名公立医院名称的申请也不应予以核准。

(二)知名公立医院应当做好商标、名称字号权利保护,积极维权

笔者在调查过程中发现,尽管少见知名公立医院在44类"医疗服务"上就名称字号申请注册商标,但是民营医院却有大量的申请行为,尽管商标局对于民营医院涉及到知名公立医院名称的商标申请无一例外都予以了驳回。

笔者认为,知名公立医院可以向同为事业单位的知名大学看齐,积极维护自身的商誉,将医院名称字号申请注册商标,防止因为长期以来的懈怠,导致商标权丧失。在申请注册商标后,知名公立医院也可以主动进行商标维权,追究侵权者的权利,提示患者注意甄别,维护公共利益。

由此同时,对于使用相同名称字号的民营医院,知名公立医院也可以通过提起不正当竞争侵权诉讼,追究侵权方的不正当竞争责任,要求停止使用知名公立医院的名称字号。

(三)卫生行政主管部门应加强监督管理

《医疗机构管理条例实施细则》第四十八条规定:"卫生行政部门有权纠正已经核准登记的不适宜的医疗机构名称,上级卫生行政部门有权纠正下级卫生行政部门已经核准登记的不适宜的医疗机构名称。"

对于恶意使用知名公立医院名称字号的民营医院,卫生行政主管部门可

以依行政职权，对民营医院的名称进行纠正，同样也可以接受知名医院或者其他公民或单位的举报，对民营医院进行调查处理，纠正其名称。

保护商标权益时须注意的几个问题

——评广州星河湾实业发展有限公司、广州宏富房地产有限公司等与江苏炜赋集团建设开发有限公司侵害商标权纠纷案

陈　飞　北京中银(西安)律师事务所

一、案情概要

广州星河湾实业发展有限公司(以下简称星河湾公司)、广州宏富房地产有限公司(以下简称宏福公司)与江苏炜赋集团建设开发有限公司(以下简称炜赋公司)侵害商标权纠纷再审案,是2015年中国法院十大知识产权案件之一。本案涉及炜赋公司使用“星河湾”是否侵犯星河湾公司、宏富公司享有的商标权及是否构成不正当竞争的判断问题。本案经过了南通市中级人民法院、江苏省高级人民法院和最高人民法院三级法院的审理。一审法院认为炜赋公司将“星河湾花园”作为其开发的楼盘名称不构成商标侵权,同时主观上并无搭便车之故意,客观上也未造成消费者误认,不正当竞争的主张亦不能成立。二审法院也认为炜赋公司的使用行为并未误导公众,不构成商标侵权,炜赋公司使用“星河湾花园”作为楼盘名称的行为不构成不正当竞争。然而,最高人民法院提审后认为炜赋公司将含有“星河湾”字样的“星河湾花园”作为其楼盘名称使用,侵犯了星河湾公司注册商标专用权,应承担相应的民事责任。由于商标法和反不正当竞争法系专门法和特别法的关系,凡是知识产权专门法已经保护的领域,一般情况下,反不正当竞争法不再给予其重合保护,炜赋公司不构成不正当竞争。

二、案件事实

宏富公司自2001年起在广州开发以“星河湾”作为名称的高档商品房住宅。2002年9月28日和2003年9月21日,宏富公司经核准注册了第1946396号和第1948763号组合商标,核定服务项目分别为第36类和第37类。宏富公司自2001年至2005年间多次在报纸、广播电台等媒体投放房地产广告宣传推广“星河湾”楼盘。2005年7月14日,宏富公司将上述第1946396号、1948763号注册商标转让给宏宇集团。2008年7月14日,宏宇集团将上述两注册商标转让给星河湾公司。宏宇集团、星河湾公司自受让商

标之日起均许可宏富公司使用两注册商标，并授权宏富公司有权就侵权行为提起诉讼。宏富公司除在广州开发“星河湾”楼盘外，其关联企业先后于2004年在北京、2009年在上海和2010年在山西太原开发“星河湾”地产项目，均为高档商品房住宅。多家媒体对“星河湾”地产项目进行了报道，“星河湾”地产项目及宏宇集团、星河湾地产控股有限公司多次参加各项评比并先后获得了多项荣誉。

炜赋公司自2004年起在南通市开发区先后开发了多个安置房项目，安置房住宅小区名称均以“星”字开头其中包括2006年的“星河湾花园”项目。炜赋公司开发的“星河湾花园”的命名经过了南通市民政局批复同意。根据审计报告“星河湾花园”一、二期低价位商品房项目均亏损。星河湾公司，宏富公司将炜赋公司起诉到南通市中级人民法院要求其承担商标侵权和不正当竞争的责任。

三、争议的焦点

本案争议的焦点在于：星河湾公司、宏富公司认为炜赋公司将与其注册商标“星河湾”相同的文字作为炜赋公司开发销售的商品房楼盘名称、标识使用，构成对星河湾公司以及宏富公司商标侵权及不正当竞争。炜赋公司认为其使用“星河湾”文字属于合理使用，不构成商标侵权；该商标在2008年在广东被认定为著名商标，在全国来讲没有达到法律要求的知名的标准，同时炜赋公司使用该商标作为楼盘名称不会造成相关公众的误认，按照法律规定不应构成不正当竞争。

四、法理分析

（一）商标权的取得方式及权利范围

在我国商标权通常是指注册商标专用权，仅仅对商标的使用并不能获得注册商标专用权，使用人要获得注册商标专用权需要按照商标法规定的程序向国家商标局提出申请，经商标局核准注册后，才可以在我国范围内获得注册商标专用权。商标权属于法定权利，其权利的范围由法律做出规定，在该范围内商标权人享有垄断权，在该范围之外属于社会公众的自由。在我国注册商标专用权的范围是由商标法第56条“注册商标的专用权，以核准注册的商标和核定使用的商品为限”和第57条“有下列行为之一的，均属侵犯注册商标专用权：(一)未经商标注册人的许可，在同一种商品上使用与其注册商标相同的商标的；(二)未经商标注册人的许可，在同一种商品上使用与其注册商标近似的商标，或者在类似商品上使用与其注册商标相同或者近似的商标，容易导致混淆的；(三)销售侵犯注册商标专用权的商品的；(四)伪造、擅自制造他人注册商标标识或者销售伪造、擅自制造的注册商标标识的；(五)未经商标注册人同意，更换其注册商标并将该更换商标的商品又投入市场的;(六)故意为侵犯他人商标专用权行为提供便利条件,帮助他人实施侵犯商标专用权行为的;(七)给他人的注册商标专用权造成其他损害的"做出了限定。即通常所说的注册商标权人享有的使用权和禁止权。第 56 条规定了商标权人的使用权(2001 年商标法中,使用权规定在第 51 条)。第 57 条规定了商标权人的禁止权(2001 年商标法中,禁止权规定在第 52 条)。因此除非对该商标的使用属于"正当使用",否则未经商标权人许可实施了上述行为就可能构成了直接的商标侵权。当商标使用人认为他人的行为可能侵犯自己的合法权益时,就需要首先考虑自己的商标是否经过法定程序注册,取得了注册商标专用权,并对指控的行为是否落入自己的商标使用权和禁止权的范围做出判断。否则侵权指控有可能得不到法院的支持。因为法院通常会首先考察原告所主张的商标权是否存在以及原告所指控的侵权行为的具体类型,进而做出侵权行为是否成立的认定。

就本案而言,一审法院肯定了原告享有商标权,却没有仔细确定原告所主张的被告的侵权行为的具体类型,直接进入混淆性的考察,通过考察涉案注册商标的知名度、炜赋公司使用楼盘名称的具体情形以及房地产开发销售的特点,认为消费者不会产生混淆误认,炜赋公司的行为不构成商标侵权。二审法院也认为炜赋公司没有构成商标侵权,其思路同一审法院基本相同,没有对星河湾公司和宏富公司所主张的炜赋公司的侵权行为的具体类型做出认定,直接进入了混淆性的考察。也考虑了涉案注册商标的知名度,认为"星河湾公司、宏富公司提供的证据尚无法证明星河湾商标的知名度已经覆盖到了南通市甚至江苏省范围内";商品房销售的特点,"购房者一般均较为谨慎,注意程度相对较高,对谁是开发销售商等情况是清楚的,造成混淆的可能性较小,购房者不会因为只看楼盘名称就会对开发商的信息产生混淆,因此不会导致误认或误购";炜赋公司使用"星河湾花园"作为楼盘名称的情况。最终认为,消费者没有发生混淆误认。

最高人民法院在审理本案时,首先根据星河湾公司、宏富公司在一审诉讼中的请求,"确认其指控的侵权行为是炜赋公司的行为违反了商标法第五十二条第(五)项及商标法实施条例第五十条第(一)项'同一种或者类似商品上,将与他人注册商标相同或者近似的标志作为商品名称或者商品装潢使用,误导公众的',其主张的不正当竞争行为是指炜赋公司违反了反不正当竞争法第五条第(二)项、第(三)项之规定,因此本案焦点问题是炜赋公司将含有'星河湾'字样的'星河湾花园'作为其楼盘名称是否侵犯星河湾公司、宏富公司商标权并构成不正当竞争"①。最高人民法院不但明确了星河湾公司和宏富公司所指控的侵权行为的类型还认定了案件的焦点问题。对于炜赋公

① 此处所说的商标法为 2001 年商标法,商标法实施条例为 2002 年商标法实施条例。

司是否构成商标侵权，最高人民法院是以商标法实施条例[①]第50条第1项规定为标准进行判断的。根据该条的规定，需要对商品与服务是否类似以及是否误导公众做出认定。在本案中就是需要对商品房和不动产建造是否构成商品与服务类似进行判断，最高人民法院根据《关于审理商标民事纠纷案件适用法律若干问题的解释》第十一条第三款之规定，认定在本案中不动产管理、建筑等服务与商品房销售为类似的商品与服务。关于使用“星河湾花园”商品名称是否会误导公众的问题，最高人民法院根据“星河湾”商标的知名度、“星河湾”文字系该注册商标中最具有显著性和知名度的部分以及炜赋公司使用“星河湾”文字的具体事实，认定“炜赋公司的使用方式会使相关公众误认其开发的楼盘与星河湾公司、宏富公司开发的“星河湾”系列楼盘有一定的联系，容易误导公众”。因此，炜赋公司将与星河湾公司享有商标专用权的“星河湾”商标相近似的“星河湾花园”标识作为楼盘名称使用，容易使相关公众造成混淆误认，构成对星河湾公司、宏富公司相关商标权的侵犯，应当承担相应的民事责任。

（二）商标侵权判断中的混淆问题

为了保护商标权人和消费者的合法利益，维护商标指示来源和品质保障功能的充分发挥，商标法需要禁止商标的混淆性使用。然而商标法所禁止的混淆是指混淆的可能性。同时基于商标权人所享有的使用权和禁止权的范围的不同，判断混淆的标准也不同。使用权是商标权的核心领域，当他人的行为属于该领域时通常以相似性代替混淆可能性，即在同一种商品或服务上使用与其注册商标相同的商标的商标使用行为就构成商标侵权而不再需要考虑是否造成混淆。而禁止权不是商标权的核心领域，在该领域内只有当他人的使用行为具有混淆可能性时才构成侵权。即当在相同商品上使用近似商标、在类似商品上使用相同商标以及在类似商品上使用近似商标的情形才要求进行混淆性的判断。因此在具体的案件中需要首先确定商标权人所指控的侵权行为是属于使用权所控制的范围还是禁止权控制的范围，然后再判断是否需要进行混淆可能性的认定。并且商标侵权中的混淆是混淆可能性，而不是要求实际发生了混淆。在本案中，一、二审法院同最高人民法院在认定否构成商标侵权时发生分歧，一个重要的原因就是一、二审法院没有对权利人所指控的商标侵权行为的类型进行区分细化，在具体认定思路上发生了错误，没有对应该考虑的要素进行考察。同时以实际发生混淆标准取代了混淆可能性标准，结果不适当地提高了商标侵权判断标准的门槛。

（三）商标法和反不正当竞争法保护商标权的差异

商标法是保护商标权的专门法，商标权一旦受到侵犯，商标权人可以依

---

① 为2002年商标法实施条例。

据商标法请求行政主管机关或者司法机关保护自己的权益。但是商标法对商标的保护也存在着局限,一方面,由于我国采取注册取得商标权的制度,一个用于商品或者服务的商标,如果没有根据商标法规定的程序进行注册,使用人就不享有该商标的专用权,就无权禁止他人在相同或者类似的商品或者服务上使用相同或者近似的商标。另一方面,商标权是法定权利,权利人所享有的商标权的范围是由商标法明确限定的,凡是在该范围内,商标权人有禁止他人使用的权利,超出了该范围商标权人就不能依据商标法来阻止他人的使用行为。这时可以考虑依据反不正当竞争法来获得保护。反不正当竞争法,侧重于维护正当的市场竞争秩序,追求公平原则,因此当侵权人的行为,不在商标法的禁止范围内,就可以考虑侵权人是否违法了公平的竞争原则,通过反不正当竞争法来获得保护。同时要注意商标法是保护商标的专门法,反不正当竞争法是保护商标的特别法,反不正当竞争法对商标权益的保护只起到兜底的作用,当权利人的合法权益已经得到专门法的保护时,就不能再得到特别法的保护,即权利人不能得到双重保护。对此最高人民法院在本案中特别做了强调"由于商标法和反不正当竞争法系专门法和特别法的关系,凡是知识产权专门法已经保护的领域,一般情况下,反不正当竞争法不再给予其重合保护。鉴此,本院对再审申请人请求保护其知名商品特有名称权利的诉讼请求不予支持。原审法院认为炜赋公司不构成不正当竞争,结论正确,但其认为被申请人仅是对地名的合理使用,不会使相关公众产生误认属于认定事实和适用法律均存在错误,本院依法予以纠正"。

（四）本案例对商标使用人的启示

我国商标法采取的是注册取得商标专用权的制度,商标使用人,必须重视对商标的注册,当决定将一个标志作为商标使用于商品或者服务时,就要及时对该标志进行注册,取得注册商标专用权,这样才能禁止他人对该标志的使用,维护自己的合法权益。同时,在将一个标志,使用于自己商品或者服务时,要及时在商标局检索,查明该标志是否已经被他人注册为商标以及核准的商品或者服务的范围,避免侵犯他人的合法权益。商标法对商业标志的保护是有限的,当侵权人的行为不在商标权控制的范围内,可以考虑反不正当竞争法的保护,以使自己的权益得到全面的保护。

参考文献

[1] 吴汉东:《知识产权法(第五版)》,中国政法大学出版社 2009 年版。
[2] 王迁:《知识产权法教程(第四版)》,中国人民大学出版社 2014 年版。
[3] 王太平:《商标法原理与案例》,北京大学出版社 2015 年版。
[4] 王迁、陈绍玲:《捍卫与分享上海经典版权案例评析》,上海人民出版社 2015 年版。

厦门市美亚柏科信息股份有限公司

厦门市美亚柏科信息股份有限公司(股票简称:**美亚柏科**,股票代码:**300188**)成立于1999年,于2011年3月16日在深交所创业板正式挂牌上市,是**目前中国唯一一家上市的电子数据取证企业**。截至目前,公司员工1600余人,拥有3家全资子公司,5家控股子公司、9家参股子公司,在北京成立1家分公司,并在全国建立了24个分支机构,为全国客户提供技术支持服务。

公司始终坚持技术创新,截至2016年4月,共233项产品和技术已申请国家专利,并先后被认定为"国家规划布局内重点软件企业"、"国家创新型试点企业",已承担国家发改委高技术产业化专项、国家"十二五"科技支撑计划项目等科技计划项目共30余项。

随着信息化程度的提高,越来越多的企业安全事件都与电子数据息息相关。企业面临的风险很大程度上来自内部,商业秘密窃取、核心技术泄漏、违规业务操作、滥用职权等侵害公司利益等事件频发。因此大型企业对**电子证据的固定/保全/分析、案件线索调查、司法鉴定服务及相关安全管理方案需求迫切。而律师在此类司法诉讼案件中负责组织证据链和协调委托人及鉴定机构,占据非常重要的作用。**

电子数据取证(Digital Forensics)是一门借助计算机技术对电子数据进行获取、分析及鉴定的综合学科,涉及了数据获取、数据恢复、密码恢复、数据分析等技术。电子数据取证一直主要在司法领域使用,用于打击各类犯罪活动。随着企业内部违规、泄密事件的增多,众多企业采用电子取证技术对安全事件进行调查,对涉案的电子数据进行提取、恢复及分析,诸如邮件、聊天记录调查等,发现风险及违规行为,及时制止违规事件,以挽回巨大经济损失。

作为电子数据取证和信息安全行业的龙头企业,美亚柏科依据国内外大型企业的业务特点和十多年的电子数据取证经验,于2012年成立企业电子数据取证事业部,为企业定制设计"**企业信息风险管控一站式解决方案**",包含企业远程计算机取证系统—"审查大师"、反舞弊反欺诈调查、离职人员审计、电子数据取证分析及司法鉴定、电子证据固定及保全、技术培训等产品与服务。

企业电子数据取证事业部聚集了行业内具有十多年经验的电子数据取证技术专家与服务团队,致力于为企业提供**简便**、**精准**、**高效**、**全方位**的信息风险管控方案。目前,已服务近百家国内上市公司及五十多家全球500强企业,专注于不断满足并超越客户的需求与价值,成为国内领先的企业信息风险管控专家。

福建中证司法鉴定中心

福建中证司法鉴定中心(以下简称中心)成立于2005年,是首批经审核登记的电子数据司法鉴定机构,也是**全国第一个通过CNAS实验室认可的非公电子数据司法鉴定机构**。中心不仅拥有国内最完善的电子数据鉴定、数据恢复设备,以及全国为数不多的硬盘维修无尘环境(十级无尘实验室),还拥有代表国家技术水准的鉴定专家,电子数据司法鉴定员11名,并先后参与《电子数据存储介质复制工具要求及检验方法》、《电子数据存储介质写保护设备要求及检测方法》、《数字化设备证据数据发现提取固定方法》等行业标准制定,出具的电子数据司法鉴定报告获得全球范围37个国家和地区以及57个实验室认可机构的国际和区际互认。

中心成立以来,承接过公检法司、律师以及企业机构数千起委托。其中包括山东、厦门等地伪基站诈骗信息鉴定,广东省网络传销犯罪信息鉴定,福建海关水产品走私案情鉴定,福州"顺宇7号"船等走私案情信息鉴定;山东省济南市非法经营疫苗案,北大学生弑母案,厦门BRT公交爆炸案,山东龙口公交车起火案,河南省鲁山县敬老院大火案等数据恢复类大案、要案。中心执业至今从未收到过一起投诉,并多次收到客户寄来的表扬信、锦旗。

目前,**中心承接的业务范围主要包含电子数据提取、固定,电子数据分析与鉴定,信息系统分析与鉴定,电子介质的全类型数据恢复、硬件故障修复以及数据销毁等**。电子数据分析与鉴定主要有:计算机数据深度挖掘、计算机系统操作行为鉴定、网络数据包行为分析。信息系统分析与鉴定主要有:同一性鉴定、软件功能鉴定(计算机软件开发情况及程度鉴定、病毒软件的功能鉴定)、源代码级别功能鉴定等。

2010年4月,司法部司法鉴定管理局霍宪丹局长视察福建中证司法鉴定中心时曾表示,中证为来自全国公检法部门以及公民个人提供公正、专业的司法鉴定服务,是"为国分忧,为民解难"!中证作为国内电子数据司法鉴定行业的先头兵和领头羊,今后不仅要继续"用技术服务司法",更要为电子数据鉴定领域的行业标准建设做出应有的贡献。

中心地址:厦门市软件园二期观日路14号

中心网址:www.zhongzheng.org.cn

咨询电话:0592-3912293

时任国务院总理温家宝视察福建中证司法鉴定中心

司法部司法鉴定管理局霍宪丹局长视察福建中证司法鉴定中心

实验室认可证书